中国古代文学名著鉴赏

U0841164

韩非子新读

马世丰 编著

上海辞书出版社

前 言

一

韩非子是我国历史上最为重要的思想家之一，也是我国“轴心时代”的一位标志性人物。他的思想对于中国历史与文化的作用至为巨大，尤其对传统的政治思想与政治实践影响深远，其意义甚至不在儒家之下，因而也实实在在地影响了中国两千多年的历史。即便在政治文明高度发展的今天，我们依然从中不断地汲取着思想的养分、感受着理性的光芒，同时也反思着“法家”的历史传统。

韩非子也是先秦诸子的殿军性人物，在诸子中个性最为独特，风格尤其鲜明。其思想之冷峻、深刻、犀利乃至偏执，既不同于孔子仁爱、德治之学的雍容宽厚与孟子性善、王道之学的乐观从容，也不同于老、庄顺应自然、无为而治的虚静恬淡，与其他诸子也有着显然的分界。特别是他对于极权与专制的推重，对于法、术、势及权谋之术的强调，以及他关于人性之冷酷无情、自私自利的理解，两千多年来既为统治者所讳言，并屡遭批判，所谓“其极惨礉少恩”（《史记·老子韩非列传》），却又被暗中奉行、实际上成为专制统治的重要手段。汉宣帝曾说“汉家自有制度，本以霸王道杂之”（《汉书·元帝纪》），大体就是这个意思。这当中自然也有着“污名化”乃至于“恶名化”韩非子的缘故——历史上因为对于“暴秦”的专制集权极度不满而迁怒于韩非子，从而使其备受诟病。但是也毋庸讳言，韩非子思想的一些方面也暗合了后来统治的需要，一如韩非子自己所说的“阴用其言显弃其身”。不过，即便在批判声中，依然有许多对于韩非子的充分肯定，甚至被尊为“圣人之论”“圣人之术”（《史记·李斯列传》），甚至是“当世之圣人”（《孔丛子》引）——这又是就其实际功用而言了。正因为如此，《韩非子》也蔚然为“世之显学”，历代都为人所关注。

二

作为我国“轴心时代”所产生的文化元典，《韩非子》所具有的“文学元典”意义及其生动的文学气韵，也是特别值得重视的。

《韩非子》的文学性，首先在于论事说理的严密透彻、犀利峭拔。大约是因为韩非子“为人口吃，不能道说”的缘故，他很擅长于思考，因而在说理时喜欢把道理说得很透辟。因此，他的文章讲究逻辑、条理清晰、层层推进，具有很强的说服力。长篇大论《五蠹》《显学》等文如此，即便篇幅短小的《说难》《孤愤》等也是如此。譬如《说难》的一节：

> 凡说之难：非吾知之，有以说之之难也；又非吾辩之，能明吾意之难也；又非吾敢横失，而能尽之难也。凡说之难，在知所说之心，可以吾说当之。所说出于为名高者也，而说之以厚利，则见下节而遇卑贱，必弃远矣。所说出于厚利者也，而说之以名高，则见无心而远事情，必不收矣。所说阴为厚利而显为名高者也，而说之以名高，则阳收其身而实疏之，说之以厚利，则阴用其言显弃其身矣。此不可不察也。

条分缕析、反复呈说，详尽讨论了“说”的各种困难，在对人情世故的洞察之中，显现出作者思维的细密性来。这样的例子在《难言》中也有所体现，其所列十二种不同的言语方式及其弊病，分析细致入微，直可看作是对游说言辞所作的理论总结。而在“说难”“难言”的反复慨叹中，也隐约流露出对于言论自由的向往。至于《亡征》这样的奇文，一连举出四十七种亡国征兆，每一种都以“可亡也”作结，“不厌烦、不屈挠、不急躁……像海里的波浪一样，一波接一波，一浪叠一浪”（郭沫若《十批判书·韩非子的批判》)，更是集中体现了分析精密透彻的特征。茅坤《韩子迂评后语》说："顾先秦之文，韩子其的彀焉……纤者、巨者、谲者、奇者、谐者、俳者、欷歔者、愤懑者、呼号而泣诉者，皆自其心之所欲为而笔之于书，未尝有所宗祖其何氏何门也。一开帙，而爽然、砉然、嚇然、渤然，英精晃荡，声中黄宫，耳有闻，目有见。"也可看出其论事说理的绵密细致。

另一方面，由于韩非子思想的尖锐、偏激与自信，他的文风因而显得凌厉峭刻、锋芒毕露，令人感到咄咄逼人的气势。他将人情当中温情脉脉的面纱撕去，从而赤裸裸地揭露出人的冷酷、自私、诡诈、权谋，令人在痛彻的震撼之后甚至感到极度的不快。譬如，《备内》所说"夫以妻之近与子之亲而犹不可信，则其余无可信者矣""万乘之主，千乘之君，后妃、夫人、適（嫡）子为太子者，或有欲其君之蚤死者"；《八奸》以"同床""在旁""父兄"等为"八奸"，皆是如此。但就文章本身而言，则的确显出了冷峻犀利的锋锐，陈深说："上下数千年，古今事变，奸臣世主，隐微伏匿，下至委闾穷巷，妇女婴儿，人情曲折，不啻隔垣而洞五脏。"(《韩子迂评序》)。门无子则谓其"论事入髓、为文刺心"(《刻韩子迂评跋》)，评价都是很准确的。

韩非子散文所打动人的地方更多在于其中所隐含的情感，尤其是他"悲廉直不容于邪枉之臣"、因而反复慨叹的"法术之士"的孤独悲愤之情。这在《孤愤》当中表现得尤为突出。文章主要写"智法之士与当涂之人，不可两存之仇"的矛盾，"当涂之人"专权恃势、结党营私、舞弊蒙上，而"法术之士"却因为"处势卑贱，无党孤特"，难以与之对抗：

> 夫以疏远与近爱信争，其数不胜也；以新旅与习故争，其数不胜也；以反主意与同好恶争，其数不胜也；以轻贱与贵重争，其数不胜也；以一口与一国争，其数不胜也。法术之士，操五不胜之势，以岁数而又

> 不得见；当涂之人，乘五胜之资，而旦暮独说于前；故法术之士奚道得进，而人主奚时得悟乎？故资必不胜而势不两存，法术之士焉得不危？其可以罪过诬者，以公法而诛之；其不可被以罪过者，以私剑而穷之。是明法术而逆主上者，不僇于吏诛，必死于私剑矣。（《孤愤》）

“不僇于吏诛，必死于私剑”的悲惨结局既是说“法术之士”，其实也是说他本人的遭际。而和氏为献玉璞而身受重刑，同样有着韩非子自己的影子。其情感的沉痛、悲愤浸透在文字之中，令人无比叹息：

> 楚人和氏得玉璞楚山中，奉而献之厉王，厉王使玉人相之，玉人曰：“石也。”王以和为诳，而刖其左足。及厉王薨，武王即位，和又奉其璞而献之武王，武王使玉人相之，又曰：“石也。”王又以和为诳，而刖其右足。武王薨，文王即位，和乃抱其璞而哭于楚山之下，三日三夜，泣尽而继之以血。王闻之，使人问其故，曰：“天下之刖者多矣，子奚哭之悲也？”和曰：“吾非悲刖也，悲夫宝玉而题之以石，贞士而名之以诳，此吾所以悲也。”（《和氏》）

更进一步说，韩非子尽管以异常冷峻的笔锋揭示了“人之恶”，可是在文字的背后，其实更多蕴含着一种悲哀——对人性异化、人性扭曲的悲哀！《韩非子》的意义就体现在对人性的曲折反映之中——“他将我们带到了情感的领域”，从而使我们“同情那被表达的情感”（章培恒、骆玉明《中国文学史新著》引柏格森语）。

时至今日，文化语境发生了深刻转变。如何更为客观地认识韩非子法家思想的学说内涵与理论精华，如何更为深刻地评价其文化价值与精神旨归，如何更为理性地把握其历史作用与时代意义、进而不断扬其精粹而弃其偏执，这些都是新的历史语境下必须面对和亟待解决的文化命题。本书即从《韩非子》的思想价值、文本特点以及现代意蕴等多个层面，进一步理解《韩非子》的文化元典意义，从而在经典的新读中，勾勒出现代视野下《韩非子》的别一种面貌。

目 录

《初见秦》

举赵亡韩

今秦地折长补短，方数千里，名师数十百万。秦国之号令赏罚，地形利害[1]，天下莫如也。以此与天下[2]，可兼而有也。臣昧死愿望见大王[3]，言所以破天下之从[4]，举赵，亡韩，臣荆、魏，亲齐、燕，以成霸王之名，朝四邻诸侯之道。大王诚听其说[5]，一举而天下之从不破，赵不举，韩不亡，荆、魏不臣，齐、燕不亲，霸王之名不成，四邻诸侯不朝，大王斩臣以徇国[6]，以为王谋不忠者戒也。

注释 [1] 利害：偏义复词，偏在“利”，指地形便利险要。[2] 与天下：陈启天《校释》:“谓举天下也。”陈奇猷《新校注》:“‘与’‘举’相通。”举，攻取，占领。[3] 昧：借为“冒”，冒死即不顾死罪。[4] 从：通“纵”，南北为纵，这里指合纵。战国时期，苏秦主张齐、楚、燕、韩、赵、魏结盟抗秦，由于六国在地理位置上呈南北向，所以称为“合纵”。[5] 诚：若，如果。[6] 徇：巡行示众。

译文 如今用折长补短的方法来计算秦国的土地，方圆有数千里之广，名震天下的军队有数十百万之多。秦国所颁布的法令和施行的赏罚制度，以及秦国地形的便利与险要，是普天下任何一个国家都比不上的。用秦国的这些优势来攻取天下，各国便可被秦国兼并和占有了。臣下今天冒着触犯死罪的危险来谒见大王，向大王述说打破诸侯国间合纵之意、攻破赵国、使韩国灭亡、使楚魏二国臣服、使齐燕二国亲近、成就王霸的名声、使四方诸侯来朝觐的方法。大王如果能够听从臣下的进言，到那时如果赵国没有被攻破、韩国没有被灭亡、楚魏二国不向您臣服、齐燕二国不向您示好、成就王霸之业的美名没有达成、四方的诸侯没有前来向您朝觐，就请您将臣下斩首处死，作为不给大王忠心谋划的例子来传示国人。

“存韩”还是“亡韩”？

读《韩非子》，有一个非常重要的问题是不能回避的，那就是：韩子是要主张灭亡他的祖国吗？之所以会有这个疑惑，最直接的原因就是《韩非子》中的一篇文章——《初见秦》，尤其是这里提到的“举赵”“亡韩”等词——作为“韩之诸公子”，怎么能在给秦王的上书中说出“亡韩”这样过分的话呢？

这其实是一个误解，是对《初见秦》作者的误解。《初见秦》这篇文章很有意思，刘向在编《韩非子》的时候将其列为第一篇。可是，令人不解的是，他在编订《战国策》时，又将其收录了进去。看来，连刘向也不能确定它的作者是谁了。不过，根据现代学者的研究，已经明确该文不是韩子所作，很可能是张仪、蔡泽或范雎见秦王时的上书。之所以会将其收到《韩非子》中，乃是因为前人对韩子生平事迹的认识不清所致。

这样，我们就能知道，韩子并没有主张要覆灭宗国。不仅如此，他对于自己的祖国一直满怀着热爱与深情。他曾经两次出使秦国，目的都是要救亡图存。韩子生活的时代，韩国已从强盛走向衰微，外遭强敌，内积羸弱；又兼君主无能、政治衰败，其国运之式微已为人所共见。在这种形势下，韩子作为宗室之后，对祖国的前途和命运充满了深深的忧患。他目睹国家的日渐削弱，屡次上书以谏韩王，却并不见用，只能是将自己的政治理想与满腔激愤融进著述之中。在国家危亡之际，他又毅然为“存韩”而两度出使秦国，最终客死于秦。其爱国之心与不畏牺牲之精神令人称颂，而其结局更是令人叹惜！前人因为《初见秦》一文的缘故，指斥韩子是“为秦画谋，而首欲覆其宗国，以售其言，罪固不容于死矣，乌足愍哉！”意思是韩子为秦国的谋划中，首先就要倾覆自己的祖国，所以罪不容诛，不值得后人怜悯。这就不仅是误读史料，也是对韩子爱国思想与人格精神的误会了。

《存韩》

存　韩

韩事秦三十余年[1]，出则为扞蔽[2]，入则为席荐[3]。秦特出锐师取地而韩随之[4]，怨悬于天下[5]，功归于强秦。且夫韩入贡职[6]，与郡县无异也。今臣窃闻贵臣之计[7]，举兵将伐韩。夫赵氏聚士卒，养从徒[8]，欲赘天下之兵，明秦不弱则诸侯必灭宗庙，欲西面行其意，非一日之计也。今释赵之患，而攘内臣之韩，则天下明赵氏之计矣。

注释 [1] 韩事秦三十余年：韩釐王二十三年（前273年），赵、魏两国联军攻打韩国华阳之地，秦国出兵相救，击败赵、魏联军。自此，韩国进一步依附于强秦，到此时韩子出使秦国，相距三十多年了。[2] 扞（hàn）蔽：屏藩，屏障。[3] 席荐：席子和草垫，亦泛指铺垫物。[4] 特：只，仅。陈启天《校释》："特，犹言但也，仅也。"《外储说左上》："妻止之曰：'特与婴儿戏耳！'" [5] 悬：结。张觉《全译》引太田方《韩非子翼毳》："悬，犹结也。" [6] 贡职：贡赋，贡品。这里指韩国向秦国进贡称臣。[7] 贵臣之计：指李斯等人谋求攻打韩国的计策。[8] 从徒：指和苏秦一样主张合纵抗秦的谋士。

译文 韩国侍奉秦国已有三十多年，在外就像庇护秦国的屏障，在内就像常坐的席子和垫子。只要秦国派出精兵攻取其他国家的领土，韩国总是跟随其后，以致和天下各国结怨，而利益都归属强大的秦国。况且韩国向秦国缴纳贡赋，与秦国境内的郡县没有不同。如今我私下听说大王您朝中的大臣计谋将要起兵攻打韩国。赵国聚集兵士，收养主张合纵的人，想联合各国军队，宣扬秦国的力量不削弱，各国就一定会灭亡的言论，打算西向攻打秦国实现它的意图，这已经不是一朝一夕的计划了。现在秦国丢开赵国这个祸患，却要攘除像内臣一样的韩国，那么天下诸侯就都明白赵国合纵攻秦的计谋是对的了。

韩国的“生存困境”

春秋末年，晋国被韩、赵、魏三家瓜分，“三家分晋”事件在历史上被视为春秋与战国时代的分水岭。作为“三巨头”之一的韩国，其实力不容小觑，尤其韩昭侯在位时任用申不害进行变法，国力大增，十数年间都维持着稳固不可侵犯的地位。然而昭侯时期的兴盛之势一闪即过，之后韩国迅速衰落。

韩国地处黄河中游地区，东部、北部被魏国包围，西面有秦国，南面有楚国，发展空间十分狭小，“摄乎大国之间”，生存局面非常窘迫。与逐渐弱势的韩国形成鲜明对比的，是不断崛起、势力如日中天的秦国。韩国出于生存需要，同时也是为形势所迫，不得不依附秦国，正是文中所说“事秦三十余年”。不过秦国并不满足于韩国的臣服，它的目标是一统天下群雄。更何况韩国正堵在秦国函谷关前面，秦国想要兼并“山东六国”，韩国首当其冲，所以，它的灭亡只是早晚的事。

韩国为了自保，曾经安排了一个“间谍计划”。公元前246年，韩国派出一位名叫郑国的水利专家，让他作为间谍，游说秦国在泾水和洛水间穿凿一条大型的灌溉渠道，这就是后来的郑国渠。兴建水渠表面上看是为了发展秦国农业，真实目的则是寄希望于秦国通过这项工程来“自我削弱”，也就是“疲秦”。这种低级的、幻想般的自救方式也是韩国外交努力的一个缩影。秦国本来就重视农业，很快采纳修建提案，任命郑国主持。然而在郑国渠修筑的过程之中，计划败露，秦王要杀掉郑国，郑国回答：“始臣为间，然渠成亦秦之利也。臣为韩延数岁之命，而为秦建万世之功。”韩国的间谍计划反倒成为秦国统一天下的一大助力。

韩子是“韩之诸公子”，作为宗室之后，他的想法当然是要“存韩”，保全他的“父母之邦，坟墓所在”的祖国。公元前237年，李斯劝说秦王要“取韩”，韩子遂出使秦国。他上书秦王（这里所引就是《韩非子·存韩》），提出

“纵韩伐赵”的策略，试图将战火引到秦、赵之间以避免秦国伐韩。可惜，这样的设想在雄才大略的秦王政以及老谋深算的李斯等人那里，是毫无意义的。韩子也在“二次使秦”时被秦囚杀。公元前230年，秦派内史腾率兵攻韩，俘虏韩王安，秦灭六国的序曲由此响起。

《难言》

进言之难

臣非非难言也[1]，所以难言者[2]：言顺比滑泽[3]，洋洋纚纚然[4]，则见以为华而不实；敦祗恭厚[5]，鲠固慎完[6]，则见以为掘而不伦[7]；多言繁称，连类比物，则见以为虚而无用；总微说约，径省而不饰，则见以为刿而不辩[8]；激急亲近，探知人情，则见以为谮而不让[9]；闳大广博，妙远不测，则见以为夸而无用……此臣非之所以难言而重患也。

注释：[1] 言：言说，与下文的“言顺比滑泽”的“言”同义。[2] 言：名词用作动词，此处的“言”指（向君主）进言。[3] 顺比滑泽：用畅达的语言，顺着人家的意思说。顺，指顺从。比，亲近。《荀子·议兵》：“莫不顺比”，杨倞注：“比，亲附也。”滑泽：言语流畅。[4] 洋洋纚（sǎ）纚：形容盛美而有条理。旧注：“洋洋，美；纚纚，有编次也。”[5] 敦祗（zhī）恭厚：恭敬忠厚。敦祗，诚笃恭敬；恭厚，忠诚老实。[6] 鲠（gěng）固慎完：正直谨慎，坚守不变。鲠固，刚直坚定。鲠，本意为鱼骨，食鱼骨留喉中也称“鲠”，又作“骾”。忠言逆耳，如鲠在喉，因此，鲠用于比作正直。固，坚固，坚定。完与固同义，都表示坚牢。[7] 掘而不伦：指言语笨拙无伦次。吴汝纶《韩非子点勘》：“‘掘’‘拙’通。”拙，笨拙。伦，条理，顺序。[8] 刿（guì）：割，刺伤，这里指言论刻薄。[9] 谮（zèn）而不让：恶言中伤而不懂谦让。谮，毁谤，诬陷，恶意中伤。

译文：臣韩非并不是认为言说很难，之所以难以进言的原因，是因为：话说得顺从亲近他人之意，流畅一些，则被认为是浮华而不实在；说得忠厚恭敬、耿直周到，则被认为是笨拙而不成体统；论说详征博引，类比推演，反被认为是虚浮无用；把精微的道理简要概括，言辞简略又不加修饰，则被认为是刻薄而不懂辩说；话说得激切明快无所避讳，触及他人内心隐情，则被认为是恶言中伤而不知谦让；立论宽宏博大，深远难测，则被认为是浮夸而毫无用处……这些就是为臣我觉得难以进言而倍感忧虑的原因啊！

难言之痛

《难言》为韩子向君主陈说进言之难的一篇上书，通篇言辞恳切，弥漫一股深深的无奈与愤懑。韩子本来就因为口吃而不善言辞，可这里却将人世间所有的“难言”都呈现给了我们。

他详细列举分析了进言之所以不被听取采纳的种种情况：或者华而不实，或者笨拙不伦，或者虚浮无用，或者刻薄不辩，等等。他接着指出：“家计小谈，以具数言，则见以为陋；言而近世，辞不悖逆，则见以为贪生而谀上；言而远俗，诡躁人间，则见以为诞；捷敏辩给，繁于文采，则见以为史；殊释文学，以质信言，则见以为鄙；时称诗书，道法往古，则见以为诵。”意思是，如果谈论家务琐事，说得具体翔实，则被认为是浅薄而无见识；所说切近世俗，言辞端正无所违背，则被认为是贪恋性命而奉承君主；所论远离世俗，言辞怪异独特，则被认为是怪诞荒唐；话说得机敏巧辩，文采繁富，则被认为是虚饰浮夸；完全抛弃文献典籍，陈说质朴真实，则被认为是粗俗浅陋；援引诗书经典，遵从效法古代文献，则被认为是死背古书——诸如此类，不一而足。

凡此种种，归根结底就一句话：不管怎么说，结果都是错；不管怎么说，结局都是痛。韩子深知“度量虽正，未必听也；义理虽全，未必用也”。这进言之难真是道出了多少正直贤臣的一生之痛！

如韩子所举，有德才如孔子、管仲、伊尹、文王、鄂侯、鬼侯、比干、曹羁、百里奚等古代有名的仁贤忠良有道之士，其面对悖乱暗惑之主，结局尚且不免身死亡走，或受刑遭辱。愚主难说，君子难言，况且良言往往逆耳难听，能听得进去的君主有几人?

其实，古代也有专门负责匡君之过的职官设置。文献记载，商代即有“司过之士”，周代有“保氏掌谏王恶”，春秋以后的列国也有“大谏”“司过”一类的谏官。但由于最终无法在根本上限制君权，所以臣之贤愚，言之忠奸，善恶好坏，全凭君主一人说了算，所谓谏官也就必然流于形式了。套用鲁迅先生的话：翻开历史，粗看歪歪斜斜地都写着“从谏如流”四个字，但仔细辨认，才从字缝中看得出其实满本都写着两个字:“不听”。

也是，在那个专制恣肆的时代，要想国政昌明，国君首先得是明君圣主；倘若国君资质一般，至少也要能听得进去贤臣谏言。最要命的是，国君昏聩，油盐不进，你怎么说都是错。进言不成，反倒弄得自己大祸临头。可惜，这些道理韩子都懂，但自己却“终不能免”。连司马迁也说他是“然韩非知说之难，为《说难》书甚具，终死于秦，不能自脱”，因而悲伤不已——他真是韩子的异代知音!

《爱臣》

爱臣太亲

爱臣太亲[1]，必危其身；人臣太贵[2]，必易主位；主妾无等，必危嫡子；兄弟不服，必危社稷。

注释: [1] 爱臣：君主宠幸之臣。爱，宠幸，喜爱。“爱臣”与后面“人臣”相对举，义正相反。[2] 贵：地位尊贵。

译文：宠臣过于亲近，必定危及君身；臣子地位太高，必定取代君位；妻妾不分等级，必定危及嫡子；君主兄弟不服，必定危害国家。

主次有分

“爱臣”就是君主宠爱的臣子。君主过度亲近所宠爱的臣子，不防备臣下，就会有国家颠覆、弑君夺权的事情发生。诸侯博大，群臣太富，这都是做君主的祸害与失败。韩子强调，君主应该将权势完全掌握在自己手中，才能身安国荣。

“爱臣太亲，必危其身”，君主要想自身安全，一定不能对臣子宠爱太过。齐桓公雄才大略，但在管仲死后，却没有听从管仲的建议，重用易牙、开方、竖刁三人。病重之时，他们三人以齐桓公的名义不让任何人进宫，齐桓公被活活饿死，导致蛆虫满地，无人敢收尸。这都是齐桓公过度宠信臣子的后果。易牙杀掉自己的孩子来讨好君主，开方背弃亲人来讨好君主，竖刁阉割自己来讨好君主，这都是违背人性的，齐桓公宠信近臣，最终导致自己身死。

“人臣太贵，必易主位”，君主要想保证自己君位的稳固，必不能使大臣权势过重。晋国骊姬之乱时，晋献公逐杀诸公子，从此晋国不再立公子、公孙为贵族，史称“晋无公族”。后赵盾又将各家异姓大夫代为公族，晋公室的力量由此衰微，而异姓卿大夫的势力却在不断上升，晋公室没有约束各卿大夫的能力，因此导致了历史上有名的“三家分晋”事件，晋国从此名存实亡。

“主妾无等，必危嫡子”，君主要想保证嫡子的地位，必不能让妻妾等级混乱。太子申生为晋献公与夫人齐姜所生，但是晋献公晚年宠爱骊姬，在齐姜死后又想升骊姬为夫人，导致骊姬想要立自己的儿子奚齐为继承人，于是不断迫害太子申生，在骊姬的多次阴谋陷害之下，太子申生在新城曲沃自缢而死。妻妾等级混乱，嫡子的地位和生命就有危险。

“兄弟不服，必危社稷”，君主要想保证社稷的安全，必不能使兄弟之间争斗。《史记·周本纪》记载：东周末年，周贞定王崩，长子去疾立，是为哀王。哀王立三月，弟叔袭杀哀王而自立，是为思王。思王立五月，少弟嵬攻杀思王而自立，是为考王。此三王皆定王之子。考王十五年，崩，子威烈王午立。这是历史上有名的东周“四子争位”事件，使本就岌岌可危的东周王室雪上加霜。

《战国策·秦策》也说：“大臣太重者国危，左右太亲者身危。”君主要时刻保持警惕，臣下权势过大就会危及自己的安全和国家的稳定。因此韩子认为，君主一定不要“爱臣太亲”“人臣太贵”“主妾无等”“兄弟不服”，这些都是导致自身受损、国家不稳的原因。君主只有做到宠爱有度，大权在己，主次有分，才能保证自身安全，国家有序。

臣兴主衰

臣闻千乘之君无备[1]，必有百乘之臣在其侧[2]，以徙其民而倾其国；万乘之君无备，必有千乘之家在其侧，以徙其威而倾其国。是以奸臣蕃息[3]，主道衰亡[4]。是故诸侯之博大，天子之害也；群臣之太富，君主之败也。将相之管主而隆家[5]，此君人者所外也。

注释：[1] 千乘（shèng）：指兵车千辆。两周时期兵车的数量是国家实力的重要指标。诸侯国小者称千乘，大者称万乘。《孤愤》：“万乘之患，大臣太重；千乘之患，左右太信：此人主之所公患也。”[2] 侧：旁边。[3] 蕃息：滋生。[4] 主道：君主治国之道。《管子·明法》：“所谓治国者，主道明也；所谓乱国者，臣术胜也。”[5] 管主而隆家：控制君主而使私家兴盛。管，控制。隆，兴盛。

译文：我听说千乘小国的国君没有防备，必定有百乘兵车的臣子在旁窥视，准备夺取他的百姓，颠覆他的国家；万乘之国的国君没有防备，必定有千乘之国的大夫在旁窥视，准备夺取他的权势，颠覆他的国家。所以奸臣势力扩张，君主权势就会消亡。因此诸侯强大是天子的祸害；群臣太富是君主的失败。将相控制君主使私家兴盛，这是君主应该要排除的。

君主的悲哀

君主对宠臣过于亲近，这些宠臣终日围绕在君主周围，“上逼君，下乱治，援外以挠内，亲下以谋上”（《韩非子·说疑》）君主或被他们蒙蔽，或被他们架空，最终失去作为君主的威严和权力，继而使国家陷入动乱无序之中。除此之外，君权还受到“人臣太贵”“主妾无等”“兄弟不服”等多种势力的威胁。所以，在韩子看来，君主与他身边的人毫无温情可言，父兄、妻妾、子弟、近臣等等，全部都是伺机而动的篡权者。韩子认为人性皆“好利恶害，自为自利”，因此君主必须对身旁的众人严加防备，时刻提防宫廷内部的各种利益斗争，并且牢牢把握住人们“趋利避害”的心态，通过巩固自己的地位、威严和权势来驾驭群臣百姓，抵御奸邪之臣的胁迫。这就将人性的贪婪、利益的诱惑、斗争的残酷都赤裸裸地展现在我们面前了。这是君主的威权，也是君主的悲哀！

“千乘之君无备，必有百乘之臣在其侧，以徙其民而倾其国；万乘之君无备，必有千乘之家在其侧，以徙其威而倾其国。”类似的话孟子也说过，不过用意却大不一样：“万乘之国，弑其君者，必千乘之家；千乘之国，弑其君者，必百乘之家。万取千焉，千取百焉，不为不多矣。苟为后义而先利，不夺不餍。”（《孟子·梁惠王》）不餍，就是不满足。孟子是想说明，如果“后义而先利”，那么不夺取就不会满足；而只有做到“先义后利”，才是真正的“王道”。“未有仁而遗其亲者也，未有义而后其君者也。王亦曰仁义而已矣，何必曰利！”这就是孟子的“重义轻利”，与韩子的“自为自利”正好相反。不过，在纵横之术与兼并之道横行的战国，孟子的主张却被视为“迂远而阔于事情”，不能被梁惠王、齐宣王们所接受，这也是历史的无奈！

韩子进一步提出:“万物莫如身之至贵也，位之至尊也，主威之重，主势之隆也，此四美者，不求诸外，不请于人，议之而得之矣。故曰：人主不能用其富，则终于外也。此君人者之所识也。”身之至贵、位之至尊、主威之重、主势之隆，这就是君主的“四美”，也是他破除奸臣威胁的利器。

《主道》

虚静以待

道者，万物之始[1]，是非之纪也[2]。是以明君守始以知万物之源，治纪以知善败之端[3]。故虚静以待[4]，令名自命也[5]，令事自定也[6]。虚则知实之情，静则知动者正。有言者自为名[7]，有事者自为形[8]，形名参同[9]，君乃无事焉，归之其情[10]。故曰：君无见其所欲，君见其所欲，臣自将雕琢；君无见其意，君见其意，臣将自表异。故曰：去好去恶，臣乃见素[11]；去旧去智，臣乃自备[12]。

注释 [1] 道者，万物之始：即《老子》42章所说:“道生一，一生二，二生三，三生万物。”[2] 纪：法则，准则。《老子》:“能知古始，是谓道纪。”[3] 端：事由，原委。[4] 虚静以待：以虚静无为的态度处理事情。虚静：清虚恬静。虚，内心虚无没有成见。静：安静不急躁。韩子所讲的虚静是他对《老子》的理解，并非完全是《老子》本意。韩子认为，君臣之于事也，皆当以虚静处之。心无成见即为“虚”，行动不躁谓之“静”，《解老》:“虚者，谓其意无所制也。”《喻老》:“不离位曰静。”对君主来讲，去其好恶即为守虚，以法治理民众则为静。从臣民的角度讲，没有是非便是守虚，按照法令行事便是得静。[5] 令名自命：事物要按自己所反映的本质命名。意谓君主持守虚静的原则处理事务，事情外在的名称就会因其展现出来的本质而得。[6] 令事自定：让事物按照其所具有的性质来确定自己的内容。[7] 有言者自为名：进言的大臣不需要君主规定言路就会自己进言。[8] 有事者自为形：大臣处事不需要君主规定他如何做就会自己去做事。[9] 形名参同：形、名放在一起验证比较。形指具体事物的形态或者事情的实际情况，名指事物的名称、名分，是表面情况。这里大臣的言论是名，大臣处事的实际是形，君主所要做的便是将大臣所做的与所说的进行比较验证，掌控事情发展的具体情状。[10] 归之其情：使事物呈现出其本质。君主持守虚静的原则，治理国家，大臣们自己进言、做事，君主只需要参合验证大臣所做之事是否合其所言，便可把握好事情的本质，不受蒙蔽。[11] 去好去恶，臣乃见素：君主隐去好恶习惯，臣子本质的一面就会展现出来。素，质朴，本质。[12] 去旧去智，臣乃自备：君主摒弃自己旧有的看法和巧智的手段（秉守虚静），大臣们才会谨慎对待事情。备，防范，谨慎对待。

译文：道是宇宙万物的开端，是评判是非对错的准则。所以圣明的君主能够把握这个开端以知晓万物的由来，能够运用这个准则来推知事情成败的原因。因此，以虚静无为去对待一切事物，使事物的名称依据其本质来获得，使事件的发展依据其自身的性质来决定。保持虚无就能察知事情存在实有的状态，保持静止就能通晓事物变化发展的规律。臣下进言，必然发表其主张，臣下做事，必然显示其成效，以臣下做事的实际成效与其进言所发表的主张相互参合验证，君主就可以无所事事，而使事物自然呈现出其本来的面目。所以说，君主不能显露出他的想法，假如君主显露出他的想法，臣下就会刻意粉饰自己的言行来迎合君主；君主不能显露出他的目的，假如君主显露自己的目的，那么臣下必将伪装自己的行为来投合君主。因此，君主隐藏主观的喜好和厌恶，臣下才能言行真实；君主摒弃自己的成见和巧智，臣下就会自己谨慎行事。

韩子改造的“道”

老子主张道法自然，清静无为，其思想沾溉甚广。流风所及晚周诸子，其影响不可谓不深：道家后学自不必说，他如兵家、法家、名家、阴阳家之流，或多或少也都受到老子的感染。与法家的“阳谋”不同，《老子》所讲更多是“阴谋之术”，所以更受用兵者的青睐。据说太平天国的高级将领，其帐幕之中都有一部《老子》，将其作为兵法来读，可见其巨大的影响力。

作为法家集大成者的韩子，则是对老子思想的另一种继承。司马迁说韩子是“喜刑名法术之学，而其归本于黄老”。黄帝之学是战国以来的附会之说，主要是强调由“天道”向“人道”的转变；而关于老子之学则完全是韩子的创造，将其由清静无为的自然之道进一步创新阐释为“法术家的道”，成为其主张君主专制独裁、统御群臣的“南面之术”。

韩子这套君人南面之术的操作法则可以简单概括为“君道无为”。其表现即君主统御臣民要“虚静以待”。这里当然不是说君主真的什么事都不用做，一天只要傻傻地躺着，百官万民就自己奔小康了。《解老》说：“虚者，谓其意无所制也。”《喻老》说：“不离位曰静。”可见，“虚静”反而是强调君主要独掌大权，其威势毫不动摇，其心思也不受任何牵制。这无招胜有招的虚静真是强大得让人可怕。按照韩子的逻辑，君主虚静无为之后，臣下自然“有言者自为名，有事者自为形”。如此，君主只需参同形名以考核臣功，循名责实以厉行赏罚，只是利用臣下的才能智慧，治吏而不治民，天下就可以运之掌上了。而“有功则君有其贤，有过则臣任其罪”，“臣有其劳，君有其功”，对于君主来说，以“无为之术”来“潜御群臣”，这感觉，简直不要太好！

那么，君主如何才能做到驭臣之术呢？韩子的答案很简单：君主千万不能在臣下面前显露出真实的想法和目的，如此则可以避免臣下刻意的粉饰与伪装。君主必须抛弃自己的喜好、厌恶、成见、巧智等一切主观的态度和情绪，无欲无求。这样，臣下对于君主的心思就无从琢磨，自然也就无空可钻，只能老老实实谨慎于政事。而君主对于臣下的控制则可以无孔不入，其最终的结果就是“明君无为于上，群臣竦惧于下”。君处其威势于上而无为，臣竭其智力于下而有为，“君道无为”的导向是“臣道有为”。——

这依然是对老子“无为”思想的别样解读。

从老子那里学来的“道”，又被韩子创新改造成“法术之道”，这是我们要特别注意的。

《有度》

法不阿贵

故以法治国，举措而已矣[1]。法不阿贵[2]，绳不挠曲[3]。法之所加，智者弗能辞，勇者弗敢争。刑过不避大臣[4]，赏善不遗匹夫[5]。故矫上之失，诘下之邪，治乱决缪[6]，绌羡齐非[7]，一民之轨[8]，莫如法。厉官威民[9]，退淫殆，止诈伪，莫如刑。刑重，则不敢以贵易贱；法审，则上尊而不侵。上尊而不侵，则主强而守要，故先王贵之而传之。人主释法用私，则上下不别矣。

注释 [1]举措：举动，行为。这里指推行法令的行为。[2]阿：偏袒。[3]绳不挠曲：准绳不会迁就弯曲的木料。绳，准绳，做木工量直的墨线。挠曲，屈曲。在这里，准绳意为法度。绳不挠曲，即法度是不会屈从任何奸邪之事的。[4]刑过：用刑罚惩处过失。[5]不遗匹夫：不可遗漏民众。[6]治乱决缪（miù）：治理混乱的局面，判定谬误。缪，错误，乖误。[7]绌（chù）羡齐非：减损多余。绌，减损。羡，王先慎《集解》：“羡，有余也。”整齐是非。[8]一：统一。[9]厉官威民：整治大臣，威慑民众。厉，整治。《管子·七法》：“兵弱而士不厉，则战不胜而守不固。”

译文 所以说，以法治国，不过就是推行法令而已。法度不会偏袒权贵，法度不会屈从邪恶，就像准绳不迁就任何弯曲的木料一样。法度所惩处的事情，即使有智慧的人也不能巧言辩解，即使是勇猛的人也不能通过武力来抗争。惩处罪过，即使是对大臣也不能包庇；奖励善行，即使是普通民众也不可遗漏。所以纠正上位之人的过失，查究下层臣民的恶行，平定纷争，判定谬误，减损多余，裁决是非，统一民众的行为规范，没有比法度更有效的了。整顿吏治，威慑民众，打击放荡懈惰的风气，禁止弄虚作假的行为，没有比法度更有效的了。刑罚重，位高权重者就不会轻视地位低贱之人；法度严明，君主就被尊奉而不受侵扰。君主被尊奉而不受侵扰，就能够牢牢掌握统治国家的要领，因此先王才看重这一道理，把它传给后世。君主一旦放弃法度而任凭个人意愿处理政事，那么君臣之间便没有差别了。

“法相尊严”

如何才能够使一个国家长治久安、长盛不衰呢？在韩子看来，“奉法者强，则国强；奉法者弱，则国弱”。也就是说，唯有君主强有力地以法治国，国家才能强盛；反之，国家就会衰亡。韩子在阐述这个问题时，特别说：“法不阿贵，绳不挠曲。”“法”就是法令；“绳”本指绳墨，木匠取直用的墨线，这里也是说律法。《史记》记载孙武为吴王阖闾训练后宫女子的时候，“妇人左右前后跪起，皆中规矩绳墨，无敢出声”。司马迁说韩子“引绳墨，切事情，明是非”，其“绳墨”都是指法令规矩。

韩子这里的意思是说，法令与规矩不会迎合地位很高的权贵，也不会迁就弯曲不直的东西。这是在讲法令规矩的尊严，颇有“法律面前，人人平等”的意味。

“法治”不只是韩子的主张，更是法家人物的共识，在先秦时期已成为一种传统。齐法家、晋法家、秦法家等都是渊源有自的，韩子之前的管仲、子产、李悝、吴起、申不害、慎到、商鞅等，都是“法治”思想的上源，而商鞅尤其值得重视。

商鞅是战国时期卫国人，名卫鞅，他本为卫国公族之后，故又称公孙鞅。因封于商，故后人称之商鞅。秦孝公时，商鞅携李悝的《法经》来到秦国，在秦国推行法治、实施改革。《史记·商君列传》记载了一件事：

于是太子犯法。卫鞅曰："法之不行，自上犯之。"将法太子。太子，君嗣也，不可施刑，刑其傅公子虔，黥其师公孙贾。明日，秦人皆趋令。行之十年，秦民大说，道不拾遗，山无盗贼，家给人足。民勇于公战，怯于私斗，乡邑大治。

太子犯法，商鞅认为是"法之不行，自上犯之"，将其老师公子虔、公孙贾分别予以黥面、劓鼻的刑罚。于是法令大行，秦国也迅速强大起来。《战国策·秦策三》说："商君治秦，法令至行，公平无私，罚不讳强大，赏不私亲近。"这也就是韩子所说的"法不阿贵，绳不挠曲"不管是谁，法律面前，人人平等，所谓"法相尊严"。

"商鞅相孝公，为秦开帝业。"（《论衡·书解篇》）这是他的大贡献。可惜，商鞅的结局却很惨。商君之法，"令民为什伍，而相牧司连坐。不告奸者腰斩，告奸者与斩敌首同赏，匿奸者与降敌同罚"，设连坐，用重刑，不仅严苛，而且残酷，因而招致普遍的怨恨，军功制度更是使得贵族多怨。秦孝公死后，秦惠文王即位。受贵族诬陷以及秦惠文王的猜忌，商鞅终遭车裂而死。

司马迁批评商鞅是"刻薄寡恩"，批评韩子也说是"惨礉少恩"——站在人治、恩惠的一面，又怎么能够理解法治者"一断于法"的理想呢？想起来，韩子"囚死于秦"的结局，与商鞅也有类似。这是他们的大不幸，也仿佛是他们的宿命。

《二柄》

二　柄

明主之所导制其臣者[1]，二柄而已矣[2]。二柄者，刑德也。何谓刑德？曰：杀戮之谓刑，庆赏之谓德。为人臣者畏诛罚而利庆赏，故人主自用其刑德，则群臣畏其威而归其利矣。

注释：[1] 导制其臣：引导、控制大臣。[2] 二柄：两种权柄指刑、赏。

译文：英明的君主所用来控制臣子的，不过是两种权柄罢了。这两种权柄，就是“刑”与“德”。什么是“刑”与“德”？就是：杀戮的权力被称为“刑”，行赏的权力被称为“德”。做臣子的害怕遭受杀戮和惩罚，却乐于被奖赏，因此如果君主独自掌握刑赏的权力，那么群臣就会敬畏君主的威势而顺从于君主的奖赏。

“上下一日百战”

在君主专制的时代，君主与臣子出于各自不同的政治立场与利益诉求，时刻进行着血腥残酷的权力斗争。韩子借黄帝之口将这一局面称为“上下一日百战”（《韩非子·扬权》）。在他看来，权力的斗争是君臣之间亘古不变的政治主题，所以，“术治”也就是君主掌控权力、驾驭群臣的根本之法。

《韩非子·难三》说：“人主之大物，非法则术也。法者，编著之图籍，设之于官府，而布之于百姓者也。术者，藏之于胸中，以偶众端而潜御群臣者也。故法莫如显，而术不欲见。”法与术是“人主之大物”，法是公开的，周知的；而术却是秘密的，不可说的，“藏之于胸中，以偶众端而潜御群臣者也”。如何来“偶合众端”，如何来“潜御群臣”？运用之妙，存乎一心。

那么，君主如何才能在斗争中掌握主动、取得胜利呢？韩子说得很明白：“明主之所导制其臣者，二柄而已矣。”“二柄”就是“刑德”，“杀戮之谓刑，庆赏之谓德”。具体说，就是奖赏与刑罚两端。因为人臣畏惧诛罚而喜好庆赏，“故人主自用其刑德，则群臣畏其威而归其利矣”。这就是君主制约群臣的不二法门，也是韩子“术治”的核心秘密。说到底，君主一定要根据人们“畏诛罚而利庆赏”的心态，牢牢地掌握“刑罚”和“赏赐”这两种权柄。

君主如果不能掌控“二柄”，会怎么样呢？韩子讲了两个故事，一个是失去“庆赏”之柄的，一个是失去“刑戮”之柄的，两个都导致了君主的被劫杀。

春秋时期齐简公有一大臣名为田常，他向上求取官爵和俸禄，转而赏赐给群臣，向下以大斗借贷小斗收进的方式施舍粮食给百姓，收获好评无数。齐简公并没有意识到问题的严重性。终于，田常依据自己在朝中逐渐膨胀的个人势力而杀死简公，后又拥立齐平公，自任相国，尽杀公族中的强者，扩大自己的封邑，从此田氏专权的局面形成，齐国由“姜齐”开始转向“田齐”。这是国君丧失“赏赐”之权柄所付出的惨重代价。

子罕是战国中期宋桓侯的臣子，掌握宋国的刑狱之权。他对桓侯说：“夫庆赏赐予者，民之所喜也，君自行之；杀戮刑罚者，民之所恶也，臣请当之。”表面上，他要为宋君营造一个“贤明仁义”的君主形象，但实质上却是窃取君主刑罚的大权。宋桓侯也因为失去了刑罚的权柄而为子罕所困，最终惨遭劫杀。

读《韩非子》，有时候感觉比宫廷剧还要精彩。

《扬权》

天有大命

天有大命，人有大命[1]。夫香美脆味，厚酒肥肉，甘口而疾形[2]；曼理皓齿[3]，说情而捐精[4]。故去甚去泰[5]，身乃无害。权不欲见，素无为也。事在四方，要在中央[6]。圣人执要，四方来效。虚而待之，彼自以之[7]。四海既藏[8]，道阴见阳[9]。左右既立[10]，开门而当。勿变勿易，与二俱行。行之不已[11]，是谓履理也[12]。

注释： [1] 大命：旧注说："昼夜四时之候，天之大命；君臣上下之节，人之大命也。"陈启天《校释》："大命，谓自然之数，非人力所能变易者。""天之大命"与"人之大命"皆指普遍规律。[2] 疾形：伤害身体。疾，病害，伤害。形，形体，身体。[3] 曼理皓齿：曼理，细腻的肌肤。梁启雄《浅解》："曼理，指细美的皮肤纹理。"皓齿，洁白的牙齿。这里以细腻的肌肤、洁白的牙齿指代美女。[4] 说（yuè）情而捐精：取悦人的情欲但也损耗精力。说，通"悦"。情，情欲。捐，舍弃。[5] 去甚去泰：做事不能太过分。《老子》第二十九章："是以圣人去甚、去奢、去泰。"[6] 事在四方，要在中央：四方，臣民。要，政权，机要大权，即君主之二柄。中央，君主。[7] 彼自以之：大臣们自己会运用自己的才能。以，用。[8] 四海既藏：君主胸藏四方之事。四海，四方。陈启天《校释》："谓四方来效之事，已藏于君心也。"[9] 道阴见（xiàn）阳：使臣下暗处的行动呈现在明面上。见，同"现"。[10] 左右：辅政大臣。[11] 不已：不要停下来。已，停止。[12] 履理：践行法纪。

译文： 自然有它的普遍规律，人类也同样存在普遍法则。香甜的美食和脆嫩的菜肴，醇厚的美酒和丰盛的饮食，吃起来十分可口却会伤害身体；皮肤细嫩牙齿洁白的美女，令人喜悦动情却损耗精力。因此，去除过分和过度，身体就不会被损害。君主的权力不能轻易显露，要保持本色，以无为之道处世。政事分散在天下各地，但是权柄要掌握在君主手中。圣明的君主掌握了国家的权柄，天下各地的臣民自会前来效劳。以虚静无为的态度对待臣民，他们自然会显现出相应的才能。天下都被包藏入君主的胸怀之中，君主便可使臣下暗中做的事情暴露在面前。君主身旁的辅政大臣已经确立，君主只需敞开门户听取政谏和言论。不变更、不改易这种做法，顺应自然之理和人生之理。持续不止，就叫作践行法则。

养生与治国

告子说："食色，性也。"食与色是人的本性，也就是孔子所说的"饮食男女，人之大欲存焉"（《礼记·礼运》）。他还说："死亡贫苦，人之大恶（wù）存焉。"恶，就是厌恶。孔子不仅讲"大欲"，还讲"大恶"，这是客观唯物、实事求是的态度。

饮食男女的问题，韩子也说，不过他的思路却和孔子不一样。《扬权》说："香美脆味，厚酒肥肉，甘口而疾形；曼理皓齿，说情而捐精。"美味佳肴吃起来可口，但却会伤害身体；美女娇娃，令人喜悦动情却损耗精气。这就有些老子的思想了。《老子》说："五色令人目盲，五音令人耳聋，五味令人口爽，驰骋田猎令人心发狂。"酒食美色、音乐田猎确实能带来强烈的感官享受，但却对身体会造成极大的损害。所以老子告诫人们要节制自己的欲望；韩子也说"去甚去泰，身乃无害"。这些都是典型的养生思想。

当然，老子与韩子并不只是说养生，他们所要探讨的是君主如何牢握权柄稳固君位、进而如何治国的问题。君主如何治国？《老子》曰："我无为，而民自化；我好静，而民自正；我无事，而民自富；我无欲，而民自朴。"统治者应当无为守静，不要过多地干涉民众正常的生产生活，如此国家自然就会富强。同样，韩子也强调君主无为，他说："权不欲见，素无为也。"君权是不能够随便显露的。如果君主作为过多，在公众面前"曝光率"过高，那么国君的神圣性就会大打折扣。同时，臣子还会轻易捕捉到国君的行事风格和喜好，从而不断献谄献媚，投其所好，以达到自己不可告人的目的。

《韩非子》多次讲到了齐桓公与其宠臣易牙的故事。齐桓公爱好美食，易牙便千方百计、极尽所能为桓公提供各种美食，甚至蒸煮了自己儿子让桓公尝鲜。大奸似忠，可惜齐桓公并没有看透。易牙最终犯上作乱，齐桓公也落得一个困饿而死、虫流出户的结局。因为口腹之欲，最终亡国灭身，这就是韩子反复所说的“君无见其所欲，君见其所欲，臣自将雕琢；君无见其意，君见其意，臣将自表异”(《主道》) 君主个人的好恶是不能有丝毫外露的，否则就会被奸邪之臣所利用。所谓君臣之间“上下一日百战。”君臣之间的矛盾冲突和勾心斗角从没有片刻的停歇。所以，国君必须藏身于暗处，喜怒不形于色，牢牢掌握生杀赏罚大权，以此来驾驭群臣。

《八奸》

八　奸

明主之为官职爵禄也[1]，所以进贤材劝有功也[2]。故曰：贤材者处厚禄，任大官；功大者有尊爵，受重赏。官贤者量其能，赋禄者称其功[3]。是以贤者不诬能以事其主[4]，有功者乐进其业，故事成功立。今则不然，不课贤不肖[5]，不论有功劳，用诸侯之重，听左右之谒[6]，父兄大臣上请爵禄于上，而下卖之以收财利及以树私党。

注释 [1] 为官职爵禄：设置官职爵禄。[2] 进贤材劝有功：提拔贤才之士，勉励有功之人。贤材，也作“贤才”。劝，勉励。[3] 赋禄者称其功：依据衡量大臣的功劳来授予其爵禄。赋，授予。梁启雄《浅解》:“《晋语》注:‘赋，授业。’”称，衡量，考量。[4] 诬能：虚夸其才能，以不能为能。《二柄》:“故君见恶则群臣匿端，君见好则群臣诬能。”旧注:“诬其能，欲见用。”[5] 课：考核。[6] 左右之谒：亲近之人的请求。左右，亲近。谒，请求。

译文 英明的君主设置爵位、官职和俸禄，是为了用它来提拔有才之人、勉励有功之人。所以说：有才能的人享有丰厚的俸禄，担任重要的官职；功劳大的人享有尊贵的爵位，并受到重赏。提拔贤能之人做官，就必须衡量他的才能；授予臣子俸禄，就必须衡量他的功绩。所以，有才能的人不隐藏自己的才能而为君主效力，有功绩的人乐于向君主进献自己的功业，这样才能做到政事成功、功业建立。现在却不是这样，不考核贤不贤，不论有无功劳，任用被他国诸侯看重的人，听从左右近侍的请求，父兄大臣在上面向君主请求爵禄，在下面又出卖它来收取财利和培植私党。

选贤与防奸

“八奸”就是八种奸术，是指奸邪之臣挟制君主、篡夺君权的八种阴谋手段。《八奸》说：“凡人臣之所道成奸者有八术。”所谓“八术”，“一曰同床，二曰在旁，三曰父兄，四曰养殃，五曰民萌，六曰流行，七曰威强，八曰四方。”这是君主最为担心而不得不提防的。什么叫“同床”呢？就是那些与君主睡在一张床上的人，姿色美好又善于逢迎，因而深受宠爱而迷惑君主，她们趁着君主酒醉饭饱、安逸快乐的机会，来央求她们想要得到的东西，君主此时一定听从。什么叫“在旁”呢？就是君主身边的倡优侏儒、亲信侍从，擅长察言观色、揣测心理，能够事先揣摩君主的意图，君主还没下令就已经领会，还没有支使就已经应承，这些人都是一致行动、一个腔调，以统一的口径与行动来改变君主的心意。臣子通过金玉珍宝贿赂他们，干不法之事，叫他们去影响君主。什么叫“父兄”呢？叔伯、兄弟，是君主亲近爱护的人，大臣廷吏，是君主咨询谋划的人。他们竭尽全力参与议政，想方设法让君主听从他们。臣子以音乐美色、花言巧语去巴结、笼络他们，让他们在关键时刻为自己进言，怂恿他们影响、干扰君主，这就叫“父兄”……还有“养殃、民萌、流行、威强、四方”等等，不一而足，君主所处环境的险恶真是令人触目惊心。所有这些奸邪之术都是臣子蒙蔽君主、篡夺君权的套路，因而是君主不可不明察的。韩子将其做了犀利、冷峻的揭露，撕开了蒙在君臣上下、父子夫妻乃至一切人际之间的那层温情脉脉的面纱，把赤裸裸的利益关系与残酷争斗展现在人们面前，让人极为不适却也不得不面对，真是“论事入髓，为文刺心”。

正因为如此，韩子特别强调君主的“防奸”，希望君主能够以“选贤赏功”来防范劫杀、破除奸邪。他说：“明主之为官职爵禄也，所以进贤材劝有功也”，也就是说，英明的君主通过设置爵位、官职和俸禄来提拔有才之士、激励有功之人，这正是韩子的破奸之术，也是使君主保持清醒的绝妙之法。

“官贤者量其能，赋禄者称其功”也体现了韩子“审合刑名”的思想。他一再强调君主在政治活动中要查验臣子的言论与其所行之事是否一致，要使臣子的一切行为活动都达到名实相符，只有这样，国家才能长治久安。

《十过》

十　过

十过：一曰，行小忠，则大忠之贼也[1]。二曰，顾小利，则大利之残也。三曰，行僻自用[2]，无礼诸侯，则亡身之至也。四曰，不务听治而好五音[3]，则穷身之事也[4]。五曰，贪愎喜利，则灭国杀身之本也。六曰，耽于女乐[5]，不顾国政，则亡国之祸也。七曰，离内远游而忽于谏士[6]，则危身之道也。八曰，过而不听于忠臣，而独行其意，则灭高名为人笑之始也。九曰，内不量力，外恃诸侯，则削国之患也。十曰，国小无礼，不用谏臣，则绝世之势也[7]。

注释 [1] 贼：损坏，伤害。下文的“残”，与此意同。[2] 行僻自用：行为乖僻，固执己见。行僻，又作“行辟”。《晏子春秋·谏上十四》：“今政乱而行僻，而求五帝之明德也。”自用，自行其是，不接受别人的意见。[3] 听治：处理国政。五音：宫、商、角、徵、羽五种音调，泛指音乐。[4] 穷身：使己困窘。[5] 耽于女乐：沉溺于歌女。耽，沉溺。女乐，歌妓。[6] 离内远游：离开朝廷去远方游乐。内，朝廷，政权中心。远游，到远方游乐。忽于谏士：忽略谏士的言论。忽，忽略，不经心。《存韩》："愿陛下幸察愚臣之计，无忽。" [7] 绝世之势：断绝后嗣的态势。绝世，即灭亡，不能子孙相传。

译文：（君主治国）有十种过错：第一是奉行个人之间的小忠诚，这是对大忠诚的伤害。第二是贪图小利，这是对大利的残害。第三是行为邪僻，自以为是，对其他诸侯国无礼，这是导致丧身的最大危险。第四是不致力于国家治理而沉溺于音乐，这是使自己困窘走上灭亡道路的事。第五是贪婪乖戾喜欢谋取私利，这是使国家和自身走向灭亡的根源。第六是沉溺于女色歌舞，不关心国家政事，这是国家灭亡的祸害。第七是离开朝廷去远方游乐，又不听谏诤之士的劝谏，这是危及自身的做法。第八是有过错却不听忠臣的劝谏，而又一意孤行，这是失去好名声并被人耻笑的开始。第九是对内不考虑自己的国力，对外依赖其他诸侯国，这是削弱国家的祸患。第十是国家弱小且没有礼仪，不用谏臣，这是断绝子嗣的态势。

君主的错误清单

《十过》是韩子为君主开列的一份错误清单。

"十过"就是君主所犯的十种过错，具体是：一、妄行小忠，妨害大忠；二、贪图小利，残害大利；三、行事刚愎，无礼诸侯；四、耽于音乐，不务国政；五、贪婪固执，追求私利；六、不勤政事，热衷女乐；七、离朝远游，不纳谏言；八、有过不听忠臣之言，一意孤行；九、自不量力，依赖他国；十、国小无礼，不用谏士。韩子不仅列出了错误清单，而且向君主言明一旦犯了这十种过错，等待他们的只能是"灭国亡身""亡国绝世"的命运。

韩子的这份清单，所列都是一些"经典性"的错误。譬如，"过而不听于忠臣"一条，自古及今，几乎没有一个王朝能避免得了的。《十过》中讲的是春秋五霸之首的齐桓公。

齐桓公在管仲的辅佐之下，“九合诸侯，一匡天下”，成为春秋时期的第一位霸主。管仲年老，卧病在床，桓公向管仲询问相位的接班人。他先问鲍叔牙怎么样，管仲认为“鲍叔牙为人，刚愎而上悍，非霸者之佐也”。桓公于是又接连提出三个亲近的臣子竖刁、开方和易牙。竖刁为了迎合桓公近女色的喜好，挥刀自宫，以方便替桓公治理后宫；卫公子开方为了侍奉桓公，十五年不见家邦父母；这个易牙更是过分，为了满足桓公的口腹之欲，居然把自己的孩子烹了。管仲一针见血地指出这三人一个不爱惜自己，一个心中无父无母，一个连自己的骨肉都不放过，这都是违背人性的行为。他们之所以这么做，不过是迎合桓公的私欲罢了。此等投其所好之徒，断不可用。可是等管仲一死，桓公立马重用了竖刁。当然，桓公也因此付出了巨大的代价。这个竖刁果如管仲所料，包藏祸心，趁着桓公南游，与易牙、开方和一批大臣狼狈为奸，活活饿杀了桓公。更可悲的是，雄霸天下的齐桓公死了三个月都没人管，尸体上的蛆虫都爬出了门外。一代霸主，竟然被活活饿死，结局也太窝囊了。

桓公不听管仲之言，重用竖刁、开方、易牙等邪佞小人，在错误的道路上渐行渐远，最终身死不收、虫流出户。“故方其盛也，举天下豪杰，莫能与之争；及其衰也，数十伶人困之，而身死国灭，为天下笑。”欧阳修在《新五代史·伶官传序》中的感慨，就好像也在说齐桓公。

——这只是韩子所列清单里面的一例而已。

《孤愤》

不可两存之仇

智术之士[1]，必远见而明察，不明察，不能烛私[2]；

能法之士，必强毅而劲直，不劲直，不能矫奸。人臣循令而从事，案法而治官[3]，非谓重人也[4]。重人也者，无令而擅为，亏法以利私，耗国以便家[5]，力能得其君，此所为重人也[6]。智术之士明察听用[7]，且烛重人之阴情；能法之士劲直听用，且矫重人之奸行。故智术能法之士用，则贵重之臣必在绳之外矣[8]。是智法之士与当涂之人[9]，不可两存之仇也[10]。

注释：[1] 智术之士：通晓治世的法术之士。与下文的“能法之士”对举，即能够推行法术的实践者。[2] 烛私：看得清隐秘的事情。烛，用作动词，照。这里指看得清。私，隐秘的事情。[3] 案法而治官：按照法令处理政事。案，通“按”。治官，做官，处理政事。[4] 重人：朝中执掌大权的人。《外储说右上》:“重人者，能行私者也。”[5] 耗国以便家：与《爱臣》“管主而隆家”义相近。都指使私家受益而损耗国力，削弱君权。[6] 为：同“谓”。[7] 听用：被任用。[8] 贵重之臣必在绳之外：地位尊贵，权势很重的大臣必然在法度的准绳之外被惩治。绳，木工量直用的墨线，韩子常用作法度、准则。[9] 智法之士与当涂之人：懂得统治策略和能够执行法令的人与当权的重人。陈奇猷《新校注》:“智法，即智法能术。”陈启天《校释》:“当涂、当途、当路，与‘当道’俱同义，谓居权要也。”[10] 两存之仇：同时并存的仇敌。两，同时。

译文：通晓统治策略的人，必然有远大的见识和敏锐的洞察力；没有敏锐的洞察力，就不能识破阴谋诡计。能够执行法令的人，必须坚决果断，并且刚强正直；不刚强正直，就不能矫正邪恶。臣子遵循法令办理政事，依照法律履行职责，这不是我所说的“重人”。所谓的“重人”，是无视法令而独断专行，破坏法律来使自己得利，损害国家而使私家受益，势力足以控制君主，这才叫做“重人”。懂得统治策略的人，有敏锐的洞察力，听信并任用他们，就会识破“重人”的阴谋诡计；能够执行法令的人，刚强正直，听信并任用他们，就会矫正重臣的邪恶行为。因此，懂得统治策略和能够执行法令的人若被任用，那么位尊权重的臣子必定会受到法律的惩治。因从，懂得统治策略和能够执行法令的人与当权的“重人”，是不可并存的仇敌。

韩子的“孤愤”

“孤愤”就是孤独、愤慨。韩子是一个孤独而又忧愤深广的人,《孤愤》一篇说的就是法术之士的孤特之感与愤慨之情。作为战国时期韩国的贵族，韩子的“孤”从何而来？“愤”又从何而来？这自然和他的身世与遭际相关。韩子是“韩之诸公子”，面对宗国风雨飘摇的命运，他充满忧虑，希望能以“刑名法术”之学救国，挽救国家的颓势，所以“数以书谏韩王”，可是韩王安却不能用。《史记·老子韩非列传》说他“悲廉直不容于邪枉之臣，观往者得失之变，故作《孤愤》”。所以，韩子的“孤愤”乃是对法术之士所处的孤特之势的感叹，也是对奸邪之人的横行无阻的愤慨。

所谓“法术之士”，就是指“智术之士”与“能法之士”，他们具有“远见而明察，强毅而劲直”的品质，崇尚法治、坚守理想、忠诚正直，有着进步的眼光与坚定的意志。这也是韩子理想中的人格品质。与此相对，则是得到君主信任、擅自作为、亏法利私、损国利家的“重人”。“智法之士与当涂之人，不可两存之仇也”，历史上的忠奸不两立、冰炭不同炉，在《韩非子》中也得以再现。

问题是，“法术之士”从一开始，就注定是孤独的、悲剧的。因为他们所要面对的敌人，正是那些位高权重的“当涂之人”，所以悲剧不可避免。在韩子的笔下，“法术之士”与“当涂之人”的斗争，是何等的险恶：

> 夫以疏远与近爱信争，其数不胜也；以新旅与习故争，其数不胜也；以反主意与同好恶争，其数不胜也；以轻贱与贵重争，其数不胜也；以一口与一国争，其数不胜也。

这就是法术之士面临的“五不胜之势”。他们“处势卑贱，无党孤特”，又希望“以法术之言矫人主阿辟之心”，从一开始就与人主相反；而那些“当涂之人”则依仗君主的宠幸，“官爵贵重，朋党又众，而一国为之讼”。所以，结果是必然的，“其可以罪过诬者，以公法而诛之；其不可被以罪过者，以私剑而穷之。是明法术而逆主上者，不戮于吏诛，必死于私剑矣”。这就是法术之士的宿命，也是韩子的“孤愤”之所在。

《说难》

说　难

凡说之难：非吾知之有以说之之难也[1]，又非吾辩之能明吾意之难也[2]；又非吾敢横失而能尽之难也[3]。凡说之难：在知所说之心，可以吾说当之[4]。所说出于为名高者也，而说之以厚利，则见下节而遇卑贱[5]，必弃远矣。所说出于厚利者也，而说之以名高，则见无心而远事情[6]，必不收矣。所说阴为厚利而显为名高者也，而说之以名高，则阳收其身而实疏之；说之以厚利，则阴用其言显弃其身矣。此不可不察也。

注释：[1] 非吾知之有以说之之难也：不是难在我的智慧不足以向君主劝说。这句话有三个“之”。第一个“之”是代词，指事理；第二个“之”，指游说的对象，即君主。第三个“之”，即结构助词“的”。[2] 辩：口才。本句两个“之”，第一个是代词，指事理。第二个是结构助词“的”。[3] 横失：即“横佚”，指毫无顾忌地表达。[4] 可以吾说当之：用我说的话去适应它。说，说词，言论；当，适应。[5] 见下节而遇卑贱 :(游说者）被视为鄙俗低下之人而得到卑微下贱的对待。下节：节操低下。[6] 见无心而远事情 :(游说者）被认为是没有头脑，不务实际，背离事情的本质。

译文：大凡游说的困难，不是难在我的才智不足以向君主劝说，也不是难在我的口才无法阐明我的主张，更不是难在我不敢无所顾忌地表达自己的想法。大凡游说的困难，在于了解被游说的君主的内心，然后设法使我的言辞符合君主的心理。所游说的君主追求高尚名节，如果游说者用重利去游说他，那么会被视为鄙俗低下之人而遭到卑微下贱的对待，必定会被抛弃和疏远。所游说的君主崇尚重利，如果游说者用名声的高洁去游说他，那么会被认为是没有头脑，背离实际，也必定是不会得到任用。所游说的君主心底里追求重利而表面追求名声气节，游说者如果用高尚的名声来游说君主。那么游说者表面上会受到君主的任用但实际上会疏远他；如果用重利去游说君主，那么他在暗地里会采纳游说者的意见，而公开抛弃游说者。这些情况是不能不明察的啊。

进说的精髓

进说的技巧不在于知晓事理的智慧，也不在于能言善辩的口才，更不在于敢于直言的勇气，其精髓在于把握进说对象的心理和需求。韩子举例说，如果君主追求名节，而进说者以重利相谏，就会被疏远，反之，如果君主重视利益，而进说者以名节游说，同样会被抛弃。只有揣摩、把握进说对象的心理、需求，才是进说技巧的精髓。人只愿意听自己想听到的，这是人性使然。作为进说者就有必要去了解进说对象的心态，把自己想要表达的意思加以装饰，以此完成自己的进说目的。

这不由得让我们想起了《战国策》记载的游腾说楚之事。宜阳之战时，楚国派景翠率军支援韩国，但秦军还是占领了韩国宜阳，这对楚国来说，无疑是个打击。事后不久，秦王派遣樗里疾统领百辆战车进入西周，西周国力弱小，对樗里疾非常恭敬，用士兵夹道相迎，这让楚王很愤怒。西周夹在秦楚之间十分难做，为了安抚楚王，就派游腾前往楚国游说。游腾见到楚王后，是这样向楚王进说的：

> 昔智伯欲伐厹由，遗之大钟，载以广车，因随入以兵，厹由卒亡，无备故也。桓公伐蔡也，号言伐楚，其实袭蔡。今秦者，虎狼之国也，兼有吞周之意，使樗里疾以车百乘入周，周君惧焉，以蔡、厹由戒之。故使长兵在，前强弩在后，名曰卫疾，而实囚之也。周君岂能无爱国哉？恐一日之亡国，而忧大王。（《战国策·西周策》）

游腾的意思是明确的，首先，秦国没有亲善西周，只是把西周作为侵吞对象，所以，周君也并非真心地尊重樗里疾，恭敬只是外在的假象，警惕才是真正的内心；其次，如果西周对秦国使者不恭敬，秦国将会拥有侵占西周的借口，这对楚国来说是百害而无一利的；更重要的是，游腾点出，周君此举是为了其爱国之心，更是为了不让楚王忧心。这一席话说得楚王非常高兴："楚王乃悦"，不再追究此事。游腾此番游说无疑抓住了楚王的心理——希望西周能投靠楚国，同时和秦国之间保持一种敌对的关系，并渲染秦国"不义之师"的形象，这不正是韩子所谓"在知所说之心，可以吾说当之"吗？

游腾说楚，不但有勇气、口才和智慧，更是把握了楚王好胜、愤秦的心理，这才化解了西周的一次危机。正如韩子所言，进说的精髓在于掌握进说对象的心理需求，站在他的角度去看待问题，在此基础上再提出自己的观点和想法，只有这样才能达到进说的目的。

武公伐胡

昔者郑武公欲伐胡[1]，故先以其女妻胡君以娱其意[2]。因问于群臣："吾欲用兵，谁可伐者？"大夫关其思对曰："胡可伐。"武公怒而戮之，曰："胡，兄弟之国也[3]。子言伐之，何也？"胡君闻之，以郑为亲己，遂不备郑[4]。郑人袭胡，取之。宋有富人[5]，天雨墙坏[6]。其子曰:“不筑，必将有盗。”其邻人之父亦云。暮而果大亡其财，其家甚智其子，而疑邻人之父[7]。此二人说者皆当矣[8]，厚者为戮[9]，薄者见疑，则非知之难也，处知则难也[10]。

注释: [1] 郑武公伐胡：据《左传·定公十五年》，胡于前495年被楚国所灭，此处的伐胡，是指郑国夺取了胡的部分领土。郑武公，名掘突，春秋初期郑国国君，郑桓公的儿子，郑国第二代君主。前770年至前744年在位。胡，诸侯国名，归姓，在今河南郾（yǎn）城东南与安徽阜阳西北一带。[2] 故：故意，特意。娱：使（胡国国君）高兴。[3] 兄弟之国：指有姻亲关系的国家。《国语·晋语》注:“兄弟，婚姻之称。”[4] 备：防备，防范。[5] 宋：周代诸侯国名。子姓。周武王灭商后，封商王纣子武庚于商旧都（今河南商丘）。成王时，武庚叛乱，被杀，又以其地封与纣的庶兄微子启，号宋公。[6] 天雨：天降雨。[7] 父：对老人的统称。[8] 此二人说者皆当矣：这两个人（关其思和邻人之父）说的事情都是恰当的。[9] 厚者为戮：结果严重的被杀。“厚者”和下文“薄者”对举，厚薄指的是招致灾祸的轻重。关其思招致杀身之祸，是谓厚，邻人之父招致猜疑，是谓薄。[10] 处知：处理掌握的事情的情况。知，即游说者了解、掌握的情况。

译文: 从前郑武公想攻打胡国，特意把自己的女儿嫁给胡国国君，使胡国国君高兴。接着郑武公询问大臣的意见:“我想用兵，哪个国家可以作为攻伐的对象?”大夫关其思说:“胡国可以攻伐。”郑武公大怒，杀了关其思，说:“胡国，是与我国联姻的兄弟国家，怎么能建议去攻伐它呢?”胡国的君主听说了这件事情，对郑国放下了防备。结果，郑国突袭胡国，攻占其领土。宋国有个富翁，天下雨后家里的墙塌了。他儿子说:“墙如果不补好，家里肯定会遭到偷窃。”他邻居家里的老人也这么说，果然在当天夜里，家里的财物丢了很多。他家里人都觉得富翁的儿子很聪慧，并且怀疑是邻居家的老人偷了家中的财物。关其思和邻居家的老人所说的事理是很恰当的，但是他们中重则被杀，轻则被怀疑，如此看来，并非认识事理有困难，而是如何处置认识到的事理才是困难的事。

识时通变

关其思劝郑武公攻伐胡国，而遭杀身之祸，邻人之父好心建议，却蒙偷盗之冤，这是为什么呢？韩子指出："则非知之难也，处知则难也"，关其思了解郑国攻打胡国是上策，却没有掌握进说的最佳时机，邻人之父知道邻居墙倒了会引来偷盗之灾，却没有把握自己的处境和地位。他们对所处理的事情皆有清晰的认知，但却没有掌握完善地处理这件事的方法，所以进说不仅要"识时"更要"通变"。

西汉初期，诸侯国势力强大，常与中央争利。臣子晁错便向汉景帝谏议削减封地，收回旁郡。景帝听从了他的建议，并下诏削夺赵王的常山郡、胶西王的六个县、楚王的东海郡和薛郡、吴王的豫章郡和会稽郡。此诏一下，就引得诸侯哗然，十多天后，吴楚等七国以清君侧为名联兵反叛，史称吴楚七国之乱。为了平息这场战乱，景帝牺牲了晁错，将他腰斩于长安东市。晁错之死，为诸侯王报了心头之仇，这场反叛很快得到了平息。时至汉武帝时期，诸侯势力仍与中央皇权争锋，主父偃向武帝提出了推恩令："愿陛下令诸侯得推恩分子弟，以地侯之。彼人人喜得所愿，上以德施，实分其国，不削而稍弱矣。"令诸侯推私恩分封子弟为列侯，名义上是施德惠，实际上是剖分其国以削弱诸侯王的势力，如此一来，中央不用施以武力，就解决了诸侯的隐患问题。主父偃也得到了汉武帝的重用，一年之中得到四次升迁。

晁错和主父偃都知道强大的诸侯严重威胁着中央集权的巩固，也了解汉武帝急欲削弱诸侯的想法，但他们采取了不同的措施，晁错之策直接、极端，而主父偃之策间接、温和，这也导致了他们天差地别的结局。其中固然有时局变化的原因，但更重要的是，面对相同事理，主父偃能够提出更加合理、顺应时势的决策，识时通变，这是他的高明之处。而对于晁错来说，他同向郑武公提议攻打胡国的关其思一样，虽然都了解事理，都为自己"幼稚"的决策付出了生命的代价，成为国家政策实施下的尘埃。

韩子的寓言向来有着冷峻深刻的含义，他以武公伐胡、智子疑邻这两则故事，告诫那些想要进说君王的说客、臣子们，“非知之难也，处知则难也”，认识事理并不困难，真正重要的是如何处理认识到的事理，进说不仅要做到“识时”，更要做到“通变”，否则，轻则蒙受冤屈，重则性命不保。

《和氏》

和氏之璧

楚人和氏得玉璞楚山中[1]，奉而献之厉王[2]。厉王使玉人相之[3]。玉人曰：“石也。”王以和为诳[4]，而刖其左足[5]。及厉王薨[6]，武王即位。和又奉其璞而献之武王。武王使玉人相之。又曰：“石也。”王又以和为诳，而刖其右足。武王薨，文王即位。和乃抱其璞而哭于楚山之下，三日三夜，泪尽而继之以血。王闻之，使人问其故，曰：“天下之刖者多矣，子奚哭之悲也？”和曰：“吾非悲刖也，悲夫宝玉而题之以石[7]，贞士而名之以诳，此吾所以悲也。”王乃使玉人理其璞而得宝焉[8]，遂命曰“和氏之璧”。

注释 [1] 和氏：《史记·邹阳传》作“卞和”，诸书所引也多作“卞和”。璞：尹桐阳《韩子新释》：“质也，玉未理者曰璞。”即玉藏在石块里面，未经剖开琢磨。楚山：即荆山，在今湖北南漳县西北八十里，旁有石室，相传是卞和的住处，上面有抱玉岩。[2] 奉：双手捧着。厉王：根据《史记·楚世家》，楚国历史上并无楚厉王。有记载“蚡（fén）冒十七年卒，蚡冒弟熊通弑蚡冒子而代立，是为楚武王”。有可能蚡冒被追谥为楚厉王。卞和三次献玉的时间本段作厉王、武王、文王，但是诸书中所引，多为武王、文王、成王，尚待考定。下文的武王，即楚武王熊通，前740年至690年在位；文王，即楚文王，名赀（zī），楚武王之子，前689年至677年在位。[3] 玉人：雕琢玉石的工匠。相：读四声，这里是动词，有察看、鉴定的意思。[4] 诳：说谎、欺骗。[5] 刖（yuè）：砍掉脚或脚趾。古代酷刑之一。[6] 薨（hōng）：《礼记·曲礼》："天子死曰崩，诸侯曰薨，大夫曰卒，士曰不禄，庶人曰死。" [7] 题之以石：用"石头"的名称来命名它。题，命名。与下句的"名"意义相同。[8] 理：治玉，即把璞剖开雕琢打磨。

译文：楚国有个名叫卞和的人在楚山里得到了一块未经雕琢的玉石，捧着玉石献给了楚厉王。厉王让雕琢玉器的工人查看玉璞，玉工说："这是块石头。"厉王以为卞和在欺骗他，因而砍断了他的左脚。厉王死后，武王登基，卞和又捧着玉璞献给武王，武王让玉工鉴定，玉工又说："是块石头。"武王也以为卞和在欺骗他，于是砍断了他的右脚。武王死后，文王即位，卞和抱着那块玉璞在楚山下号啕大哭，哭了三天三夜，眼泪哭干后继之以血。文王听到后，派人询问他原因，说："天下被砍断脚的人那么多，你为什么哭得如此悲痛？"卞和说："我并不是因为被砍断脚而悲伤，我悲哀的是那块宝贵的玉却被称作石头，有操守的人却被说成骗子，这才是我悲哀的原因。"文王于是让玉工剖开外璞，果然得到了宝玉，于是将它命名为"和氏之璧"。

法术之士的悲愤

和氏璧又称为荆玉、荆虹、荆璧、和璧、和璞等，是我国历史上被奉为"天下共传"的无价之宝。历史上蔺相如的"完璧归赵"，说的就是和氏璧的故事。这块稀世之珍据说随着秦始皇的统一天下，被制成了象征至高至尊权力的传国玉玺，方圆四寸，纽交五龙，上面有丞相李斯篆书的"受命于天，既寿永昌"八个字。秦亡之后，和氏璧辗转相传，越来越扑朔迷离，终于在五代以后不知所终了。

和氏璧在历史上的赫赫声名，却更多是由于韩子的缘故。《韩非子》中的《和氏》一篇，就是专门讲说其来历的——如果不是卞和不断地冒死进献，和氏璧很可能就被视若顽石、永封璞中而不为人知了。个中感慨，依稀流露出韩子自己的影子。

韩子对于这样的境地是绝望的，他继续感叹说：珍珠宝玉是君主迫切想要得到的，即使卞和献的玉璞不够完美，对君主也没什么损害。而如今君主对于法术，未必像求和氏璧那样急切；而法术又是用以禁止群臣士民的自私邪行的，因而必然要遭到他们的攻击。那么，法术之士之所以还没有被杀戮，只是因为成就帝王之业的法术还没有献出来罢了。君主如果不能超越大臣的非议，摆脱民众的诽谤，而只是想采纳法术之道，则“法术之士虽至死亡，道必不论矣”！其情感的沉痛、悲愤浸透在文字之中，贯穿《韩非子》全书始终。后人对此也多有认同。西晋的傅咸在《玉赋》中说：“众视之以为石，独见知于卞子。”李白《古风》也感叹：“抱玉入楚国，见疑古所闻。良宝终见弃，徒劳三献君。”千载之下的共鸣，仿佛也是对韩子悲愤喟叹的回应。

不过，我们也还是能看到希望的：毕竟，在卞和泣血的背后，还是有稀世宝玉的石破天惊！这也让我们坚信，即使是在真理失声的时候，一个人也要坚持理想，心存光明，执着向前。这个世界上，总有这样的希望引领着我们不断前行。

《奸劫弑臣》

厉怜王

谚曰：“厉怜王[1]。”此不恭之言也。虽然，古无虚谚[2]，不可不察也。此谓劫杀死亡之主言也[3]。……故厉虽痈肿疕疡[4]，上比于《春秋》，未至于绞颈射股也；下比于近世，未至饥死擢筋[5]也。故劫杀死亡之君，此其心之忧惧，形之苦痛也，必甚于厉矣。由此观之，虽“厉怜王”可也。

注释 [1] 厉怜王：麻风病患者怜悯君主。厉，通“疠（癞）”，麻风病。生癞的人特别痛苦，但是比遭到劫杀的君主命运要好，所以这则谚语说，得癞病的人反而怜悯君主了。[2] 虚谚：不符合实际的谚语。[3] 谓：通“为（wèi）”。[4] 痈（yōng）肿：皮肉肿胀，发炎化脓，特别疼痛。疕（bǐ）：头疮，癞疮造成的头发脱落。疡（yáng）：皮肤溃疡，这里指癞疮发作，皮肤发炎溃烂。[5] 擢（zhuó）筋：抽筋。

译文 古话说：“麻疯病患者怜悯君主。”这是对君主很不尊敬的话。然而古代没有虚妄的谚语，不能不加详察。这句话是为被大臣夺权而杀死的君主说的。……所以，麻疯病患者虽身上长疮，发肿，皮肤溃烂，但是向上和《春秋》记载的事件相比，还不至于被绞脖子射大腿；向下和近代发生的事相比，还不至于饿死抽筋。所以被劫杀而死亡的君主，他们内心的忧虑害怕，身体上的痛苦，一定超过了麻疯病患者。由此看来，即使说“麻疯病患者怜悯君主”，也是可以的。

君主的悲哀

“厉怜王”是一句古谚，意思是连麻风病人也怜悯君主。这是很让人感叹的。有个笑话，说两个在田间锄地的老百姓想象皇帝的幸福生活，一个说：皇帝可能天天吃的都是红烧肉！另一个说：皇帝的锄头怕都是金子做的。所以，君王的幸福是老百姓想象不来的。可是，在韩子看来，君主却不及一个麻风病人。前人凭吊李煜说：“作个才人真绝代，可怜薄命作君王。”也有人哀叹崇祯皇帝的长公主：“可怜如花似玉女，生于末世帝王家。”《明史》记载：“长平公主，年十六，帝选周显尚主。将婚，以寇警暂停。城陷，帝入寿宁宫，主牵帝衣哭。帝曰：‘汝何故生我家！’以剑挥斫之，断左臂。”这时候，再读“厉怜王”的老话，就是另外一种感慨了。

“厉怜王”这段话，《战国策》与《韩诗外传》也都有记载，不过是当作荀子《谢春申君书》里的话。荀子是韩子的老师，他引用老师的话，也没有什么问题。

韩子为什么说“厉怜王”呢？他讲了几个故事。一个是楚共王的故事。他的儿子名叫围，王子围将要出访郑国，还没出境，听说共王病重就返回朝廷。借着进去探病，用系帽的带子勒死了共王，自立为王，是为楚灵王。另一个是齐庄公的故事。齐国崔杼的妻子长得很漂亮，齐庄公与她有私，多次到崔抒家去。终于，在庄公又一次来时，崔杼的家臣贾举就率领手下人围攻庄公。庄公逃到屋内，请求和崔杼平分国家，崔杼不答应；他又请求在宗庙里自杀，崔杼仍不答应。庄公只好翻墙逃跑，被贾举用箭射中大腿坠下墙来，最后被人用戈砍死。第三个是赵武灵王的故事。他早年胡服骑射、勇于变革、励精图治，真是雄才大略，可之后却昏招频出，废长立幼，将王位禅位给小儿子公子何，是为赵惠文王，自己称为“主父”。晚年后又爱怜长子公子章，将代郡分封给公子章，是为代王，引起了兄弟之间的权力之争。后来又想收回赵惠文王的权力，被赵惠文王与李兑发动宫变，将其围困在沙丘行宫多达百天之久，一代雄主最后竟然被活活饿死。第四个是齐湣王的故事。淖齿在齐国掌权，燕兵破齐后，淖齿想与燕国共分齐地，便抽了齐湣王的筋，将其吊在宗庙的梁上，过了一夜才死去。所以，韩子感叹：虽然麻风病人痈肿疮烂、痛苦异常，可是上比于春秋时代，还不至于被勒颈、射腿；下比于近世，也不至于被抽筋、饿死。所以那些被劫杀的君主，他们内心的忧惧、肉体的痛苦，一定超过了麻风病人。这就是“厉怜王”啊！

司马迁在《史记·太史公自序》中说：“《春秋》之中，弑君三十六，亡国五十二，诸侯奔走不得保其社稷者不可胜数。”春秋战国时期，君主被权臣劫杀的事件已成为历史的常态，所以韩子一再强调要预防“奸劫弑臣”。“爱臣太亲，必危其身；人臣太贵，必易主位。”这既是历史反复的教训，也是韩子的理论思考。

《亡征》

亡　征

亡征者[1]，非曰必亡，言其可亡也。夫两尧不能相王[2]，两桀不能相亡[3]，亡、王之机[4]，必其治乱、其强弱相踦者也[5]。木之折也必通蠹[6]，墙之坏也必通隙[7]。然木虽蠹，无疾风不折；墙虽隙，无大雨不坏。万乘之主[8]，有能服术行法以为亡征之君风雨者[9]，其兼天下不难矣[10]。

注释：[1] 亡征者：指亡国的征兆。[2] 尧：帝喾之子，上古五帝之一。相传尧仁慈爱民，明于察人，治理有方，以盛德闻名天下。王（wàng）：统治；称王。《诗·大雅·皇矣》：“王此大邦，克顺克比。”[3] 桀：夏代国王，名履癸。桀为政残酷剥削，暴虐荒淫。后被商汤所败，出奔南方而死，夏朝灭亡。[4] 机：机会，这里指关键。[5] 强弱相踦（qī）者：指不管强弱一定有偏重的一方。踦，偏重。陈奇猷《集释》：“踦有偏重一边之意。”[6] 蠹：蛀虫。《荀子·劝学》：“肉腐出虫，鱼枯生蠹。”[7] 隙：壁缝，空隙。[8] 万乘（shèng）之主：指大国君主。战国时称诸侯国小者为千乘，大者为万乘。[9] 服术行法：指运用法与术。[10] 兼：兼并，指统一天下。

译文：有了亡国的征兆，不是说一定会灭亡，只是说有可能会灭亡而已。两个像尧一样的君主不能互相统治对方，两个像桀一样的君主也不能互相让对方灭亡；灭亡或者统治对方的关键，取决于两者治乱强弱的不平衡。树木折断一定是因为被虫蛀了，墙壁倒塌一定是因为原本就有裂缝。然而树木虽说被虫蛀了，但是没有大风是不会折断的；墙壁虽然有裂缝，但是没有暴雨是不会倒塌的。拥有万乘兵车的大国君主，如能以法术像暴风骤雨去摧毁那些出现灭亡征兆的国家，那么他兼并天下就指日可待。

可亡与必亡

韩子在《亡征》一文中共列举出四十七种国家可能灭亡的征兆。“亡征”不是说必亡之征，而是说可亡之兆。国家的亡与不亡，更大程度在于君主。西周末年的厉王，暴虐成性，导致民众反叛，所谓“国人暴动”。三年后，厉王自己最终也死于彘地。厉王当时为了钳制言路，派卫巫监视民众，有敢诽谤厉王者，则杀之，以至于“国人莫敢言，道路以目”。真是“厉王未解安天下，衢路纷纷走卫巫！”所以邵穆公劝谏说：“防民之口，甚于防川。”当时大夫芮良夫也劝谏说：“王室其将卑乎！”意思是周王室恐怕将要衰微了吧！这就是所谓的“可亡”之兆。不过宣王即位后，极力消除厉王暴政的不良影响，任用召穆公、周定公、尹吉甫等贤臣，革除弊政，国内形势得到好转，使周家天下得到一时的复兴，诸侯又重新来朝，提高了王室的威信，史称“宣王中兴”。如此看来，韩子所说“亡征者，非曰必亡，言其可亡也”，实在是很有道理的。

历代兴衰更替，虽是常态，但是大厦将倾，也非一日之过。任何事件的发生，都有其长期潜在的因素，而一国之灭亡，更是内外因素综合影响的结果。夏桀、商纣之朝，君主暴虐荒淫，奢靡无度，贤良遭受迫害，民众积怨良久，灭亡之兆早已出现，就如木之通蠹、墙之通隙一样，一旦遇疾风骤雨，木必断、墙必坏。故商汤灭夏、武王伐纣，皆是顺应天理民心的正义之举。因此，夏桀、商纣必亡，而商汤、武王必王。韩子所论，不仅告诫君主要重视亡征之兆，更要君主时刻警醒，怵惕戒惧，对时局、形势有清醒的认识，万不可骄横自满、妄自尊大，甚至利令智昏、目空一切。

因为是可亡之征，所以一个国家、一个君主永远只能是谦虚谨慎、防患未然，保持忧患意识。不独国家如此，生活中也是一样的道理。《诗经·豳风·鸱鸮》说："迨天之未阴雨，彻彼桑土，绸缪牖户。" 意思是，下雨之前要提前将门窗修缮好。这并不是说天下雨就一定会让房子倒塌，而是说存在这样的征兆，所以要提前看到危机的存在，从而想办法化解，摆脱困境。一个人只有居安思危，才能真正做到有备无患。

《三守》

三　守

人主有三守[1]。三守完[2]，则国安身荣[3]；三守不完，则国危身殆[4]。何谓三守？人臣有议当途之失[5]、用事之过[6]、举臣之情[7]，人主不心藏而漏之近习能人[8]，使人臣之欲有言者[9]，不敢不下适近习能人之心[10]，而乃上以闻人主。然则端言直道之人不得见[11]，而忠直日疏[12]。爱人，不独利也[13]，待誉而后利之[14]；憎人，不独害也[15]，待非而后害之[16]，然则人主无威而重在左右矣[17]。恶自治之劳惮[18]，使群臣辐凑之变[19]，因传柄移藉[20]，使杀生之机[21]、夺予之要在大臣[22]，如是者侵[23]。此谓三守不完。三守不完，则劫杀之征也[24]。

注释：[1] 三守：这里指君主要遵守的三种原则。守，遵守奉行。[2] 完：完备，完整。[3] 国安身荣：指国家安全君主荣耀。身，这里代指君主。[4] 国危身殆：指国家危亡君主危险。殆，危亡，危险。[5] 当途：亦作"当涂"，指居要职、掌大权的人。[6] 用事：执政，当权。这里指执政大臣。[7] 举臣：众臣。举，全。情：实情，情况。[8] 心藏：指藏在心里，指不透漏真实的情绪和想法。近习：指君主宠爱亲信的人。能人：指奸邪逞能之臣。[9] 欲有言者：指想要进言的臣子。[10] 适：适合，这里指迎合。[11] 端言：正言，直言。直道：正道。指确当的道理、准则。[12] 忠直：这里指忠诚正直的人。疏：

疏远。[13] 利：指爵赏，利禄。[14] 誉：指称赞，赞赏。[15] 害：使受损害，惩罚。[16] 非：诋毁，讥讽。这里指弹劾。[17] 无威：没有权威。重：指权力，权势。左右：指近臣，侍从。[18] 恶（wù）：厌恶，讨厌。劳惮（dàn）：劳苦，劳累。惮，通“瘅”，劳苦。[19] 辐凑：车辐会聚于毂。形容人物的聚集和稠密。[20] 传柄移藉：形容权势转移。[21] 杀生之机：这里指生杀大权。[22] 夺予之要：这里指赏罚的权柄。夺予，指赏罚。要，关键，指权柄。[23] 侵：伤害，侵害。[24] 劫杀之征：指劫杀或杀害君主的征兆。

译文：君主要遵守三个原则。三个原则遵守完备，那么就会国家安全君主荣耀；三个原则遵守不完备，就会导致国家危亡君主危险。到底是哪三个原则呢？大臣中有人议论当权之人的过失、执政之人的错误、众位臣子的实情，君主如果不把心里的想法藏起来而透漏给身边的宠信之人和奸邪大臣，就会让想要进言的臣子先去迎合君主宠信之人和奸邪大臣的想法，之后才会向君主进言。这样的话，直言道理的人就会见不到君主，忠诚正直的人就会被一天天的疏远。君主喜爱一个人，不单独决断去赏赐他，等到周围的人称赞他之后才去赏赐；憎恶一个人，也不独自决断惩罚他，等到周围的人弹劾他之后才去惩罚。这样的话，就会导致君主没有权威，而权势全掌握在身边大臣的手里。君主厌恶亲自治理国政的劳累，让大臣围绕在自己的身边成为宠信之人，就会导致权势的转移，让生杀大权、赏罚权柄掌握在大臣手中，这样的话君主就会受到侵害。这就是所谓的三个原则不完备。三个原则不完备，臣下劫杀君主的征兆就会产生。

君主的权威

韩子特别关注君主的权威。他有很多关于君主如何独揽权柄、保持威势、预防奸邪的论述，《三守》即是其中之一。这些思想尽管因为主张极权、强调权术而很令人反感，但它却是韩子“术治”思想的核心内容，因而也是我们不能不了解的。

“三守”，就是君主必须持守的三条原则，具体说就是深藏不露、独自决断、独揽大权。这是君主保持权威的最重要的三个手段。君主要深藏不露，不能轻易将自己的真实想法显露人前；君主要独自决断，不能因为左右侍臣的言论才去决定赏罚；君主要独揽大权，不能将生杀大权、赏罚权柄交于臣子之手。以上种种，都是君主掌握术治的关键，若不能慎重把握，就会导致君主失势。君主有“三守”，实际上强调的是君主的绝对权威。《老子》中说：“鱼不可脱于渊，国之利器不可以示人。”韩子所讲“三守”在这里就是君主的治国利器，是巩固君主权威、稳定统治的绝对权力。所以才有“三守完则国安身荣，三守不完则国危身殆”的论断。君主的权威，在于对大权的绝对掌控；若不能把握“三守”，就会导致劫杀君主的征兆出现。

“三守”的目的就是要防备“三劫”。“三劫”分别是“明劫”“事劫”“刑劫”。“明劫”就是公开劫主；“事劫”就是通过政事来劫主；“刑劫”就是专擅刑罚来劫主。如若“三守”不完，则“三劫”必起，就会出现贤能疏远、君权没落、奸臣势重的情况，这绝对是威胁君主权威的不良局面。如果这样，就会出现韩子所讲的以下种种事例：越王勾践喜欢勇敢的人，因此国民就不怕死；楚灵王喜好细腰之人，因此国中之人争相挨饿；齐桓公妒外而好内，因此竖刁自宫以便让自己掌管内宫；齐桓公爱好美味，易牙将自己儿子的脑袋蒸了给桓公食用；燕王子哙爱好贤名，因此子之表面上不接受君位、实际上却设法让燕王传位于他。

所以，君主如果憎恶什么，臣子就会想方设想地隐藏自己的不足；君主要是喜欢什么，臣子就会争先恐后地展示自己。因此韩子感慨：“今人主不掩其情，不匿其端，而使人臣有缘以侵其主，则群臣为子之、田常不难矣。故曰：‘去好去恶，群臣见素。’群臣见素，则大君不蔽矣。”君主显露真实想法，奸臣就会争相逢迎，进而不断蒙蔽君主，排挤贤良，使得君主的权威不断减弱，达到劫杀君主、掌握权柄的目的。

韩子认为，只要君主保证“三守完备”，就能达到“国安身荣”。然而，真是如此吗？恐怕未必。“三守”之下的君臣关系，是极端“术治”下的利益制衡，就如《孟子·离娄下》所说："君之视臣如土芥，则臣视君如寇雠。”在“三守”的理论中，韩子将所有的人都视为君主潜在的敌人，君主所采用的手段也都是保持绝对的权威，从而达到彻底的极权。这是韩子思想当中的大问题，也是今天我们需要特别批判的。

《备内》

利之所在

医善吮人之伤[1]，含人之血，非骨肉之亲也，利所加也[2]。故舆人成舆[3]，则欲人之富贵；匠人成棺，则欲人之夭死也[4]。非舆人仁而匠人贼也[5]，人不贵[6]，则舆不售；人不死，则棺不买。情非憎人也[7]，利在人之死也。

注释： [1] 吮（shǔn）：吸。[2] 利所加也：有利益加在这件事上，指有利可图。[3] 舆（yú）人：造车的人。[4] 夭死：早死。[5] 贼：残忍，狠毒。[6] 贵：富贵。[7] 情：实情。

译文： 医生善于吸吮病人的伤口，口里含着从伤口中吸吮出来的血，不是因为相互之间有着骨肉亲情，而是因为有利可图。因此造车的人制成车子，就希望别人富贵；工匠造好棺材，就希望有人早死。这并不是说造车的人仁爱而做棺材的人残忍，人如果不富贵，车子就卖不出去；人如果不死，棺材就没有人买。实际上并不是憎恶别人，而是别人的死对他有好处。

利益驱动与人性善恶

明代的门无子曾经说《韩非子》的文章是："论事入髓，

为文刺心。”意思是韩子讲道理透彻得能深入骨髓，文章也写得直刺人心。的确，他的有些道理讲得很“扎心”，但却很现实。

韩子将人与人之间的关系，全都归结为利益叠加的缘故，由实实在在的利害所决定。譬如，医者吮伤含血，不是因为所谓的医者仁心或者是亲情所致，而是救人所带来的直接利益。“欲人之富贵”与“欲人之夭死”，这中间并不是因为“舆人仁而匠人贼”，而是与他们的职业性质密切相关。造车的人当然希望富人越多越好，如此车驾才能卖出去；造棺木的人当然希望有人死亡，不然棺材就无可用之地，“情非憎人也，利在人之死也”。所以，医者救人、舆人成舆、匠人成棺，都是利益驱使下的结果。他们本质上并不是憎恶人，只是因为别人的死对自己有利；也并非真心望人富贵，只是因为自己的利益与之相关。这实在是人们不喜欢听、却也不可否认的。

《备内》中也说："且万乘之主，千乘之君，后妃、夫人、适（嫡）子为太子者，或有欲其君之蚤（早）死者。”在后妃、正妻、嫡子中间，总有希望君主早死的。为什么会这样？其原因无非是“利之所在”而已。因为只有如此，他们才能得到最大的利益。所以，无论是夫妻，还是父子，起作用的都不是亲情，而是利益，一旦宠爱、信任不再，一切也就不复存在。

韩子将人性中的自私自利讲得很彻底，在他笔下，人与人之间没有温情可言，只有相互之间的利益联系。联系他的老师荀子所说的“人性恶，其善者伪也”，我们也就明白，这其实是对人性的另一种极端化的认识。《荀子·非相》中也说："饥而欲食，寒而欲暖，劳而欲息，好利而恶害，是人之所生而有也，是无待而然者也，是禹、桀之所同也。”人性中的“好利恶害”，就如饿了要吃饭、冷了要加衣、累了要休息一样，都是与生俱来的。归根结底，就是与自身的利益密切相关。

尽管如此，韩子却并没有停留在人性之恶上。他预设了人性之恶，因而希望能够用法治来限制、约束这些恶，从而使人成为知规矩、守法度的“可治之民”。不是从道德层面去假设人性为善——这样的假设尽管美好却没有实际的意义；而是从制度层面去预防人性之恶，以真正理性的方式来面对人性，这才是韩子以及整个法家的初衷。

《南面》

圣人之治

不知治者，必曰：“无变古，毋易常[1]。”变与不变，圣人不听[2]，正治而已[3]。然则古之无变，常之毋易，在常古之可与不可。伊尹毋变殷[4]，太公毋变周[5]，则汤、武不王矣[6]。管仲毋易齐[7]，郭偃毋更晋[8]，则桓、文不霸矣[9]。凡人难变古者，惮易民之安也[10]。夫不变古者，袭乱之迹[11]；适民心者[12]，恣奸之行也[13]。民愚而不知乱[14]，上懦而不能更[15]，是治之失也。

注释：[1] 常：指常规，常俗。[2] 不听：不随意听取，接受。[3] 正治：适当的治国策略。正，适当，合适。[4] 伊尹：伊氏，名尹，又名挚，商汤的贤相。本是汤妻陪嫁的奴隶，后助汤伐夏桀。殷：朝代名。商王盘庚迁都殷，后世因称商为殷。[5] 太公：太公望吕尚，名尚，字子牙，号太公望，俗称姜太公。他辅佐周文王，与谋翦商，后辅佐周武王灭商。因功封于齐。周：朝代名，姬姓。都城镐京（今陕西西安），史称西周。前771年，犬戎攻破镐京，周幽王被杀。次年周平王东迁洛邑（今河南洛阳），史称东周。前256年为秦所灭。[6] 汤：商汤，又称“成汤”，商朝的建立者。他联合许多部落举兵推翻夏朝，在亳（今河南商丘附近）建立商朝。武：周武王，西周王朝的建立者。姬姓，名发。牧野之战，取得大胜，遂灭商，建立西周王朝，建都于镐。王（wàng）：统治，称王。[7] 管仲：春秋初期齐国政治家。名夷吾，字仲，颍（yǐng）上（颍水之滨）人。齐桓公即位后，由鲍叔牙推荐，被任命为相。提出“尊王攘夷”的策略，终使齐桓公成就霸业。[8] 郭偃（yǎn）：春秋时晋国大夫，帮助晋文公建立霸业。据梁启雄《浅解》:"《左传》'晋大夫卜偃'，《晋语》作'郭偃'。"晋：古国名，姬姓。开国君主是周成王弟叔虞。春秋后期六卿逐渐强大，互相兼并。后晋国为韩、赵、魏三家所分。[9] 桓：齐桓公，春秋时齐国君，姜姓，名小白。多次大会诸侯，订立盟约，成为春秋时第一个霸主。文：晋文公，春秋时晋国君，献公子，名重耳。因献公立幼子为嗣，曾出奔在外十九年，由秦送回即位。城濮之战，大胜楚军；并在践土大会诸侯，成为霸主。霸：称霸。[10] 惮：忌惮，害怕。[11] 袭乱之迹：沿袭国家混乱的轨迹。[12] 适：适应，迎合。[13] 恣：听任，任凭。[14] 乱：祸乱。[15] 更：改变，变更，这里指改革。

译文 不懂得治术的人，一定会说："不要改变古制，不要更易常俗。"是否改变古法，圣人不随意听取别人的说法，只看它是否是合理治国的办法罢了。这样，古制改不改变，常规更不更替，在于古制常规是可行还是不可行。伊尹如果没有改变殷法，姜太公如果不改变周法，商汤和周武王就不会统治天下。管仲如果没有改变齐法，郭偃如果没有改变晋法，齐桓公和晋文公就不会称霸天下。但凡难以改变古制的人，都是害怕改变民众的习惯。不改变古制的人，是在沿袭国家混乱的轨迹；迎合百姓的心意，是听任奸邪产生的行为。百姓愚昧不知道祸乱，君主懦弱不知道改革，是治国的失误。

变与不变

自古以来，圣人治国都有自己的法则，老子主张"无为而治"，孔子认为应以"仁义"治天下，韩子则推行严苛的"刑名之学"来治理国家。国家的制度与常规是否可行，在于君主对当前形势的清晰认识，也就是君主要根据国家的实际情况来定夺。因此韩子说："然则古之无变，常之毋易，在常古之可与不可。"

"变"与"不变"，全看明君贤人如何权衡，而能大刀阔斧改革之人，盖因时局之下变法为最好出路。就如伊尹、姜太公，若无他们，商汤、周武王便不会一统天下；若无管仲、郭偃，齐桓公、晋文公便不会有霸主之业。因此

《商君书·更法》有言："治世不一道，便国不必法古。汤、武之王也，不修古而兴；殷、夏之灭也，不易礼而亡。然则反古者未必可非，循礼者未足多是也。"商鞅本身就是一个改革者，他的变法政策是在秦国的当前实际情况之下提出的，是有助于当时秦国的内外困境，这一系列的改革政策，为秦国的强大奠定了坚实的基础。而商鞅之所以能够实行变法，更在于秦孝公想要励精图治，不遗余力地支持变法。可见，治国在于要审时度势，认清状况，一味地遵循古制古法并不一定能更好地治理国家。而《汉书·循吏传序》中记载："霍光秉政，承奢侈师旅之后，海内虚耗，光因循守职，无所改作。"因循守旧，沿袭旧制，只能无所作为。而作为君主更应该懂得变法的重要性，尤其在国家内忧外患之际，一味效仿，不思改革，终究是毫毛斧柯。

治国如此，做人、做事也应如此，都要学会变通。《孟子·离娄上》就讲了这样一则故事："男女授受不亲"是古代礼制中重要的一条规定。但淳于髡问孟子："嫂溺，则援之以手乎？"这绝对是一个令人进退两难的尴尬问题，然而孟子回答说："嫂溺不援，是豺狼也。男女授受不亲，礼也；嫂溺，援之以手者，权也。"孟子以"权变"来解释礼的灵活性，显示出他高超的应变能力。礼制固然需要遵守，但是也不能一味地墨守成规，处理事情既要有原则性，又要能灵活变通。"变"与"不变"，结果不同，全看如何抉择。也只有通权，才能达变。

《饰邪》

明法者强

当魏之方明《立辟》、从宪令行之时[1]，有功者必赏，有罪者必诛，强匡天下，威行四邻；及法慢[2]，妄予[3]，而国日削矣。当赵之方明《国律》、从大军之时[4]，人众兵强，辟地齐、燕；及《国律》慢，用者弱，而国日削矣。当燕之方明《奉法》、审官断之时[5]，东县齐国[6]，南尽中山之地[7]；及《奉法》已亡，官断不用，左右交争[8]，论从其下，则兵弱而地削，国制于邻敌矣。故曰：明法者强，慢法者弱。强弱如是其明矣，而世主弗为，国亡宜矣。

注释 [1]《立辟》：魏国的刑书。宪令，法令。[2] 法慢：法令被轻视。慢，轻视。[3] 妄予：指赏赐不当。[4] 赵：战国七雄之一。开国君主赵烈侯是晋大夫赵衰的后代，和魏、韩瓜分晋国。长平之战为秦所大败，国势从此衰落。前222年为秦所灭。《国律》：赵国的刑书。[5]《奉法》：燕国的刑书。官断：指官吏审理曲直而依法决断。[6] 东县齐国：指向东将齐国看做最东边的一个县。县，地方行政区划名，始于春秋时期。最初设置在边地，秦、晋、楚等大国往往把新兼并的土地置县。到春秋后期，各国才把县制逐渐推行到内地。[7] 中山：古国名，春秋时白狄别族所建立，又称鲜虞。在今河北正定东北，战国初期建都于顾（今河北定州）。前296年为赵所灭。[8] 左右：近臣，侍从。交争：互相争论。

译文 当魏国正在彰明《立辟》，致力于法令完备的时候，有功劳的人一定要给予赏赐，犯罪的人一定要得到惩罚，强大到使天下得到匡正，威严能够在四方邻国中施行；等到法令松弛的时候，就会赏赐不当，国家就会日渐被削弱。当赵国正在彰明《国律》，致力于军队强大的时候，人多兵强，在齐、燕的境内开拓疆域；到了《国律》被懈怠的时候，掌握法令的人弱小，国家就会日渐被削弱。当燕国正在彰明《奉法》，审查官府决断的时候，向东将齐国看做自己的一个县，向南将中山国纳入自己的版图；到了《奉法》消亡的时候，官府的决断不再管用，君主的近臣互相争论，决断出于臣下，那么兵力就会变弱而且土地会被侵占，国家也会被邻近的敌国所控制。因此说：彰明法制的国家就会强大，懈怠法制的国家就会弱小。国家的强弱取决于对法制的重视程度是已经很明了的事，但是君主却还没有作为，国家的灭亡就在情理之中了。

明法富强

国家的强盛与否取决于什么呢？韩子认为取决于掌权者是否能够做到彰明法令。当国家依法而治，就能民富国强，威震四方，而当国家逐渐懈怠，抛弃了律法，就会使得国力衰败，四方侵扰。该段文字选用了魏国、赵国、燕国的例子，讲明了“明法者强，慢法者弱”这个道理，告诫统治者一定要重视法治的重要性，因为只有依法治国才能实现富国强兵。

依法治国和富国强兵之间有必然的联系吗？韩子是如何看待这个问题的？首先，韩子以为“法”是公平正直的，是为整个国家利益服务的，它高于包括最高统治者在内的全体社会成员的个人利益，而不为某人的私利服务，他说：“夫立法令者，所以废私也；法令行，而私道废矣。”(《韩非子·诡使》）又说：“能去私曲就公法者，民安而国治；能去私行行公法者，则兵强而敌弱。”(《韩非子·有度》）意思是，一个国家若能够摒弃私利、以法行事，就会民安而国治，兵强而敌弱。可见，在韩子看来，法治可富国强兵的一个重要原因是法可以维护国家的整体利益；其次，韩子认为通过以赏罚为主要内容的法治，依靠奖赏，鼓励有功于农战的人，是富国强兵的重要途径。在春秋战国时期，兵源来自农民，财力、物力来源于农业，所以要使国家富强，并取得兼并战争的胜利，自然离不开农业。韩子曾评价商鞅依法治秦国，言曰：

> 公孙鞅之治秦也，设告相坐而责其实，连什伍而同其罪，赏厚而信，刑重而必。是以其民用力劳而不休，逐敌危而不却，故其国富而兵强。(《定法》)
>
> 商君教秦孝公以连什伍，设告坐之过，燔《诗》《书》而明法令，塞私门之请而遂公家之劳，禁游宦之民而显耕战之士。孝公行之，主以尊安，国以富强。(《和氏》)

可见韩子十分赞同商鞅通过法治鼓励农战的做法，并指出，只有这样才能达到“主以尊安，国以富强”的目的。

在诸侯争雄的战国时代，每个诸侯国的首要任务都是努力使自己的国家富强，避免被吞并。韩子清楚地看到，强力主宰着社会的运行，只有国家富强，军队强大，才能避免国力衰败，以至灭国的悲剧，而如何达到这一目的呢？韩子给予了他的答案：法治。法治不仅维护国家的整体利益，而且保护鼓励农战的政策，唯有这样才能避免国家被吞并的悲剧，才能实现富国强兵的目标，以此开启战无不胜攻无不克称霸诸侯的事业。

公私有分

明主之道，必明于公私之分[1]，明法制，去私恩[2]。夫令必行，禁必止，人主之公义也[3]；必行其私，信于朋友，不可为赏劝，不可为罚沮[4]，人臣之私义也[5]。私义行则乱，公义行则治，故公私有分。

注释 [1] 分：适当合理的界限。[2] 私恩：私人的恩惠。[3] 公义：公正的义理。[4] 沮（jǔ）：终止，阻止。[5] 私义：以私人关系为准则的个人道义。

译文 贤明君主的治国原则，一定要明确公私之间的界限，使法制严明，摒除私人的恩惠。法令一定实行，禁令一定遵守，这是君主的公义；一定要实现自己的私利，对朋友讲诚信，不能被赏赐鼓励，不能被惩罚阻止，这是臣子的私义。私义盛行，国家就会混乱，公义盛行，国家就会安定，因此公私是有分别的。

“私心”与“公义”

大家为公，小家为私。贤明的君主治国，须得公私有分、法治严明，如此国家才能久安，臣子才能尽职。韩子说:“人臣有私心，有公义。”何为“私心”？是“污行从欲、安身利家”；何为“公义”？是“修身洁白而行公行正，居官无私”。公义与私欲是对立的，君主只有清楚地知道这些，才能有效地防止臣子假公济私，危害国家利益及安定。

《左传》讲过一个“祁奚荐贤”的故事。说是晋国大夫祁奚请求告老退休，晋悼公问他谁可以接替？祁奚举荐了他的仇家解狐。正要立解狐时，他却死了。于是悼公又征求祁奚的意见，祁奚推举自己的儿子祁午。这时，祁奚的副手羊舌职也死了。晋悼公又问:“谁可接任？”祁奚答道：“其子羊舌赤适合。”晋悼公便安排祁午做中军尉，羊舌赤佐助。《左传》以“君子曰”的方式称赞祁奚，说这件事足可说明他很能推荐贤人：推举仇人，不算是谄媚；推荐儿子，不是出于私爱；推荐直属的下级，不是为了袒护。而且，解狐被举荐，祁午接任，羊舌赤任职，立了一个中军尉而作成了三件好事，祁奚真是能举荐贤人啊！《尚书》中说:“无偏无党，王道荡荡。”意思是没有偏爱，没有结党，王道坦坦荡荡，公正无私——祁奚就是这样。谁能胜任职位，与能力相关，与私交无关。刘向在《新序》中还记载，说祁奚举荐解狐时，悼公说:“他不是你的仇人么？”祁奚回答说:“君主问的是谁可以接替我，不是问谁是我的仇人。”推荐祁午时，悼公说:“他不是你的儿子么？”祁奚回答:“君主问的是谁可以担任国尉，不是问谁是我的儿子。”这就是祁奚的“外举不避仇，内举不避亲”。一句话，不以私心害公义！这就是公私有分。

现在很多人都喜欢说“大公无私”，好像“无私”了，道德水平就提升了，社会也就治理好了。可问题是，人总是有私心的。不承认这一点，只是讲“大公”，不是愚蠢，就是虚伪。“私”不可怕，怕的是公私不分，甚至是因私害公。所以，在韩子看来，大到治理国家，小到做人做事，公私必须有分。君主的法令严明，臣子就能秉公心、抑私义，这样才能严格奉行国家利益为上的原则。“公私不可不明，法禁不可不审，先王知之矣。”国家的长治久安，在于君主及臣子要公私分明，国家要法治严明。

《解老》

祸福相依

人有祸，则心畏恐；心畏恐，则行端直；行端直，则思虑熟；思虑熟，则得事理[1]。行端直，则无祸害；无祸害，则尽天年[2]。得事理，则必成功。尽天年，则全而寿[3]。必成功，则富与贵。全寿富贵之谓福。而福本于有祸，故曰："祸兮福之所倚。"以成其功也。

人有福，则富贵至；富贵至，则衣食美；衣食美，则骄心生；骄心生，则行邪僻而动弃理。行邪僻，则身死夭[4]；动弃理，则无成功。夫内有死夭之难，而外无成功之名者，大祸也。而祸本生于有福，故曰："福兮祸之所伏。"

注释：[1] 事理：事物发展的内在规律。[2] 天年：人的自然寿命。[3] 全而寿：保全生命并且长寿。[4] 夭：短命，早死。

译文：人遭祸事便心生畏惧，心生畏惧就能端正行为举止，举止端正无邪必定要思虑成熟，思虑成熟就会知晓事物发展的内在规律。举止端正就不会横遭祸事，没有祸事便可颐养天年。掌握事物发展的内在规律，做事必定会取得成功。颐养天年就会保全自己的生命并且长寿。做事成功，富贵便会随之而来。保全生命并且长寿就是所谓的福。而福源于祸，所以《老子》说："灾祸啊是福报所依存的地方。"这是因为灾祸成就了幸福。

人生活幸福，就会拥有荣华富贵。富贵加身就会饮食衣着鲜美；饮食衣着鲜美骄纵之心便会滋生。骄纵之心滋生便导致举止乖谬不正并且行动时背弃事理。行为举止邪恶乖谬会短命身死；违背事理做事无法成功。于自身而言，面临短命身死的灾难，于外而言，又没有成功的名声，这就是大祸啊。而祸害的根源在人获得了幸福。所以《老子》说："幸福啊是祸害潜藏的地方。"

塞翁失马，焉知非福？

《韩非子·解老》可以说是韩子读《老子》所作的一篇"读书笔记"，体现了韩子对老子思想的认识。司马迁在《史记·老子韩非列传》中之所以说韩子是"喜刑名法术之学，而其归本于黄老"，和《韩非子》中的《解老》《喻老》等篇目不无关系。"黄老"就是黄老道家，除了老子之外，还有托名于黄帝的思想。根据现代学者的研究，黄老思想更加倾向于政治哲学，所谓"从天道到人道""从道论到政论"。韩子思想无疑也体现出这样的特征来。太史公为老、庄、申、韩等人合传，将其写在一处，这是他目光的过人之处。

韩子在解释祸福之间的转化时指出：祸患引发人的畏祸心理，畏祸心则促使人们行事正直、思虑成熟，结果反而因祸得福；反过来，福滋生了人的骄惰心理，而骄惰之心表现在行为上就是行为举止悖逆常理，最后反而招致祸端。这样的例子很多，最为著名的便是《淮南子》中"塞翁失马"的故事：

> 近塞上之人，有善术者，马无故亡而入胡。人皆吊之，其父曰："此何遽不为福乎？"居数月，其马将胡骏马而归。人皆贺之，其父曰："此何遽不能为祸乎？"家富良马，其子好骑，堕而折其髀。人皆吊之，其父曰："此何遽不为福乎？"居一年，胡人大入塞，丁壮者引弦而战。近塞之人，死者十九。此独以跛之故，父子相保。

祸福相互转化，好坏互为因果，虽在人情之外，却在常理之中。正所谓："塞翁失马，焉知非福？"老百姓也经常说"坏事里面有个好事"。问题是，坏事就是坏事，好事就是好事，坏事本身并不是好事。关键在于，怎样才能让坏事成为好事、同时也避免好事办成坏事？所以，相对于祸、福转化的结果，我们更应该关注的是转化的条件，即祸因何得福，福因何转祸？这个问题想不清楚，坏事依然是坏事，成不了好事，好事也可能就变成了坏事。至于那些硬生生将坏事说成了好事的人，不是蠢，就是坏，用《韩非子》的话来说，便是"非愚则诬也"！

吴越争霸中，吴王夫差击败越国，报了杀父之仇后骄纵之心日长，宠幸小人伯嚭，杀了忠臣伍子胥，整日耽于酒色；而越王勾践却卧薪尝胆、十年教训，牢记会稽之败，任用范蠡这样的贤者，终于趁着吴国闹饥荒的好时机，一雪前耻。正所谓"有志者，事竟成，破釜沉舟，百二秦关终属楚；苦心人，天不负，卧薪尝胆，三千越甲可吞吴"。这样看来，祸福转化，天命乎？人事乎？

专门讲这个道理的还有西汉初年的贾谊。他早负才名，少年得志，很早就被文帝赏识；孰料命运多变，造化弄人，后来被贬谪长沙，郁郁独居。于是作《鹏鸟赋》，其中说道："祸兮福所倚，福兮祸所伏；优喜聚门兮，吉凶同域。"话虽如此，他到底还是想不开。三年后被召回长安，为梁怀王太傅。梁怀王坠马而死，他深自歉疚，最终忧郁而死，年仅33岁。

所以，能看到祸福的相互依存并且能把握其向对立面转化的条件，才是真正的大智慧。有此智慧，方可身处福禄之时，戒骄戒躁，常抱居安思危之心；困居祸厄之际，诚恳行事，永怀乐观希望之志。

无物之象

人希见生象也[1]，而得死象之骨，案其图以想其生也[2]，故诸人之所以意想者皆谓之"象"也。今道虽不可得闻见，圣人执其见功以处见其形[3]。故曰:“无状之状，无物之象。”

注释: [1] 希：少；罕有。[2] 案：通“按”，依据，按照。[3] 见（xiàn），同“现”，显现，引申为辨察。

译文: 人们很少能见到活象，却能得到死象的骨骼，依据死象骨头的模样来想象活象的样子，所以人们据以猜想的东西都叫作“象”。现在道虽然听不见看不到，但是圣人拿它所显现的功效来辨察它的形状，所以《老子》说:“道是没有显露形状的形状，没有实体的象。”

韩子的“想象”

“想象”一词，大家说得很多，意思也不难懂，不过它原本的意思却比较特别。《韩非子·解老》说:“人希见生象也，而得死象之骨，案其图以想其生也，故诸人之所以意想者皆谓之象也。”以“死象之骨”而“想其生”，所以才“想象”——韩子所说的这个“想象”，真是太出乎大家的想象了。

据竺可桢先生研究，我国中原地区从仰韶文化时期至安阳殷墟时期，大部分时间的气温要高于现在，且当时黄河下游流域沼泽密布，水草茂盛，是有象群繁衍、生活的，只不过因为气候的变化，以及人类活动的影响，后来象群渐渐消失了。河南称为“豫”,《说文》解释说“豫，象之大者”，可知“豫”就是大象，因产大象而获名。殷商甲骨卜辞中，有捕获野象的记载:“今夕甚雨，获象。”卜辞中也有一次狩猎获象10头的记载。一次就捕获10头象，可见当时野象数量之多。

象在当时也经常用于战争，而且是当时的“重型武器”。《孟子·滕文公下》说:“周公相武王诛纣、伐奄，三年讨其君，驱飞廉于海隅而戮之，灭国者五十，驱虎豹犀象而远之，天下大悦。”周公组建了一支由虎、豹、犀牛、大象等野兽组成的猛兽军团。《吕氏春秋·古乐》也记载“商人服象，为虐于东夷。周公遂以师逐之，至于江南，乃为《三象》，以嘉其德。”“商人服象”就是用于运输、祭祀、表演以及战争的。这种传统一直保留到汉代以后，《后汉书》就记载王莽也曾“驱诸猛兽虎豹犀象之属，以助威武”。此外，战象的使用也是多样的，《左传·定公四年》记载：“王使执燧象以奔吴师。”“燧象”就是将燧火系在象的尾巴上，使其受惊而冲击敌人。这就有些像是战国时期齐、燕之战中田单的火牛阵了。

所以，韩子说的“想象”也不是他向壁虚构、凭空“想象”出来的。在他的时代，黄河流域的大象早已绝迹，“虎豹犀象”“商人服象”也成传说。人们只能以“死象之骨”来“想象”了。一个词语的背后，也是一个传统。

再回到《解老》的这则材料本身。韩子所要解释的是“无状之状，无物之象”。《老子》第十四章说：“视之不见名曰夷，听之不闻名曰希，搏之不得名曰微。……是谓无状之状、无物之象，是谓惚恍。”在老子看来，“道”是不可言说、不可捉摸的，是不可把握的“恍惚”之状。而韩子把“道”所显现出来的功效比作“死象之骨”，“道”本身则是由死象所想之生象。这样，“道”尽管无象无形，但是可以被认知。这种解读虽然不同于《老子》的原意，却也是韩子的“法家化”理解。

《喻老》

鱼不可脱于深渊

势重者，人君之渊也[1]。君人者，势重于人臣之间，失则不可复得也。简公失之于田成[2]，晋公失之于六卿[3]，而邦亡身死。故曰：“鱼不可脱于深渊。”赏罚者，邦之利器也，在君则制臣，在臣则胜君。君见赏，臣则损之以为德；君见罚，臣则益之以为威。人君见赏，而人臣用其势；人君见罚，人臣乘其威。故曰："邦之利器，不可以示人。"

注释：[1] 渊：深水，潭。[2] 简公：齐简公，姜姓，吕氏，名壬，齐国国君，前484年至前481年在位。田成：即田成子，春秋时齐国的大臣。名恒，齐简公四年（前481年），杀死简公，拥立齐平公，任相国，尽杀公族中的强者，扩大封邑，从此齐国由田氏专权。[3] 六卿：春秋后期，晋国范氏、中行（háng）氏、智氏、韩氏、赵氏、魏氏六卿秉持国政，并相继改革田亩制、税制，图谋富强，相互兼并，导致晋室瓦解。

译文：权势是君主的水潭。君主的权势失落到臣子手中，就不可重新得到了。齐简公的权势失落到田成子手中，晋国国君的权势失落到六卿手中，最终国亡身死。所以《老子》说："鱼不可以放入到深水渊里。"赏罚是国家锐利的武器，君主掌握它，就能控制臣下，臣子拥有它，就能制约君主。君主要表示赏赐，臣子就施舍一部分赏赐来显示自己的恩德；君主要表示惩罚，臣子就加重惩罚来显露自己威势。君主显露赏赐的意图，臣子便会利用这种权势；君主显露惩罚的意图，臣子便会凭借君主的威势。所以《老子》说："国家锐利的武器，不可以显现给别人看。"

国之利器，不可以示人

"鱼不可脱于渊，国之利器不可以示人。"这是《老子》当中的话。《老子》的意思是说，赏罚、权谋等都是统治者的权力，未发之前必须隐藏于心，不能轻易示人知晓，就如同鱼不能离开水渊，否则，"鱼脱于渊，则必见失矣"（王弼注）。而韩子则进一步说："势重者，人主之渊也。臣者，势重之鱼也。鱼失于渊而不可复得也。人主失其势重于臣而不可复收也。"（《内储说下》）他把权势比作是君主无法掌控的水渊，而人臣就像是权势之鱼。鱼不能放入到深渊中去，同样，君主一旦将其权势失落给臣子，就不可重新得到了。所以，“鱼不可脱于深渊”。这里的“脱”是脱入、放入的意思，这和老子所说的“脱离”是有所不同的，也是韩子对《老子》所做“法家化”的解读。

权势为渊，人臣为鱼，得到了权势的臣子就是一条放入深渊的鱼，君主是无法再去掌控的。“势”，即君主的权势，着重讲的是君主要保持和运用自己的权力和地位。在韩子看来，“势”是君主必须倚仗的。所以，韩子在《难势》中认为，“抱法处势则治，背法去势则乱”，“势”和“法”都非常重要，实施法治的同时，必须重视“势”，这样才能够治理好国家。因此，对于明主来讲，势位的巩固就显得尤为重要。而巩固势位的最好办法就是“赏罚”，这也是“邦之利器”。

韩子认为，赏罚之事要牢牢控制在君主手中，不能让臣下有所猜测、忖度，所以说:“邦之利器不可以示人。”——这同样是对《老子》的“法家化”解读。君主行赏罚不能为臣下所窥探，就是强调君主施行赏罚时要用术，做到“去好去恶”(《二柄》)，使臣下无从迎合。赏罚这把利刃，“在君则制臣，在臣则胜君”，人主就要“自用其刑德”(《二柄》)，即君主要独自掌握和运用赏罚大权，不可为臣下所篡夺。所以，赏罚和“法”“势”“术”都是紧密联系的。

“田氏代齐”就是一个君主失权势于臣子的典型例子。田成子担任齐国左相期间，用大斗把粮食借给百姓，然后再用小斗收回，以此来笼络民心，因而受到齐国百姓的称颂。齐简公没有意识到田氏施行赏赐的严重性，因此而失了势。公元前481年，田成子杀齐简公与诸多公族，另立齐平公，进一步把持政权，又以“修公行赏”方式争取民心，最终，田成子的四世孙田和废掉齐王自立，田齐代替了姜齐。在韩子看来，简公、平公失掉了赏罚的利器，君主的权势也因此不保；而对于田成子来讲，得到权势了的他，就是一条游入深渊的鱼，再也不受君主掌控了。

扁鹊见蔡桓公

扁鹊见蔡桓公[1]，立有间[2]。扁鹊曰："君有疾在腠理[3]，不治将恐深。"桓侯曰："寡人无[4]。"扁鹊出。桓侯曰："医之好治不病以为功。"居十日[5]，扁鹊复见曰："君之病在肌肤[6]，不治将益深。"桓侯不应。扁鹊出。桓侯又不悦。居十日，扁鹊复见曰："君之病在肠胃，不治将益深。"桓侯又不应。扁鹊出，桓侯又不悦。居十日，扁鹊望桓侯而还走[7]，桓侯故使人问之。扁鹊曰："疾在腠理，汤熨之所及也[8]；在肌肤，针石之所及也[9]；在肠胃，火齐之所及也[10]；在骨髓，司命之所属[11]，无奈何也。今在骨髓，臣是以无请也。"居五日，桓公体痛，使人索扁鹊，已逃秦矣。桓侯遂死。故良医之治病也，攻之于腠理。此皆争之于小者也。夫事之祸福亦有腠理之地，故圣人蚤从事焉[12]。

注释 [1] 扁鹊：战国时名医。原名秦越人，渤海郡鄚（mào）（今河北任丘北）人。一说家于卢国（今山东长清南），故又称卢医。学医于长桑君，医道精湛，擅长各科，行医时"随俗为变"，在赵为"带下医"，至周为"耳目痹医"，入秦为"小儿医"，名闻天下。[2] 立有间：站了一会儿。有间，有一会儿。[3] 腠（còu）理：中医指皮下肌肉之间的空隙和皮肤、肌肉的纹理，为渗泄及气血流通灌注之处。[4] 寡人：古代君主的谦称。[5] 居：经过。表示相隔若干时间。[6] 肌肤：肌肉与皮肤。[7] 还走：返身而走。[8] 汤熨：中医的一种治疗方法。用热水熨帖患处以散寒止痛。[9] 针石：用砭石制成的石针。古代针灸用石针，后世用金针。[10] 火齐：即火齐汤，古代清火的汤药名。[11] 司命：神名，掌管生命的神。[12] 蚤（zǎo）：通"早"，及早。

译文 扁鹊拜见蔡桓公，站了一会儿，说："君主有病在表皮上，不治恐怕会加重。"桓公说："医生喜欢医治没病的人来作为自己的功劳。"过了十天，扁鹊又拜见桓公说："您的病在肌肤与皮肤之间，如果不治疗，就会进一步加重。"桓公不加理睬。扁鹊出去后，桓公又很不高兴。过了十天，扁鹊又拜见桓公说："您的病到了肠胃，如果不治疗会更加加重。"桓公还是不理睬。扁鹊出去后，桓公又很不高兴。过了十天，扁鹊看见桓公返身就跑，桓公特意派人问他。扁鹊说："病在表皮，药物热敷就可以治好；在肌肤与皮肤之间，针灸可以治好，在肠胃，清热的汤药可以治好；在骨髓，是主宰生命之神管辖的范围了，没有办法了。现在君主病入骨髓，因此我就不再求见了。"过了五天，桓公身体疼痛，派人寻找扁鹊，扁鹊已逃往秦国。桓公就这样死了。所以良医给人治病，趁病在表皮就及早治疗，这都是先于事情细小的时候及早处理。事情的祸福也有刚露苗头的时候，所以圣人要及早去处理。

"治未病"与"治已病"

扁鹊是春秋战国之际的神医，当时就有许多他的传说。除了《韩非子》之外，先秦时期道家著作之一的《鹖冠子·世贤》也记载有他的故事，说是魏文王曾问扁鹊：

> "子昆弟三人其孰最善为医?"扁鹊曰："长兄最善，中兄次之，扁鹊最为下。"魏文王曰："可得闻邪?"扁鹊曰："长兄于病视神，未有形而除之，故名不出于家。中兄治病，其在毫毛，故名不出于闾。若扁鹊者，镵血脉，投毒药，副肌肤，闲而名出闻于诸侯。"

在扁鹊看来，长兄的医术最上乘，但名气最小，因为他是治疗疾病之未发的；中兄的医术次之，名气稍大一些，因为他是治疗疾病之初起的；而像他那样针药并施、开刀用"毒"来治疗疾病已发之人，反倒名气最大。

这个意思就是《黄帝内经·素问》所说的"治未病"："是故圣人不治已病治未病，不治已乱治未乱，此之谓也。夫病已成而后药之，乱已成而后治之，譬犹渴而穿井，斗而铸锥，不亦晚乎！”这既是说治病，更是说治国。疾病已成方才用药，乱象已生方才救国，这就好像是临渴掘井、临阵磨枪一样，都已经晚了。唐代孙思邈进一步提出：“上工治未病之病，中工治欲病之病，下工治已病之病。”将疾病分为“未病”“欲病”“已病”三个层次，高明的医生能够在疾病未发之时及早干预、防微杜渐；中等的医生在疾病将发之时辩证治疗，及时控制；低级的医生往往在疾病已发之后进行补救式的治疗。所以，“治未病”是上医，“治已病”则是下医的不得已而为之了。

韩子讲扁鹊见蔡桓公的故事时，就是从上医的“治未病”开始的，可惜蔡桓公比较自信，自认为没病，也不肯走两步。等到疾病不可收拾的时候，也就只能吹灯拔蜡了。推而广之，凡事在祸福未露苗头的时候，一定要有预见，“争之于小”，及早解决。司马迁在《史记·扁鹊仓公列传》中评价说：“使圣人预知微，能使良医得蚤从事，则疾可已，身可活也。”圣人能见微知著，良医也需及早从事、早做打算。与《黄帝内经》一样，司马迁也是拿治病来讲道理了。

纣为象箸

昔者纣为象箸而箕子怖[1]。以为象箸必不加于土铏[2]，必将犀玉之杯[3]。象箸玉杯必不羹菽藿[4]，必旄、象、豹胎[5]。旄、象、豹胎必不衣短褐而食于茅屋之下[6]，则锦衣九重[7]，广室高台。吾畏其卒，故怖其始。居五年，纣为肉圃[8]，设炮烙[9]，登糟丘[10]，临酒池，纣遂以亡。故箕子见象箸以知天下之祸，故曰：“见小曰明。”

注释：[1] 象箸：象牙制作的筷子。[2] 土铏（xíng）：用陶土烧成的罐子。[3] 犀玉：犀牛角和玉。[4] 羹菽（shū）藿（huò）：用豆叶和大豆制成带浓汁的食物。指食用粗粝的食物。[5] 旄（máo）：牦牛。豹胎：豹的胎盘，为珍贵的肴馔。[6] 短褐：粗布短衣。[7] 锦衣：精美华丽的衣服。九重：指多层。[8] 肉圃：积肉以为园圃。[9] 炮烙（páoluò）：殷纣王的一种酷刑，指用烧红的铁烙人的刑罚。[10] 糟丘：积糟成丘。极言酿酒之多，沉湎之甚。

译文： 从前，纣王用象牙筷子而箕子感到害怕，认为用象牙筷子便不会用陶土烧制的器具，一定会用犀角美玉做的杯子；使用象牙筷子和玉杯一定不会吃豆汤，一定会去吃牦牛、大象、豹子的幼胎；吃牦牛、大象、豹子的幼胎，一定不会穿着粗布短衣在茅屋下吃，那就会穿多重锦绣的华美衣服，在宽敞的房屋和高高的亭台上吃。我害怕那样的后果，所以从一开始就感到害怕。过了五年，纣王悬肉为林，设置了炮烙之刑，登上酒糟之山，俯临盛酒之池，商朝于是由此而亡。因此箕子看见象牙筷子就预知到了天下的灾祸。所以《老子》说："看到事物的萌芽状态就叫做明。"

防微杜渐

纣王即商朝最后一个统治者帝辛，世称"纣"或"商纣"，是与夏桀并称"桀纣"的典型暴君。箕子是商纣王的叔父，名胥余，官居太师，因其封地于箕，故称箕子。他因看到商纣王的荒淫无道，屡谏不听，知道国运不保，于是披发佯狂为奴。殷商灭亡后"避地朝鲜"，建立箕氏侯国，开朝鲜半岛文明之先河，其流风遗韵，至今犹存。箕子与微子、比干都是殷商末期的仁德之人，并称"殷末三仁"，《论语·微子》中说："微子去之，箕子为之奴，比干谏而死。孔子曰：'殷有三仁焉。'""三仁"或去或死、或为奴，政治选择是不同的：比干忠于殷商，竭力劝谏而被暴君所杀；微子肉袒降周，开国宋国，保存殷商余脉；箕子则不臣周朝，远走东夷，开国朝鲜。看来，所谓"仁人"的评价标准也不是完全相同的，"我欲仁，斯仁至矣！"

箕子看到纣王以象牙为箸而推知其灭国亡身的祸患，所谓"见微知著"，真是一双慧眼！可惜这样的道理，箕子懂，商纣不懂。当然，韩子却并非是仅仅讲纣王的无道和箕子的远虑，他更想说明的是“见小曰明”的道理。他讲得很清楚：商纣以象牙为箸，则必然要求华美之衣、珍馐佳肴、广厦高台，继而是酒池肉林、残暴无道，最终只能是身死国灭、为天下笑。所以，能看到事情最初的细小隐微之处，这才是一个人真正的明察。进一步说，“祸患常积于忽微”，故而更应该防微杜渐，将祸患及早消除在萌芽状态。《周易·坤卦》爻辞说：“履霜，坚冰至。”用老百姓的话说就是“冰冻三尺非一日之寒”。所以《易传·文言》解释说：“臣弑其君，子弑其父，非一朝一夕之故，其所由来者渐矣，由辩之不早辩也。”可惜，这个“履霜之渐”的道理，商纣也不懂。

往透了说，人的欲望其实也是一步步开启起来的，“人心不足蛇吞象，做了阁老想皇上”，普通老百姓就是如此，亦无可厚非。清代有一部通俗读物名叫《解人颐》，其中收有一首打油诗，就讲一个人的欲望终其一生也难以满足：“终日奔波只为饥，方才一饱便思衣。衣食两般皆具足，又想娇容美貌妻。娶得美妻生下子，恨无田地少根基。买到田园多广阔，出入无船少马骑。槽头拴了骡和马，叹无官职被人欺。县丞主簿还嫌小，又要朝中挂紫衣。作了皇帝求仙术，更想登天跨鹤飞。若要世人心里足，除是南柯一梦西。”这样想来，商纣由象箸而亡国，也就不难理解了。李商隐曾经感慨：“历览前贤国与家，成由勤俭破由奢！”还是他的这声喟叹有历史的深度。

子罕不受玉

宋之鄙人得璞玉而献之子罕[1]，子罕不受。鄙人曰：“此宝也，宜为君子器，不宜为细人用[2]。”子罕曰：“尔以玉为宝，我以不受子玉为宝。”是鄙人欲玉，而子罕不欲玉。故曰：“欲不欲，而不贵难得之货。”

注释：[1] 鄙人：指居住在郊野的人。璞玉：包在石中而尚未雕琢之玉。子罕：即乐喜，子姓，乐氏，名喜，字子罕，春秋时期宋国（今河南商丘）人，宋国贤臣。在宋平公（前575年—前532年）时任司城，位列六卿。[2] 细人：地位卑微之人。

译文：宋国有位乡下人得到一块没加工的玉石，把它献给了子罕，子罕不接受。乡下人说："这是块宝玉，应该作为君子的器物，不应作为小人的用品。"子罕说："你把玉当作宝，我把不接受你的玉当作宝。"这便是乡下人期望得到玉，但子罕不想得到玉。所以《老子》说："把没有欲求当作欲求，不要把难得的财物看得贵重。"

以何为宝？

子罕是春秋时期宋国的贤臣，他不受玉的故事在《左传》与《新序》中都有记载，情节大致相似，文字有所不同。《左传》记载子罕的话更为详尽："我以不贪为宝，尔以玉为宝。若以与我，皆丧宝也，不若人有其宝。"意思是，如果你把玉给我，咱们两个人就都失去宝了。不如大家都有其宝。《新序》还附有一段精彩的议论：宋国的一位长者说，子罕不是没有宝物，只不过他眼中的宝物不同于常人罢了。如果把百两之金和一只黄鹂鸟放在孩童面前，他会选择黄鹂鸟；如果把和氏璧和百两之金放在无知之人面前，他会选择百两之金；同样，如果把和氏璧和精深的哲理放在贤人面前，他就会选择精深的哲理。所以，一个人的见识越广博深刻，他的选择就越精当；反过来说，见识越粗陋浅薄，他的选择就越粗疏。由此可见，子罕所珍视的宝物是最高贵的。

这就把道理说明白了。子罕不是没有他的所宝，只是所宝远不同于普通人的认识而已。推而广之，士农工商、官吏民军、三教九流、各行各业，都有自己引以为宝的东西，关键是看如何理解了。说得高级一些，这就是职业的精神和尊严之所在。

子罕不受玉也使得他成为古代的廉吏之一。现在讲廉政文化时也多有提及。“廉”是一个社会的底线。《管子》说“国有四维”，“一曰礼，二曰义，三曰廉，四曰耻”，“四维不张，国乃灭亡。”《晏子春秋》也说：“廉者，政之本也。”这些都是讲廉的底线意义。换个角度看，“廉”还是一个人文化修养的问题，“以何为宝”所反映的也就是一个人认识水平的高低。孔子说：“富与贵，是人之所欲也。不以其道得之，不居也。”实际上表达的也是类似的思考，即富贵之事当以正道来获得，如果凭借歪门邪道来获取，那还不如不要。所以，关于廉政，往往过于强调道德说教而忽视了文化教育——提高认识水平或许更为重要。

由此还想到一个“吃鱼”的故事。春秋时期鲁穆公的国相叫公仪休，他特别喜欢吃鱼，于是全国的人都争相买鱼来献给他。可是公仪先生却不肯接受。弟子问：“您喜欢吃鱼却不接受别人的鱼，这是为什么？”他回答说：“我正是因为爱吃鱼，所以才不肯接受。我如果收了别人的鱼，就必定要迁就于他们；迁就于他们，就会违背法律；违背法律，就会被罢免相位，那时候即使是我爱吃鱼，他们也不会再送给我鱼了。可是我如果不收别人的鱼，就不会被罢免宰相。那我就能够长期自己给自己鱼吃了。”不受鱼而能长食鱼，这样看来，公仪休才是个明白人。

一鸣惊人

楚庄王莅政三年[1]，无令发，无政为也。右司马御座而与王隐曰[2]：“有鸟止南方之阜[3]，三年不翅，不飞不鸣，嘿然无声[4]，此为何名？”王曰：“三年不翅，将以长羽翼。不飞不鸣，将以观民则[5]。虽无飞，飞必冲天；虽无鸣，鸣必惊人。子释之，不谷知之矣[6]。”处半年，乃自听政。所废者十，所起者九[7]，诛大臣五，举处士六[8]，而邦大治。举兵诛齐，败之徐州[9]。胜晋于河雍，合诸侯于宋，遂霸天下。庄王不为小害善，故有大名；不蚤见示[10]，故有大功。故曰：“大器晚成，大音希声[11]。”

注释：[1] 楚庄王：春秋时楚国君。芈（mǐ）姓，名旅（一作吕、侣）。曾整顿内政，兴修水利。楚庄王三年（前611年），攻灭庸国（在今湖北竹山西南），国势大盛。继又进攻陆浑之戎，陈兵周郊，派人询问象征天子权威的九鼎的轻重。后在邲（今河南荥阳北）大败晋军，陆续使鲁、宋、郑、陈等国归附，成为霸主。莅（lì）政：临朝执政。[2] 御座：侍坐。隐：隐语，谜语。这里指用隐语暗示。[3] 阜（fù）：土山。[4] 嘿然无声：沉默无言的样子。梁启雄《浅解》："嘿，同'默'。" [5] 民则：人们行为的准则。[6] 不谷：古代王侯自称的谦词。[7] 起：兴办。[8] 举：提拔。[9] 徐州：地名。古九州之一，包含今江苏省铜山、丰、沛、萧、砀等县，山东省滋阳、邹、滕等县，以及安徽省宿、泗县等地。[10] 蚤：通"早"。见：通"现"。[11] 希：通"稀"，稀少的意思。

译文：楚庄王临朝执政三年，没有发出过政令，没有处理过政务。右司马侍候在他的旁边，用隐语的方式对庄王说："有一只鸟栖息在南方的土丘上，三年不展翅，不飞也不叫，默默无声，这是什么名堂？"庄王说："三年不展翅，将因此使羽翼得到生长；不飞不鸣，将因此观察民众的处事准则。虽然没有飞翔，一飞就必定直冲云霄；虽然没有鸣叫，一鸣叫就必定惊动世人。你放心吧，我明白你的意思。"过了半年，庄王就亲自主持国政，废除十件不合理的事，兴办九件急需办理的事，诛杀了五个大臣，任用了六个没做官的读书人，把国家治理得非常好。又起兵征伐齐国，在徐州打败了齐国，在黄河与衡雍之间战胜了晋军，在宋国会合了天下诸侯，于是称霸天下。庄王不让小事妨碍他的长处，所以能成就大名；不过早地显露出来，所以能建立大功。所以《老子》说："贵重的器物是在最后制成，宏大的乐章不轻易发出声音。"

楚庄王的治术

楚庄王是春秋五霸之一。楚穆王去世后，年龄尚不足20岁的庄王即位。当时的楚国国内矛盾重重，爆发了公子燮与公子仪的叛乱。刚上位就面临这样复杂的局面，庄王只好采取以静观动的对策，表现出一副不问政事的模样。右司马不明就里，以为楚庄王真的不作为，于是以隐语的方式进行讽谏。这里的“隐语”是一种非常有意思的文学样式，类似于后来的谜语。双方对所要表达的意思都不明说，而是通过层层的设喻委婉地表达出来，相互心领神会。这里的“不翅不飞不鸣”的大鸟就是谜面，而楚庄王所说的“虽无飞，飞必冲天；虽无鸣，鸣必惊人”也是对谜面的进一步解释。这背后的意思是不好明说的，所以双方都采取了含蓄委婉又饶有趣味的对话方式。当然，结果也是非常的理想：楚庄王在“不飞不鸣”的几年里，把各种情况了解清楚，然后雷霆出击、对症下药。此后的楚国蒸蒸日上，庄王也饮马黄河、问鼎中原，终成一代霸主。

“一鸣惊人”的故事，也有不同的传本。这里的劝谏者“右司马”，《史记·楚世家》中记载为“伍举”。而在《滑稽列传》中，则干脆是淳于髡讽谏齐威王的事：

> 齐威王之时，喜隐，好为淫乐长夜之饮，沉湎不治，委政卿大夫。百官荒乱，诸侯并侵，国且危亡，在于旦暮，左右莫敢谏，淳于髡说之以隐，曰：“国中有大鸟，止王之庭，三年不飞又不鸣，王知此鸟何也？”王曰：“此鸟不飞则已，一飞冲天；不鸣则已，一鸣惊人。”于是乃朝诸县令长七十二人，赏一人，诛一人，奋兵而出。诸侯震惊，皆还齐侵地。威行三十六年。

故事的情景、内容都差不多，可见这样的故事在当时已经广为流传。不过，他们所要表达的意思却有所不同。

韩子这里要阐释的是老子所说的“大器晚成，大音希声”。老子的本意，是以大器晚成、大音希声、大象无形等来说明，真正的大道就是无为。可是韩子却特别侧重于“大器”的“晚成”，特别强调以静制动、后发制人；强调不贸然行事、不轻举妄动，特别是不能轻易显露个人的意志——这显然已是君主的“治术”了。在韩子看来，“庄王不为小害善，故有大名；不蚤见示，故有大功”，这就是楚庄王的“治术”。

说得再通俗一些，“大器晚成，大音希声”其实也是一种处事的谋略。《易经·乾卦》说“潜龙勿用”，意思是在事情发展之初，实力尚弱，应该小心谨慎，不可轻举妄动。韩子所说，与此也有类似。

自胜之谓强

子夏见曾子[1]，曾子曰：“何肥也？”对曰：“战胜，故肥也。”曾子曰：“何谓也？”子夏曰：“吾入见先王之义则荣之[2]，出见富贵之乐又荣之，两者战于胸中，未知胜负，故臞[3]。今先王之义胜，故肥。”是以志之难也[4]，不在胜人，在自胜也。故曰：“自胜之谓强。”

注释：[1] 子夏：名卜商，字子夏，春秋时卫国人，为孔子弟子，擅长文学、孔门诗学。孔子殁后，子夏讲学于西河，魏文侯师事之。曾子：即曾参，字子舆，春秋时鲁国武城（在今山东费县西南）人。曾点之子，为孔子弟子。性至孝，相传大学为其所述；又作孝经，以其学传子思，子思传孟子。[2] 入：在家。先王：指上古贤明君王。荣：荣耀，羡慕。[3] 臞（qú）：消瘦。[4] 志：志向。

译文：子夏见到曾子，曾子说：“你怎么胖了呢？”子夏回答说：“我打了胜仗，所以胖了。”曾子问：“为什么这么说呢？”子夏回答：“我在家学习上古贤明君主的道理时，内心深感荣耀，出门见到荣华富贵的快乐时，又觉得很羡慕，这两种东西在我的胸中交战，胜负难分，所以消瘦了下来。现在上古明君的道义获胜，所以胖了。”因此，实现志向的难处不在于战胜别人，而在于战胜自己。所以《老子》说：“能够战胜自己的人就叫作强大。”

韩子的“自胜者强”

《韩非子·喻老》用二十五则故事分别解释了《老子》

十二章，使《老子》中抽象的哲学思想得到了具体可感的展现，同样，也让《老子》的思想披上了“韩式”思想的外衣，成为韩子思想的一种表达。

在这则故事的中心思想“自胜之谓强”，实际上源自《老子》:“胜人者有力，自胜者强”，老子想要表达的意思是，战胜别人的可称作“有力”，但只有战胜自己的才能称作是“强者”，人们要克服自己的弱点，战胜自己的缺点，与自己的愚昧对抗，才能成为真正的强者。战胜自己的偏执、克服自己的多欲，保持足够的清醒，柔以自制，而不要恃强以制人，这是老子守柔思想的表达。

为了使老子的这句话得到具体的表达，韩子提供了子夏和曾子的对话，曾子问子夏道:“你怎么胖了?”子夏回答说:“先王之义战胜了富贵荣华，所以胖了。”先王之义指的是儒家所倡导的思想道德规范，和以“不义”之道得来的荣华富贵是相对的。子夏在内心深处做了一番挣扎，最后还是先王之义取胜了，他内心舒畅而愉悦，所以胖了。这段对话是否真实发生过，现在已经不得而知了，但作为儒家的代表人物，子夏若真有此言，应该是在强调先王之义要比耳目的享受更为重要，当面对形形色色的诱惑时，人们要努力通过克制自己的欲望，不违背先王之义，不违背道德规范，这样才能守住自己的道德品质，这是儒家所谓“自胜者强”。

但韩子想要用这段对话表明的，绝不是老子的守柔思想，也不是道德修养的重要性，而是想要说明人的利欲之心是很难被克制的。即使是像子夏这样的儒家先贤，要想达到道德自律的境界，也会有内心的痛苦挣扎。儒家贤者都很难摆脱欲利之心，普通人更是难以做到，正因为这样，德行高尚的人少之又少，所谓“孝子爱亲，百数之一也”“长行徇上，数百不一失”(《韩非子·难二》)。单凭道德自律和情感教化是无法控制人的利欲之心的，必须通过法律手段让人切实感受非法行为的利害，才能规范控制人们的思想，规范人们的行为。普通人不能像子夏一般控制自己的私欲，所以法治是为治国的必须手段，这是“韩式”的“自胜者强”。

总之，在韩子看来，“自胜者强”既不是守柔思想的表达，更不是对先王之义的追求，它已经成为推行法治的必然原因之一，《老子》中的这句话披上了“韩式的外衣”，成了韩子的论据。

《说林上》

老马之智可用

管仲、隰朋从于桓公而伐孤竹[1]，春往冬反[2]，迷惑失道，管仲曰：“老马之智可用也。”乃放老马而随之，遂得道。行山中无水，隰朋曰：“蚁冬居山之阳，夏居山之阴，蚁壤一寸而仞有水[3]。”乃掘地，遂得水。以管仲之圣[4]，而隰朋之智，至其所不知，不难师于老马与蚁，今人不知以其愚心而师圣人之智，不亦过乎。

注释：[1] 管仲：春秋初期齐国政治家，名夷吾，字仲。齐桓公即位后，由鲍叔牙推荐，被任命为相。隰（xí）朋：春秋初齐桓公时卿相，为人好上识而下问，与管仲辅助桓公成霸业。桓公：即齐桓公，春秋时期齐国国君。姜姓，名小白，是春秋时期的第一位霸主。孤竹：商周时国名。在今河北省卢龙县。[2] 反：通“返”。[3] 仞：古代长度单位，七尺为一仞，一说八尺为一仞。[4] 圣：聪明睿智。

译文：管仲、隰朋跟随齐桓公攻打孤竹国，春天前往，冬天返回，迷失道路了。管仲说：“老马的智慧可以使用。”于是放开老马，让其在前面走然后跟随着，因此找到了道路。走到山中没有水，隰朋说：“蚂蚁冬天住在山的南面，夏天住在山的北面，蚂蚁窝前面的土堆高一寸则地下八尺一定有水。”于是挖地得到水。凭借管仲的聪明和隰朋的智慧，到了他们不懂的时候，都要向老马和蚂蚁学习。现在的人不知道用自己愚笨的心来学习圣人的智慧，不也是错误吗？

师圣人之智

《韩非子》的寓言总是意味深刻，读来叫人受益匪浅，“老马之智可用，蚁壤一寸有水”就是这样。像管仲和隰朋这样有智慧的圣人，遇到迷路、缺水的情况，都知道向老马和蚂蚁学习，何况是那些内心愚笨的人，这对我们来说何尝不是一种警醒呢？但韩子想要强调的，绝非是教普罗大众谦虚好学那么简单，“今人不知以其愚心而师圣人之智，不亦过乎”，这里涉及一个问题——圣人，韩子眼里的“圣人”应该是什么样呢？

“圣人”是先秦诸子时常探讨的话题，他们通过赋予“圣人”不同的道德品质，或者治国才能，完成对“圣人”的建构，以此来表现自己的理想追求。正如顾颉刚先生所言：“（圣人）所有的各种崇高和神秘的意义，完全是后人一次又一次地根据时代的需要加上去的。”儒家“圣人”崇尚道德，墨家“圣人”任贤爱人，道家“圣人”推崇无为，而法家代表人物韩子则更强调“圣人”重法，“圣人”就是能够依“法”治国的君主，他讲：“圣王之立法也，其赏足以劝善，其威足以胜暴，其备足以必完法。”（《韩非子·守道》）只有确立“法治”，才能够起到“劝善”和“胜暴”的效果。

我们可以看到，韩子眼中的“圣人”已经不再强调儒墨“德”的因素了，这是为什么呢？因为在韩子看来，对于君主“德”具有一定的不稳定性，但“法律”具备着制约性和稳定性，他犀利地指出：“中者，上不及尧、舜，而下亦不为桀、纣。抱法处势则治，背法去势则乱。”（《韩非子·难势》）尧、舜那样的明君，以及桀、纣那样的暴君都是个例，大部分君主都是“中者”，既无尧、舜之道德，亦无桀、纣之暴烈，所以法作为国家的标准，就变得至关重要。所以那些能依赖法治治理国家的君主，才是“圣人”。联系韩子所处的时代，韩国国力已从强盛走向衰微，外遭强敌之困，内乏富国之力又兼君主无能、政治衰败，韩子发出“以管仲之圣，而隰朋之智，至其所不知，不难师于老马与蚁，今人不知以其愚心而师圣人之智，不亦过乎”的感叹，或许是在告诫韩国君主：向能依法治国的圣人学习，方能使韩国走出困局。

如今，老马识途已经成为《韩非子》中典型的寓言了，它为大众熟知，并十分普遍地在日常生活中使用，“今人不知以其愚心而师圣人之智，不亦过乎”——仅凭此句，我们也不得不感慨韩子的智慧！

箕子保身

纣为长夜之饮[1]，欢以失日[2]，问其左右尽不知也，乃使人问箕子，箕子谓其徒曰[3]：“为天下主而一国皆失日，天下其危矣。一国皆不知而我独知之，吾其危矣。”辞以醉而不知。

注释 [1] 长夜之饮：指通宵宴饮。[2] 失日：忘了时间，无休无止。[3] 徒：侍从，随从伺候之人。

译文 商纣王通宵宴饮，快乐得忘记时间，问身边人，都不知道，于是让人问箕子，箕子对他的随从说：“做天下的主人而一国人都不知道时间，天下真的危险了。整个国家的人都不知道只有我知道，那我就真的危险了。”于是推辞说喝醉酒了不知道时间。

贤者的归处

箕子是殷末三仁之一，《论语·微子》中说：“微子去之，箕子为之奴，比干谏而死。孔子曰：‘殷有三仁焉。’”殷末，纣王荒淫无道、倒行逆施，而且一意孤行、拒绝劝谏，国家灭亡就在旦夕。箕子通过观察纣王好长夜之欢，而机敏地察觉到自己已经处于危险的境地，假托酒醉不知时日，其后更是佯装疯傻，被贬为奴。“三仁”的其余两人——微子和比干，他们做出了不同的人生选择，微子在反复劝谏而纣王不为所动的情形之下，毅然选择了离去，比干选择了知其不可为而为之、竭尽忠诚以死劝谏的道路，最终被纣王挖去了心肝。

殷末三仁皆是贤者，但在纣王荒淫无度、暴虐无道的统治下，三人似乎都无法得以重用，最终不得不走向惨痛的结局。那么如何保证像殷末三仁这样贤者的利益呢？换句话说，君主的权力要如何得到限制呢？这是一个值得思考的问题。一般观点认为，在韩子的理论当中，君主处于法治体系之上，但事实并非如此，首先，韩子强调法治，并不是为了满足君主的一己私利，他说：“其治民不秉法为善也，如是，则是无法也。”（《韩非子·制分》）君主不能因为自己的喜好违背法令，否则就会造成“法之所非，君之所取，吏之所诛，上之所养也”（《五蠹》）的混乱局面。其次，君主不能因为自己的私欲而将爵禄视为一己私有，随便给于自己的宠幸之人。他说：“明主者，推功而爵禄，称能而官事，所举者必有贤，所用者必有能；贤能之士进，则私门之请止矣。”（《韩非子·人主》）而且，韩子承认君主需要自己娱乐生活，“俳优侏儒固人主之所与燕也”（《韩非子·难三》），同时却也坚决反对君主听任这些“在旁”（《韩非子·八奸》）之人。如此一来，君主就必须本分地接受着法治原则的约束，虽然他是法律的决策者、赏罚的执行者，但也必须遵守法律、恪守赏罚的原则。如此一来，君主的权力受到了限制，箕子、微子和比干的利益就能得以维护，也不会发生箕子装疯、微子远游、比干挖心的惨剧了。

我们可以相信，如果韩子的理论体系得以实行，那么即使是纣王，受到法令的限制后，就无法滥杀无辜，草菅人命，残害忠良，暴政待民，像殷末三仁一样的贤者，也绝不会迎来那样困苦的结局！

陈轸贵于魏王

陈轸贵于魏王[1]。惠子曰："必善事左右[2]。夫杨，横树之即生[3]，倒树之即生，折而树之又生。然使十人树之而一人拔之，则毋生杨。至以十人之众，树易生之物而不胜一人者，何也？树之难而去之易也。子虽工自树于王[4]，而欲去子者众，子必危矣。"

注释 [1] 陈轸：战国时著名的纵横家。[2] 善事：善于侍奉，善于任事。左右：身边的人。[3] 树：种植，栽种。[4] 自树于王：在大王面前树立自身形象。

译文 陈轸被魏王看重，惠子说："一定要好好对待身边人，杨树，横着栽能活，倒插着能活，折断了种也能活，但是让十个人种树一个人拔树，就不会有杨树生长了。而用十个这么多的人，种容易生长的树木，都比不过一个人拔树的力量，为什么？栽种起来难拔起来容易啊，你虽然善于在君主面前树立自己，但想要赶走你的人很多，你一定会很危险的。"

种树与拔树

十年树木，百年树人。培育人不容易，种好树也不容易。惠子给陈轸上的这堂课，说的就是这个道理。

惠子是名家学派的主要代表人物，曾经在魏国担任相国。陈轸是战国时期有名的纵横之士，"画蛇添足"的故事就是他讲给楚国大将昭阳的。陈轸的地位和影响虽然比不上苏秦、张仪两位纵横大师，但是也凭借着口舌之利，屡出奇计，因此也算得上是战国策士中的佼佼者。即便如此，在他深受魏王器重时，惠子还是给他上了一课。

惠子给陈轸讲了一个栽杨树的道理。杨树是很好栽的，不管是顺着栽，倒着栽，甚至是折断了栽，都可以存活下来。但是，即便有十个人在前面种，只要有一个人在后面拔，这树是栽不成的。“至以十人之众，树易生之物而不胜一人者，何也?”原因很简单，“树之难而去之易也”。惠子是想提醒陈轸，一定要“善事左右”，在朝堂上立足好比栽杨树，无论自己有多擅长在君主面前树立自己，只要有人在背后诋毁诽谤、搞小动作，那么被疏远就是迟早的事:“子虽工自树于王，而欲去子者众，子必危矣。”这就是“十人誉之”，不若“一人毁之”。

《晏子春秋》中也有一则关于毁誉的故事。

齐景公任命晏婴充当东阿的地方官，到任三年，政声不好，“毁闻于国”。所以景公不悦，召而免之。晏婴说:“婴知婴之过矣，请复治阿，三年而誉必闻于国。”果然，三年之后，“誉闻于国”。景公悦，召而赏之，可是晏婴却谢绝了。景公问其缘故，晏婴说:“昔者婴之治阿也，筑蹊径，急门闾之政，而淫民恶之；举俭力孝弟，罚偷窳，而惰民恶之；决狱不避，贵强恶之；左右所求，法则予，非法则否，而左右恶之；事贵人体不过礼，而贵人恶之。”这些赏善罚恶、切实有效的做法因为触及了“淫民”“惰民”以及“贵强”“左右”“贵人”的利益，所以“三邪毁乎外，二谗毁于内，三年而毁闻乎君也”。而当他一改以往的做法、取悦众人后，“三年而誉闻于君也”。晏婴是春秋时代非常出色的政治家，他说这样的经历，意在劝谏景公:举贤任能必需有明察之责，不能以耳代目，因奸邪小人而误事。“无罪无辜，谗口嚣嚣”，绝不可忽视那些谗言的杀伤力。

“十誉不足，一毁有余!”这也是惠子要讲的道理。

美者自美

杨子过于宋东之逆旅[1]。有妾二人，其恶者贵，美者贱。杨子问其故。逆旅之父答曰[2]:“美者自美，吾不知其美也；恶者自恶，吾不知其恶也。”杨子谓弟子曰:“行贤而去自贤之心，焉往而不美？”

注释：[1] 杨子：指杨朱。杨朱，字子居，战国时魏国人，主张“拔一毛而利天下，不为也。”与墨子的兼爱思想相反。[2] 逆旅之父：指旅店的主人。

译文：杨朱路过宋国东边的一个旅店，旅店的主人有两个妾，长得丑的地位高，长得美的地位低。杨朱问其中的缘故，旅店的主人说：“漂亮的人自认为漂亮，我并不觉得她漂亮；丑的人自认为丑，我并不觉得她丑。”杨朱对弟子说：“实行贤德而去掉自认为贤德的思想，到哪里不会受到赞美呢？”

美与丑

美与丑是相对的，何者为美，何者为丑，个人见识多有不同。甲眼中的美，乙未必认为是真美；乙推崇的美，丙也可能不以为然。贾府的焦大，会不会爱上林妹妹真的不好说。不过，《老子》又说：“天下皆知美之为美，斯恶已；皆知善之为善，斯不善已。”既然是“皆知”，可见大家的看法总体还是有一致性的。所以《庄子》就说：“毛嫱、丽姬，人之所美也。”看来，连庄子也不否认人之所“共美”，至于他后面所说的“鱼见之深入，鸟见之高飞，麋鹿见之决骤，四者孰知天下之正色”，那又是另外一个问题了。

继续来说杨朱。我们前面专门说了他的“重生”“贵己”以及“为我”等思想，关于审美，他也有自己独到的见解。《韩非子·说林》记载，杨朱与弟子路过宋国的一个旅店，旅店的主人有两个妾，一个长相美丽，一个长相丑陋。可是那个长得丑陋的很被看重，长得好看的反倒被轻视。杨朱问其中的缘故，旅店的主人说：“美者自美，吾不知其美也；恶者自恶，吾不知其恶也。”杨朱深以为然，并且引申说：“行贤而去自贤之心，焉往而不美？”实行贤德却不自以为贤德，去掉“自贤”之心，这样的人，到哪里不会受到赞美呢？这个故事，又见于《庄子》和《列子》，“杨子”写作“阳子”，都是指杨朱。情节、语言也都差不多，可见当时流传很广，因此大家都在说。

《韩非子》专门记载这个故事，也是很耐人寻味的。杨朱所说的“行贤而去自贤之心”，特别强调“行贤”而不“自贤”，这与《韩非子·主道》所说“有行而不以贤”“去贤而有功”，意思非常接近，可见韩子是认同杨朱之论的。再进一步追溯，《老子》说：“不自见，故明；不自是，故彰；不自伐，故有功；不自矜，故长。”意思是，不自以为清楚明白，反能清楚明白；不自以为是，反能是非彰明；不自己夸耀，反能得到功劳；不自我矜持，反能有所长进。这不就是杨朱、韩子思想的上源吗？

所以，无论是杨朱，还是韩子，在他们的眼中，当世那些自以为仁德贤明的人，其实是不知其贤德的，就像逆旅之父之于其妾，不知其美丑。

卫人嫁女

卫人嫁其子而教之曰：“必私积聚[1]。为人妇而出[2]，常也；其成居[3]，幸也。”其子因私积聚，其姑以为多私而出之[4]。其子所以反者，倍其所以嫁[5]。其父不自罪于教子非也，而自知其益富。今人臣之处官者，皆是类也。

注释 [1] 积聚：聚敛，积攒。[2] 出：遗弃；休弃。[3] 成居：共同生活到老。[4] 姑：丈夫的母亲，婆婆。[5] 反：通“返”。

译文 有个卫国人嫁女儿时教导说：“一定要私下积攒财物。做人家的妻子被休回娘家，是常有的事。终身在一起，是很侥幸的。”于是女儿私下积攒财物，公婆因为她贪财就把她休了。结果女子带回家的财产，比嫁妆还多了一倍。她的父亲不自我怪罪教育女儿有错，反而认为自己很聪明，得到了很多钱财。现在那些身处官位的臣子，都是这一类人。

另类的“先见之明”

“卫人嫁女”讲的是一个目的很明确的婚姻，不过却是很另类。父亲教导女儿，出嫁的女子很少有不被夫家休弃的——不知道他是怎样发现这个“规律”的。所以，出嫁后一定要为自己的被休做准备，一定要多攒私房钱。结果也如他所料：女儿因为拼命攒私房钱而被夫家所休，被休后带回来的财物也远远超过了嫁妆。目的达到了，收获也满满，真是一位精明的父亲！不过，总是感觉哪里有些毛病——好像是逻辑出了问题！逻辑一旦出了问题，仅仅依靠智商是解决不了的。所以，逻辑才是最关键的，因为逻辑起点错了，目的也就错了，结果自然很难正确。

韩子讲这个故事，还有更为深刻的讽刺：“今人臣之处官者，皆是类也”——那些身处官位的臣子，都是卫人嫁女一类的人。这就更有针对性和现实意义了。韩子感叹，那些牧民之官，就如同卫人之女一样，从开始当官时就准备着“私积聚”、捞取钱财，最终被休弃；等到因为贪腐而被惩处后，又反过来感叹自己的“先见之明”。这真是一个官场的怪圈！

古代如此，现代也是如此。听听那些落马官员痛哭流涕的忏悔，说是对不起党对不起人民忘了初心等等，感觉韩子就好像是针对他们来讲故事的。

《说林下》

鳣似蛇

鳣似蛇[1]，蚕似蠋[2]。人见蛇则惊骇，见蠋则毛起。渔者持鳣，妇人拾蚕，利之所在，皆为贲、诸[3]。

注释：[1] 鳣（shàn）：通“鳝”，鳝鱼。[2] 蠋（zhú）：蛾、蝶类的幼虫。《诗经·豳风·东山》：“蜎蜎者蠋，烝在桑野。”[3] 贲（bēn）、诸：指孟贲、专诸。孟贲，战国时齐国勇士，力大无穷，相传能生拔牛角。专诸，春秋吴堂邑（今江苏六和北）人，曾为吴公子光刺王僚，事成后为僚左右所杀。

译文：黄鳝长得像蛇，蚕长得像毛虫一样，人看到蛇就恐惧，见到毛虫就汗毛竖起。打渔的人手握黄鳝，养蚕的妇女用手拣蚕，对于这种有利可图的事情，人们都像孟贲、专诸一样勇敢。

利与勇

专诸是春秋时期的吴国人，吴公子光（即吴王阖闾）欲杀吴王僚自立，伍子胥把他推荐给公子光。公元前515年，公子光乘吴内部空虚，与专诸密谋，以宴请吴王僚为名，藏匕首于鱼腹之中进献（鱼肠剑），当场刺死吴王僚，专诸也被吴王的侍卫杀死。孟贲是春秋时期的卫国人，也是当时非常有名的勇士。人们常将二人并称为“贲、诸”或“诸、贲”。

专诸、孟贲之勇固然是天生的，不可以常理来理喻；可是普通的老百姓为什么也会有贲、诸那样一颗“勇敢的心”呢？究竟是什么样的力量使得柔弱的妇女敢捉起毛虫一样的蚕、渔夫也敢抓起蛇一样的黄鳝呢？韩子说得很清楚：“利之所在，皆为贲、诸。”利益才是勇敢的原动力！这就将道理从个别讲到一般、讲到普通人的层面了。

韩子认为人人好利，并且趋利而避害。正因人人好利，所以重利之下必有勇夫。君主想要治理国家、驾驭群臣、统治百姓，就要因势利导、严刑峻法、赏罚分明。

战国时代，义利之辨的传统已被颠覆。从草野到庙堂，人多言利，利益至上。孟子去见梁惠王的时候，一见面，梁惠王就问他：“叟！不远千里而来，亦将有以利吾国乎？”开门见山，直接言利，毫不尴尬。反倒是孟子被问得非常被动，只好反问说："王！何必曰利？亦有仁义而已矣！"梁惠王的这一句问话，其实是整个战国时期世风人心的真实写照。"利之所在，皆为贲、诸"，就是对这种风气的揭示，"利"字为先，万夫竞逐，这就是人性。他想告诉君主的是，只有抓住人性的特点，才能真正做到治理国家、驾驭臣民。

我们也还要看到，韩子从利的角度出发认识问题，并不是说他只知有利、不知仁义。相反，他认为当时的社会是无法以忠孝仁义等"德治"来治理的。王充说："韩子岂不知任德之为善哉？以为世衰事变，民心靡薄，故作法术，专意于刑也。"（《论衡·非韩》）这话说得很有道理。所以，韩子虽怀孤愤却依然坚守理想、追求法术，讲求圣王之治，希望有道之君能够富国强兵、天下大治。只是，这样的理想都只能立足于人性的"趋利避害"，他的政治主张也都建立在这个基础之上。他将"义利之辨"中"义高于利"的面纱撕开，将那些欲语还休的话都彻底说破，公开了"利"的合法性。这就是一位思想家的犀利与深刻。

刻削之道

桓赫曰："刻削之道[1]，鼻莫如大，目莫如小。鼻大可小，小不可大也；目小可大，大不可小也。"举事亦然[2]。为其后可复者也，则事寡败矣。

注释 [1] 刻削：雕刻。[2] 举事：行事；办事。

译文 桓赫说："雕刻的原则是，鼻子不如先刻大一些，眼睛不如先刻小一些，鼻子雕得大了可以改小，而雕得小了就无法改大；眼睛刻得小了可以改大，而刻得大了就无法改小。"做事情也是这样，做那种事后还可以补救的事情，事情就很少失败。

留有余地

先秦时期，借用某种技艺来说明一定的道理，这样的例子很多。譬如，《庄子·天道》中记载了一个的“轮扁斫轮”的故事：

> 桓公读书于堂上，轮扁斫轮于堂下，释椎凿而上，问桓公曰：“敢问，公之所读者，何言邪？”公曰：“圣人之言也。”曰：“圣人在乎？”公曰：“已死矣。”曰：“然则君之所读者，古人之糟粕已夫！”

轮扁为什么说桓公所读的书是“古人之糟粕”呢？因为在他看来，砍制车轮的经验是“得之于手而应于心，口不能言”，无法用言语来传授，“臣不能以喻臣之子，臣之子亦不能受之于臣”。同样，圣人大道的精要也无法用文字来记载，所能记载的，也只是古人的糟粕而已。

《庄子·养生主》中还记载一个“庖丁解牛”的故事，也是通过庖丁十九年的解牛经验来说明养生的道理。这些都是借匠人之口，从其实际的经验出发，将所要表达的思想说出来。那些抽象的道理寄寓在已有的经验中，更容易为人所理解和接受。同时，这种依附于实际生活的道理对于普通人来讲，也更具加可信一些。

桓赫所谈“刻削之道”，也是一个这样的故事。桓赫是一个怎么样的人，《韩非子》中没有介绍，我们也不知道。不过，从他所说来看，应该是一位经验老到、水平很高雕刻家。“鼻莫如大，目莫如小”，因为“鼻大可小，小不可大也；目小可大，大不可小也”，这真是经验之谈。民间行话说得好：“好留肥大能改小，谁愁背薄难复肥。”又说：“内距宜小不宜大，切记雕刻是减法。”雕刻技艺讲究的就是留有余地。

桓赫根据实际经验总结出来的做事留余地的道理，生动形象，明白晓畅。韩子进一步说：“举事亦然。为其后可复者也，则事寡败矣。”做事也要留有余地，凡有余地，就不容易失败。

留有余地，就是做事不可太过，也不可太满。西汉时的霍光得到汉昭帝的全面信任，权倾天下，以至于昭帝的儿子汉宣帝与之同车时，“若有芒刺在背”，霍氏家族也最终因为谋反而被灭族。这就是不知道留有余地的道理。

推而广之，为人处世都要留有余地。话不可说满，事不可做绝。得势不忘失势，留有后退的余地。富贵不忘破落，强盛不忘衰败，甚至人情世故，是非恩怨，都要留有余地。

万事留一线，日后好相见！

杨布打狗

杨朱之弟杨布[1]，衣素衣而出[2]。天雨，解素衣，衣缁衣而反[3]，其狗不知而吠之。杨布怒，将击之。杨朱曰：“子毋击也，子亦犹是。曩者使女狗白而往[4]，黑而来，子岂能毋怪哉？”

注释：[1] 杨布：战国时魏国人，杨朱之弟。[2] 素衣：白色的衣服。[3] 缁（zī）衣：泛指黑色衣服。反：通“返”。[4] 曩（nǎng）：从前，前些时候。

译文：杨朱的弟弟杨布穿着白色的衣服出门。天下雨了，他脱下白色的衣服，穿着黑色的衣服回家，他家的狗不知道他换了衣服，所以向他吠叫。杨布很生气，准备打它。杨朱说：“你不要打了，你自己也是这样。假如此前你的狗出去时是白色，回来时是黑色，你难道不会感到奇怪吗？”

杨朱的逻辑

“杨布打狗”是一个很有意思的故事。杨布并不有名，可是他的哥哥杨朱却很厉害，是一个了不起的大思想家，创立了“杨朱学派”。杨朱之学在战国时代独树一帜，与儒、墨两家相抗衡，成为天下之“显学”，孟子就说：“杨朱、墨翟之言盈天下，天下之言，不归于杨，即归墨。”可见其影响之大。杨朱最有名的主张就是“拔一毛以利天下，不为也”，这就是他“为我”或曰“贵己”的思想。“一毛不拔”的成语就出自于此。

因为杨朱主张“一毛不拔”，后世多斥责他为“自私”“利己”，或者“颓废”。其实杨朱的思想有着更为深广的时代背景。春秋、战国之时，诸侯纷争，攻伐不已，孔、墨的“贵仁”“贵公”之说，被诸侯君主利用，从而成了欺弄世人的手段，统治者倡导“为人”“兼爱”，就使得普通民众不惜身、不重己，甚至轻言死。杨朱正是针对此种弊病，愤世而提出“贵己”之说：“古之人，损一毫利天下，不与也；悉天下奉一身，不取也。”不仅一毛不拔，而且一毫不取。由此推广开来，“人人不损一毫，人人不利天下，天下治矣”。这才是他“为我”的深刻用意。他又说：“善治外者，物未必治；善治内者，物未必乱。以若之治外，其法可以暂行于一国，而未合于人心；以我之治内，可推之于天下。”不要用道德、奉献去绑架人，人人治内贵己，互不侵损；人人自重自爱，各安其所，天下不就自然治理好了吗？这真是最为切实的道理。

这样来看，“杨布打狗”也就有了特别的意义。杨布恼怒的是，仅仅因为换了一身衣服，他的狗就不能认出自己了。可是在杨朱看来，问题在于人而不在于狗，“子亦犹是”四个字，内涵实在是丰富。按照杨朱的逻辑，人与狗都是难以理解对方世界的。在人的眼里，同一只狗，出去时是白色，返回时却成了黑色，自然是很奇怪的；同样，对于狗来说，同一个人，穿着白色的衣服出去，却穿着黑色的衣服回来，或许也是最为怪异的事。杨朱的意思是，由“我”来理解天下，天下才能真正被理解。所以，与其责打狗，不如反省人。有时候想起来，人和狗其实差不多，狗道也就是人道——甚至，人道还不如狗道那么简单有趣呢。

那么，韩子为什么要讲这个故事呢？

三虱争讼

三虱相与讼[1]，一虱过之，曰："讼者奚说？"三虱曰："争肥饶之地。"一虱曰："若亦不患腊之至而茅之燥耳[2]，若又奚患于是？"乃相与聚嘬其母而食之[3]。彘臞[4]，人乃弗杀。

注释：[1] 虱：虱子。相与：互相，交相。讼：争论；喧嚷。[2] 腊：祭名。古代称祭百神为"蜡"，祭祖先为"腊"；秦汉以后统称"腊"。燥：指茅草燃烧。[3] 嘬（zuō）：咬，叮。[4] 彘（zhì）：猪。臞（qú）：消瘦。

译文：三只虱子互相争吵，另一只虱子从旁经过，问道："你们为什么争吵？"三只虱子回答："（为了）争占猪身上肥美的地方。"这只经过的虱子说："你们不害怕腊祭到了，烤猪的茅草燃烧起来把你们也烧死啊，你们计较这干什么？"于是这些虱子聚集在一起吸食猪身上的血，猪因此而消瘦，主人就没有杀它。

眼前利益

"三虱争讼"是《韩非子》中为数不多的动物寓言，讲的故事也非常有意思。三只虱子相互争夺猪身上的肥饶之地，各不相让，都只顾着眼前的利益，却忘记了年终腊祭一到，杀猪时会将它们也一起烧死。相比之下，路过的虱子更具有"远见卓识"，它清醒地认识到，只顾眼前的小利而不顾结果的做法是极其愚蠢的，"若亦不患腊之至而茅之燥耳，若又奚患于是？"——你们不去担心腊祭到来，杀猪时烧起的茅草把你们也烧死，却在这里斤斤计较什么？"皮之不存，毛将焉附？"讽刺很辛辣，道理也很简单，只可惜做不到，"天下莫不知，莫能行"。

和这个寓言相似，韩子在《说林》中还讲了一个两头蛇的故事：

虫有虺者，一身两口，争食相龁也，遂相杀。人臣之争事而亡其国者，皆虺类也。

有一种叫虺的毒蛇，一个身体有两张嘴，因为争夺食物而互相用牙齿撕咬残杀，最后也把自己杀死了。这样的虺蛇真是贪婪之极，也愚蠢之极！韩子进一步指出，人臣中互相争权夺利而使国家灭亡的，都是虺蛇之类的东西。这就比“三虱争讼”的意思更明确了。

韩子为什么讲“三虱争讼”的故事？所谓的“虱”又有怎样的特殊含意？这或许和《商君书》所说的“六虱”也有关联。其《弱民》说：“三官生虱六：曰岁，曰食，曰美，曰好，曰志，曰行……六虱成俗，兵必大败。”《靳令》亦以礼乐、诗书、修善孝悌、诚信贞廉、仁义、非兵休战为“六虱”。这样看来，《韩非子》中的“三虱”也应该有着类似的意味。引申开来，韩子的意思大概也是说，为一己私利而争夺不休的人臣就好比是争讼的虱子，丝毫不顾及国家的长远利益。所以，那些叮在猪身上拼命吸血的虱子们，倒是要仔细想想，如果有一天“肥猪”不复存在了，自己又该怎么办呢？

卖宅避邻

有与悍者邻[1]，欲卖宅而避之。人曰：“是其贯将满矣[2]，子姑待之[3]。”答曰：“吾恐其以我满贯也。”遂去之。故曰：“物之几者[4]，非所靡也[5]。”

注释 [1] 悍者：凶狠、蛮横的人。[2] 贯：串钱的绳索。贯将满：串钱的绳索将要满了，此处指凶狠邻居作恶将要满了。[3] 姑：姑且；暂且。[4] 几：危险的关头。[5] 靡：迟疑，拖拉，迟缓。

译文 有和一个凶暴之人为邻的人，想要卖掉住宅来避开恶邻。别人劝道：“这个人就要恶贯满盈了，你暂且等一等吧。”此人回答说：“我怕他用我来满他的恶。”于是搬走了。所以说："事物到了危险关头，不可以迟疑。"

恶贯满盈

金庸的小说《天龙八部》当中有"四大恶人"，分别叫做"恶贯满盈""无恶不作""凶神恶煞"和"穷凶极恶"，老大自然是"恶贯满盈"——之所以将其作为老大的名号，老爷子显然是费过一番心思的。

"恶贯满盈"是说罪恶之多犹如串钱一般，已串满一根绳子。这个典故出自《尚书·泰誓》，是武王伐纣时的训誓之辞。周武王率大军渡过黄河后，直逼商都朝歌。于是作《泰誓》誓师。其中说道："商罪贯盈，天命诛之。"意思是，商纣的罪恶就像串钱的绳子一样，已串到头了，所以上天命令我来诛杀他。

韩子对于这个成语则有更为特别的解说。"悍邻"之"恶贯"将满，那么是否可以等待其"满盈"呢？答曰："吾恐其以我满贯也。"是否"满盈"尚不可知，但自己很可能被"悍邻"绝杀。这样看来，"卖宅避邻"到底还是一个好办法。"说走咱就走"，果断之余，还平添了几分未雨绸缪的智慧。如果犹豫不决，最后一分恶可能就要他自己来承受了。不过奇怪的是，此人既然如此明智，他怎么又会与"悍者"为邻呢？这个矛盾大概韩子并没有想到。

推而广之，事情一旦到了危急关头，要是迁延时日，只会有更大的麻烦。《史记·春申君列传》中司马迁对春申君黄歇的评价可以说是这个道理的生动阐释：

> 春申君之说秦昭王，及出身遣楚太子归，何其智之明也！后制于李园，旄矣。语曰："当断不断，反受其乱。"春申君失朱英之谓邪？

春申君与信陵君魏无忌、平原君赵胜、孟尝君田文并称为"战国四公子"，曾为楚国令尹二十多年，辅佐考烈王也做了一番雄才大略的事情。晚年面对李园的图谋不轨，他却缺少了“物之几者，非所靡也”的明察和决断。门客朱英曾自告奋勇，愿意想办法除掉李园，但春申君犹豫不决，“当断不断，反受其乱”，最终被李园所杀，落得个身首异处的下场。如此看来，春申君并不是一个明智之人，他的死也是咎由自取。杜牧曾有《春申君》一诗：“烈士思酬国士恩，春申谁与快冤魂。三千宾客总珠履，欲使何人杀李园。”感叹门客三千的春申君却无人可杀李园——难道他忘了朱英吗？看来，杜牧的这个感慨算是发错了地方。

管鲍之交

管仲、鲍叔相谓曰[1]：“君乱甚矣，必失国。齐国之诸公子其可辅者，非公子纠[2]，则小白也[3]。与子人事一人焉，先达者相收。”管仲乃从公子纠，鲍叔从小白。国人果弑君，小白先入为君，鲁人拘管仲而效之[4]，鲍叔言而相之。故谚曰：“巫咸虽善祝[5]，不能自祓也[6]；秦医虽善除[7]，不能自弹也[8]。”以管仲之圣而待鲍叔之助，此鄙谚所谓“虏自卖裘而不售[9]，士自誉辩而不信[10]”者也。

注释：[1] 管仲：见《圣人之治》注。[2] 公子纠：春秋时齐公子，亦称子纠，齐僖公之子，襄公之弟。[3] 小白：齐桓公的名。[4] 鲁：古国名，姬姓。开国君主是周公旦之子伯禽。在今山东省的西南部，建都曲阜（今属山东）。春秋时国势衰弱，春秋后期公室为季孙氏、孟孙氏、叔孙氏三家所分。前256年为楚所灭。[5] 巫咸：古代传说人名。殷中宗的贤臣。一作巫戊。相传他发明鼓，是用筮占卜的创始者，又是个占星家，后世有假托他所测定的恒星图。祝：祝祷。[6] 祓（fú）：古代为除灾去邪而举行的祭礼。[7] 秦医：指扁鹊，古之良医。[8] 弹：以石针刺穴治病。[9] 虏：奴隶，仆役。裘：皮衣。[10] 士：智者、贤者。后泛指读书人，知识阶层。

译文：管仲、鲍叔牙商量道：“君主太昏乱了，必定会失去江山。齐国的诸位公子中可以辅佐的，除了公子纠，就是公子小白，我们一人侍奉一个公子，先发达的人提携另外一个人。”于是管仲跟从公子纠，鲍叔牙辅佐公子小白。齐国人果然杀掉了君主，公子小白率先进入齐国作了君主，鲁国人逮捕管仲并把他献给齐桓公，鲍叔牙向齐桓公推荐管仲，以之为相。所以谚语说："巫咸虽然善于祝祷，不能为自己祛除灾祸；扁鹊虽然善于治病，不能用石针为自己医治。"像管仲这样的智慧还需要鲍叔牙的帮助，这就是俗话说的"奴仆自己卖皮衣而卖不掉，士人自称善于辩说而无人信"啊。

士不自誉

管仲、鲍叔牙都是齐桓公的股肱之臣，二人辅佐齐桓公"九合诸侯，一匡天下"，使桓公成为春秋时期的第一位霸主。而"管鲍之交"也是我们耳熟能详的故事。这两个人关系特别好。起初，他们合伙做生意，管仲出的本钱没有鲍叔牙多，可是分红时却多拿，别人不高兴，鲍叔牙解释说："他哪里是贪这几个钱呢？他家生活困难，是我自愿让给他。"好几次管仲帮鲍叔牙出主意办事，反而把事情办砸了，鲍叔牙也不生气，还安慰管仲，说："事情办不成，不是因为你的主意不好，而是因为时机不好。"管仲曾经做了三次官，但是每次都被罢免，鲍叔牙认为不是管仲没有才能，而是因为管仲没有碰到赏识他的人。管仲曾经带兵打仗，进攻的时候他躲在后面，退却的时候他却跑在最前面，士兵们都瞧不起他，鲍叔牙却说："管仲家里有老母亲，他保护自己是为了侍奉母亲，并不真是怕死。"管仲辅佐公子纠，公子纠争夺君位时失败而死，一起辅佐的召忽以死相从，管仲却不能死节，而是被俘受辱，鲍叔牙不认为是管仲无节无耻，而是知道他不羞于小节、以功名不显于天下为耻。鲍叔牙处处给管仲辩解，那是因为他真的理解管仲、知道他的才能。所以管仲自己说："生我者父母，知我者鲍子也。"这就是管、鲍的生死之交。

管鲍之交在韩子看来，还有特别的意义。管仲这个人是很了不起的，连孔子也感叹他的功绩："桓公九合诸侯，不以兵车，管仲之力也，如其仁，如其仁！"称赞他是“仁”者，而且说：“微其人，吾其披发左衽久矣！”要不是管仲，我们都会披散头发，左开衣襟，成为野蛮之人。可即便是这样一个有经天纬地才能的人，如果没有鲍叔牙的全力荐举，依然是不会成就功业的。这就是人们所说的“巫不自祷”与“医不自治”，必须要有人真心实意地襄助他，为他扬善成美。同样，一个奴仆去叫卖华贵的皮裘，别人是不会买的，因为与他的身份不符；一位士人也不能自我炫耀、自我夸赞，因为这样的夸赞别人是不会相信的，这就是“虏不自卖”与“士不自誉”。所以，在韩子看来，一个人的聪明圣智，也还是离不开他的生存环境——他还是从朴素的人性、从实用与功利的角度去理解人的。

“士不自誉”也有些类似于《庄子》所说的“亲父不为其子媒”，因为“亲父誉之，不若非其父者”。父亲夸奖儿子，难免有过誉之嫌，还不如由别人赞誉更为可信。

海大鱼

靖郭君将城薛[1]，客多以谏者。靖郭君谓谒者曰[2]：“毋为客通。”齐人有请见者曰：“臣请三言而已，过三言，臣请烹。”靖郭君因见之，客趋进曰[3]：“海大鱼。”因反走[4]。靖郭君曰：“请闻其说。”客曰：“臣不敢以死为戏。”靖郭君曰：“愿为寡人言之。”答曰：“君闻大鱼乎？网不能止，缴不能絓也[5]，荡而失水，蝼蚁得意焉[6]。今夫齐亦君之海也，君长有齐，奚以薛为？君失齐，虽隆薛城至于天[7]，犹无益也。”靖郭君曰：“善。”乃辍[8]，不城薛。

注释：[1] 靖郭君：即田婴，战国时齐相。齐威王少子，孟尝君之父。一说乃田氏别子。薛：地名。[2] 谒者：官名。春秋战国时国君左右掌传达等事的近侍。[3] 趋进：小步疾行而前，表示敬意的一种动作。[4] 反：通“返”。[5] 缴（zhuó）：系在箭尾的丝绳，随箭射出后，便于寻找猎物或回收箭枝，古人也用来捕鱼。絓（guà）：通“挂”。[6] 蝼蚁：蝼蛄和蚂蚁。泛指微小的生物。[7] 隆：谓使之高，增高。[8] 辍：中止；停止。

译文：靖郭君将要在薛地筑城，门客都来劝止。靖郭君对负责传达命令的近侍说："不要为门客通传。"齐国有个求见靖郭君的人说："我只请求说三个字，超过三个字，你们就把我煮了。"靖郭君于是见了他。他小步走上前，说："海大鱼。"说完转身就跑。靖郭君说："我想听一下这话的意思。"客人说："我不敢用生命开玩笑。"靖郭君说："希望先生替我仔细说一下。"回答说："您听说过海里的大鱼吗？渔网不能捕捉到它，生丝绳也拖不住它，但若是自己游荡离开了水面，蝼蛄和蚂蚁都可以在它身上为所欲为。现在齐国就是您的海洋，您如长久拥有齐国，要薛城干什么？您若失去了齐国，即便把薛城建得像天一样高，也是没有好处的。"靖郭君说："好。"于是停下来，不再建造薛城。

劝谏之道

田婴是战国时齐国的相，也是齐威王少子、孟尝君之父。齐威王三十五年（公元前322年），田婴被封于薛（今山东滕县南），称薛公，号靖郭君，"城薛"的事就发生在这时候。他计划在薛地筑城，久居此地。当时齐国的都城在临淄（今山东淄博），若是田婴长期居薛，便远离了齐国的政治权力中心。所以，他的门客都极力劝阻"城薛"，但没有任何效果。靖郭君为什么要坚持在薛地筑城，外人不得而知，但面对一众门客的集体反对时，他索性油盐不进，直接拒之门外，任性而且固执。好在这位齐人用隐语（类似于后来的谜语）的方式，"钓鱼式"诱导靖郭君，巧妙进谏，最终取得了成功。

无论是君主、诸侯，还是王公、大臣，甚至于普通的家长，只要是在自己的地盘，大概都是喜欢"乾纲独断"的，因而也很难听进去别人的意见——这大约是领导心理学上的一个重要现象。靖郭君就是这样的典型。由此也想到《战国策》的"触龙说赵太后"。赵太后因为不愿意送儿子长安君到齐国作人质，因而对于大臣们的劝谏极为不满："有复言令长安君为质者，老妇必唾其面！”后来多亏了那个叫触龙的老臣，一步步巧设话题，循循善诱、娓娓道来，才做通了赵太后的思想工作。所以，劝谏君主真不是一个简单的事，韩子对此深有体会。他专门作《说难》来讲如何向君主进谏，特别指出“谏说谈论之士，不可不察爱憎之主而后说焉”，必须要根据不同的情况，采用符合君主心理的言辞，从而获得君主的信任。“凡说之难，在知所说之心，可以吾说当之”——游说的困难，在于了解所要游说对象的心理，从而以我的言辞去适应他。这些话今天看上去，也未必过时。

《观行》

以镜观面

古之人目短于自见[1]，故以镜观面；智短于自知，故以道正己[2]。故镜无见疵之罪[3]，道无明过之怨[4]。目失镜则无以正须眉[5]，身失道则无以知迷惑[6]。西门豹之性急[7]，故佩韦以缓己[8]；董安于之心缓[9]，故佩弦以自急[10]。故以有余补不足，以长续短之谓明主[11]。

注释：[1] 目短于自见：人的眼睛不能看到自己的脸，指眼睛观察事物有局限性。[2] 道：标准，原则。韩子所说的“道”，一般指法术。[3] 疵（cī）：小病，引申为过失、缺点。[4] 明：公开，不隐蔽。[5] 正：端正，整理。须眉：指面容。[6] 身：指个人、自己。[7] 西门豹：人名。战国时魏人，生卒年不详。文侯时为邺令，改革当地河伯娶妇的恶习，发民凿十二渠，引漳水灌田，民赖其利。[8] 佩韦：韦皮性柔韧，性急者佩之以自警戒。佩，佩戴。韦，熟皮，去毛熟治的皮革。[9] 董安于：一作董阏于，春秋末期晋国人，赵简子的家臣，以计谋出名。[10] 佩弦：佩带弓弦。弓弦常紧绷，故性缓者佩以自警。[11] 明主：贤明的君主。

译文：古代的人因为眼睛不能看见自己的脸，所以用镜子观察面容；因为智慧不足以发现自己的过失，所以用道端正自己。所以镜子不会因为照出错误而被怪罪，道不会因为使过错公开而遭到怨恨。眼睛失去镜子，就不能够端正面容；人失去道，就无法知道是非对错。西门豹性子急躁，所以佩戴柔韧的皮带，提醒自己应该从容沉着；董安于性格温缓，所以佩戴绷紧的弓弦，提醒自己应该保持警醒。因此用有余补齐不足，用其所长来续接其短，这就叫明主。

自见与自知

《老子》说："知人者智，自知者明。"如果不能很好地认识到自己的长处和短处，就不能透彻地了解事物。韩子进一步说："目短于自见，故以镜观面；智短于自知，故以道正己。"无论是明君还是贤人，都要明确认识到自身的不足，如此才能自知自见。"目失镜则无以正须眉，身失道则无以知迷惑。"这既是说自见的局限，也是说自知的重要。韩子举例说，魏国的西门豹因为性格急躁，所以佩戴柔软的皮带来提醒自己；董安于因为性子很慢，所以佩戴绷紧的弓弦来激励自己，这两位都是能够自知不足的人。

《喻老》中也记载了一个"目不自见"的故事。楚庄王认为越国"政乱兵弱"，想要伐越，大夫劝谏说："智如目也，能见百步之外而不能自见其睫。"智慧就如同人的眼睛，可以看到百步之外的东西，但却不能看到自己的睫毛。为什么这么说？"王之兵自败于秦、晋，丧地数百里，此兵之弱也。庄蹻为盗于境内而吏不能禁，此政之乱也。"这样来看，楚庄王的弱乱并不在越之下，他竟然还想要伐越，这就是"智之如目"。所以，楚庄王的问题就在于不能自见。韩子进而感慨说："故知之难，不在见人，在自见。故曰：'自见之谓明。'"能够清晰认识到自身不足的人，才能称之为明主，也才能够在治国中显示出过人的谋略。

平原君赵胜为战国四公子之一，贤能有谋略。在秦国包围邯郸的危急时刻，他曾想方设法向魏、楚求助，并且尽散家财，发动士兵坚守城池，最终帮助赵国解了邯郸之围。但是邯郸之危也与平原君自己的过失密不可分。他当时受韩国上党太守冯亭邪辞的诱惑，贪图白得上党十几座城池的利益，却没有看到冯亭打算引赵抗秦的背后用意。在他的主导下，赵国最终卷入了战争，由此引发了历史上著名的“长平之战”，赵国四十万将士遭到秦军活埋，从而危及邯郸。所以司马迁在《史记·平原君虞卿列传》中评价说：“平原君，翩翩浊世之佳公子也，然未睹大体。鄙语曰：‘利令智昏。’平原君贪冯亭邪说，使赵陷长平兵四十余万众，邯郸几亡。”司马迁的批判是很对的。因为平原君一时的不察，从而导致赵国的亡国之危，这就是不自知、不自见的缘故。

“天下有信数三：一曰智有所不能立，二曰力有所不能举，三曰强有所不能胜。”智不能自立，力不能自举，强不能自胜，这就是天下的定数。所以君主只有运用“法术”，才能真正实现“观行之道”。韩子进一步说：“明主观人，不使人观己。”君主要观察臣下，但不能被臣下所观察。这既是君主的“观行术”，也是其驭臣术——在韩子的心中，如果没有了“术”，仅有“法”是远远不够的。

《安危》

安危之术

安术有七[1]，危道有六[2]。

安术：一曰赏罚随是非[3]，二曰祸福随善恶，三曰死生随法度，四曰有贤不肖而无爱恶[4]，五曰有愚智而无非誉[5]，六曰有尺寸而无意度，七曰有信而无诈。

危道：一曰斫削于绳之内[6]，二曰断割于法之外[7]，三曰利人之所害，四曰乐人之所祸，五曰危人于所安[8]，六曰所爱不亲，所恶不疏。如此，则人失其所以乐生[9]，而忘其所以重死，人不乐生则人主不尊，不重死则令不行也。

注释： [1] 安术有七：安定国家的方法有七种。[2] 危道有六：危害国家的有六途径种。[3] 随：根据，依据，依凭。[4] 贤：有品行德才的人。不肖：品行败坏，德才不好的人。[5] 非：诋毁，讥讽。誉：称赞，赞美。[6] 斫（zhuó）削：砍削。绳：木工用以测定直线的墨线，这里比喻准则，法度。[7] 断割：砍截切断，这里指裁决。[8] 危：危害。安：平安。[9] 所以：表示原因。乐生：乐于生活。重死：看重生死。

译文： 安定国家的方法有七种，危害国家的途径有六种。

安定国家的方法：一是臣民得赏受罚根据他们行为的是非而定，二是臣民遭祸还是得福依据其行为善恶决定，三是臣民的生死按照法令规定来执行，四是君主不根据喜好来区分贤者和不肖者，五是君主用人依据愚蠢还是有智慧来定，而不是依凭别人的诋毁或称赞来定，六是君主心中要有规矩有分寸，而不是靠主观臆测来做事，七是君主要讲信用而不能欺诈臣下。

危害国家的途径：一是君主像砍削木材一样砍到了墨线以内，对遵守法令的臣民予以诛杀，二是君主做出不合于法令规定的裁决，三是君主以臣民的祸害为利，四是君主以臣民的灾祸为乐，五是危害臣民平安的生活，六是君主不亲近臣民喜爱的人，不疏远臣民憎恶的人。这样的话，那臣民就失去了自己乐于生活的前提，忘记了看重生命的原因。人要是不能乐于生存，那君主就得不到尊重；人们要是不看重生命，那法令就推行不下去。

韩子的治国之法

“安危”指的是国家的安定之术和危亡之道，韩子指出了七种“安术”和六种“危道”。如果我们仔细阅读，就会发现其中种种都与臣民息息相关，简单来说，在韩子看来，如果君主明法令、有尺度，民众就会热爱生命、热爱生活，那么国家就会平稳安定，但如果君主不重视民生，纯以自己的喜恶作为判定事理的标准，就会让民众“失其所以乐生，而忘其所以重死”，国家就会陷入动乱之中。

韩子以为统治者治理国家，一定要“设民所欲以求其功”（《韩非子·难一》），他一针见血地指出：“凡治天下，必因人情。”（《韩非子·八经》）所谓人情，即是人的本性：“人情者，有好恶，故赏罚可用。”（同上）正因为民众害怕被惩罚、被杀害，又喜欢利益和好处，这是法律得以奏效的根本原因。但君主如果以臣民的祸害和灾难为乐，以自己的好恶作为标准，就会打破这种规律，臣民不知道如何谋生取利，就不会惧怕惩罚和死亡，法律的意义也将不复存在，所谓“民怨则国危”（《难一》）。他坦言，设定法令就是为了保证民生：“窃以为立法术，设度数，所以利民萌便众庶之道也。故不惮乱主暗上之祸患，而必思以齐民萌之资利者，仁智之行也。”（《问田》）

那么如何保证民生呢？韩非的答案是“明法”，韩非要求通过法治来确保臣民的利益得到维护，他指出，制定法律要切实保护下层民众的利益，立法须便民，立法之本“期于利民”（《韩非子·心度》），“刑罚必于民心”（《定法》），“设民之所恶以禁其奸”（《难一》），在他看来，法令制度是治国安邦的根本保障，“正明法，陈严刑”可以实现人民安居乐业、政通人和的盛世景象：

> 正明法，陈严刑，将以救群生之乱，去天下之祸，使强不凌弱，众不暴寡，耆老得遂，幼孤得长，边境不侵，君臣相亲，父子相保，而无死亡系虏之患。（《奸劫弑臣》）

司马迁批评韩子是“惨礉少恩”，确实，在韩子的著作中，很少直接看到爱民、保民的字眼，但其字里行间却渗透着他对下层民众的深情关注。韩子治国以崇尚法治为目的，也是为了保证民生，使人民安居乐业、政通人和，这种理想似乎与儒墨并无不同，《易传》说“天下同归而殊途，一致而百虑。”，指的就是这个意思吧！

扁鹊治病

闻古扁鹊之治其病也[1]，以刀刺骨；圣人之救危国也[2]，以忠拂耳[3]。刺骨，故小痛在体而长利在身；拂耳，故小逆在心而久福在国。故甚病之人利在忍痛[4]，猛毅之君以福拂耳[5]。忍痛，故扁鹊尽巧；拂耳，则子胥不失[6]；寿安之术也[7]。病而不忍痛，则失扁鹊之巧；危而不拂耳，则失圣人之意。如此，长利不远垂[8]，功名不久立。

注释：[1] 扁鹊：见《扁鹊见蔡桓公》注。[2] 圣人：指品德最高尚、智慧最高超的人。[3] 拂：逆，违背。[4] 甚病之人：病得很严重的人。甚，很，极。[5] 猛毅之君：勇猛刚毅的君主。[6] 子胥：春秋楚大夫伍员。楚平王杀其父奢兄尚，其经宋郑入吴，助阖闾夺取王位，整军经武。不久，攻破楚国，掘楚平王之墓，鞭尸三百。吴王夫差时，因力谏停止攻齐，拒绝越国求和，而渐被疏远。后夫差赐剑命自杀，并以鸱夷革盛其尸浮于江上。[7] 寿安：长久安定。寿，长久。[8] 垂：流传后世。

译文：听说古代的扁鹊在医治病人的时候，用刀刺病人的骨头；圣贤之士挽救处于危难的国家，会向国君进谏逆耳的忠言。以刀刺骨，虽然有小的疼痛但是身体会有长久的好处；忠言逆耳，虽然有小的不顺心，但是国家会有长久的利益。因此病得很严重的人想要痊愈就要忍住疼痛，勇猛刚毅的君主想要国家获得福气就要听取逆耳忠言。忍住疼痛，扁鹊才能竭尽医术；听取逆耳忠言，伍子胥才不会离开：这是长久安定的方法啊。生病但是不能忍受疼痛，扁鹊就不能竭尽医术；国家危险但是不听取逆耳忠言，圣贤之士也无法挽救。这样的话，长远的利益就不能流传后世，功业和名声也不能长久树立。

“小痛”与“长利”

扁鹊是技艺高超的神医，曾隔空诊断蔡桓公。可惜蔡桓公很不以为然，甚至“讳疾忌医”，错过了治疗时间，最终挂了。这个故事在《韩非子·喻老》中记载得很生动。韩子多次讲到扁鹊，不仅仅是因为扁鹊医术的高超，还在于他所寄托的“上医医国”的政治情怀。古代的读书人，“不为良相，即为良医”，其理想也是有传统的。

这里，韩子又一次用扁鹊来讲道理：即便像扁鹊这样的神医，他治病也是要穿肉刺骨的，因为不这样，疾病就无法治愈，刺骨是短痛，而病愈是长利。同样，“圣人之救危国也，以忠拂耳”，圣人要拯救危亡之国，更是要忠言以告、拂耳进谏的，拂耳是小逆，国治是久福。“故甚病之人利在忍痛，猛毅之君以福拂耳。忍痛，故扁鹊尽巧；拂耳，则子胥不失。”这里的“子胥不失”是说伍子胥的故事。楚平王因为听信少师费无忌的谗言，残害忠良，伍子胥被迫出逃，后助吴王阖闾大举伐楚，占领了楚国的都城。因此韩子说：“夫良药苦于口，而智者劝而饮之，知其入而已己疾也；忠言拂于耳，而明主听之，知其可以致功也。”想要得到长久的利益，就要忍得了疼痛，听得了逆耳忠言，如此才是“寿安之术”。

君主治国，若不能做到察纳忠言、从谏如流，则极可能导致朝纲昏暗、政治败乱、甚至身死国灭。《史记·殷本纪》记载：商纣荒淫无度，微子数谏不听，于是和大师、少师商议出走避难。王子比干说：“为人臣者，不得不以死争。”遂进行强谏。纣非但不听，反而将其剖心。他的暴虐之举最终导致了商朝的灭亡。

也有一些能主动纳谏、奋发有为的，譬如齐威王。《战国策》中记载：邹忌以自身经历劝谏齐威王，认为君主处于高位，臣子会为了私利而蒙蔽君主，因此感慨：“王之蔽甚矣”。齐威王对邹忌的进言虚心接受，发布政令、悬赏纳谏、广开言路。“期年之后，虽欲言，无可进者。”而齐国也因此政治清明，国力强盛，“燕、赵、韩、魏闻之，皆朝于齐”，这自然是理想的结果了。

“病而不忍痛，则失扁鹊之巧；危而不拂耳，则失圣人之意。”在韩子看来，无论是治疗身体的疾病，还是治理国家的大事，也无论是甚病之人，还是勇毅之君，都要能忍痛、拂耳。只有如此，疾病才能痊愈，君主才能功成。“夫药酒忠言，明君圣主之以独知也。”若不能忍小痛、听小逆，那就无从谈治病、治国，更不用说“长利远垂，功名久立”了。

《守道》

善守之道

古之善守者，以其所重禁其所轻，以其所难止其所易。故君子与小人俱正[1]，盗跖与曾、史俱廉[2]。何以知之？夫贪盗不赴溪而掇金[3]，赴溪而掇金则身不全；贲、育不量敌则无勇名[4]，盗跖不计可则利不成[5]。明主之守禁也[6]，贲、育见侵于其所不能胜，盗跖见害于其所不能取。故能禁贲、育之所不能犯，守盗跖之所不能取，则暴者守愿[7]，邪者反正[8]。大勇愿，巨盗贞[9]，则天下公平，而齐民之情正矣[10]。

注释：[1] 正：正直，正派。[2] 盗跖（zhí）：相传为古时民众起义的领袖。名跖，“盗”是当时统治者对他的贬称。曾史：曾参和史鰌的并称。古代视为仁与义的典型人物。曾参，字子舆，春秋时鲁国武城（今山东费县西南）人。曾点之子，为孔子弟子。性至孝，相传《大学》为其所述；又作《孝经》，以其学传子思，子思传孟子，后世尊称为“宗圣”。史鰌，即史鱼，春秋时卫国大夫，以直谏著名。[3] 掇（duō）：拾取。《诗·周南·芣苡》：“采采芣苡，薄言掇之。”毛传：“掇，拾也。”[4] 量：衡量，估计。[5] 计可：预计是否可行。

[6] 守禁：掌握法律。[7] 守愿：保持谨慎。愿，忠厚，谨慎。[8] 反正：由邪归正。[9] 贞：忠于自己所重视的原则。[10] 齐民：平民。

译文： 古代善于守护国家政权的国君，用人们所认为的重刑来禁止他们认为的小罪，用人们认为不能忍受的重罚来制止人们容易犯的错误，所以君子和小人都会正派，盗跖和曾参、史鳅都能廉洁。怎么知道这一点呢？贪婪的盗贼不去深溪拾取金子，去深溪拾取金子自己的性命就难以保全；孟贲和夏育不衡量敌情就不会有勇猛的名声；盗跖不预计可行就不会获得利益。贤明的君主掌握禁令，孟贲、夏育在不该取胜的地方取胜就要受到制裁，盗跖在不该窃取的地方窃取就要受到惩罚，因此能够禁止孟贲和夏育在不该取胜的地方取胜，防止盗跖在不该窃取的地方窃取。这样一来，凶暴的人就得小心了，奸邪的人就得改邪归正了。凶暴的人小心了，大盗也正派了，天下就会公正太平，民众的思想也就归于正道了。

赏罚分明

《守道》主要讲守国之道。韩子说，善于守护国家政权的人，最主要的是能够运用赏罚禁令来约束臣下，以人们害怕的重刑重罚来达到“君子与小人俱正，盗跖与曾、史俱廉”的理想结果。另一方面，明主也不能吝于赏赐，赏罚并行才能达到韩子所期望的境界：“大勇愿，巨盗贞，则天下公平，而齐民之情正矣。”所以，严明赏罚是君主守护政权、维持稳定的根本。《孙膑兵法·威王问》也说：“夫赏者，所以喜众，令士忘死也，罚者，所以正乱，令民畏上也。”赏以喜众，罚以正乱，看来，法家和兵家在这些问题上的看法是一致的。

我们举晋文公的例子。晋文公重耳是春秋五霸之一。他在伐曹时，命令要保护好曹国大夫僖负羁的家族。因为当年重耳流亡曹国时，曹共公极其无礼，偷看重耳洗澡而“观其骈胁”（据说重耳的肋骨是连在一起的）。只有大夫僖负羁送食物和玉璧给他。偏偏魏犨、颠颉二人挟功骄恣，竟然烧了僖负羁的家。这是公然的违背命令，晋文公要处死他们。赵衰认为两人都有从亡十九年之劳，又破曹有功，因此劝谏求情，但晋文公说："功是功，过是过，赏罚须分明。"最终诛杀了颠颉，魏犨也被革职。这是晋文公的严罚。

晋文公也善赏。他在伐卫破曹、大败楚师于城濮之后，称霸诸侯。归国后论功行赏，以上军副将狐偃为首功。众将都很奇怪，认为伐卫破曹战楚，谋略指挥等都出于先轸，为何是狐偃居首？晋文公回答说：与楚国作战之时，狐偃说，必避楚，勿失信；先轸说，必战楚，勿失敌。破敌立威可得一时之利，而全信守诺可立万世之功。宁可失敌，也不可失信。所以以狐偃为首功，先轸次之，众将拜服。晋文公出亡楚国时曾与楚王承诺"他日治兵中原，请避君三舍"，以报楚王之德，这就是历史上"退避三舍"的典故。晋文公赏罚得体，不徇私情，不忘大体，令将士折服，天下归心。他能继齐桓公之后称霸诸侯，不是偶然的。

所以，君主的"守道"，莫过于赏公罚明。王符《潜夫论·实贡》中也说："好善嫉恶，赏罚严明，治之材也。"君主只有真正懂得赏罚的重要性，把握赏罚的原则和标准，才能更好地守护政权，使得国家稳定，臣子忠心。《东周列国志》中说："赏罚不明，百事不成；赏罚分明，四方可行。"历史演义的看法，其实也是大众的普遍认识。

《用人》

古之善用人者

闻古之善用人者，必循天顺人而明赏罚[1]。循天，则用力寡而功立；顺人，则刑罚省而令行；明赏罚[2]，则伯夷、盗跖不乱[3]。如此，则白黑分矣。治国之臣，效功于国以履位[4]，见能于官以受职[5]，尽力于权衡以任事[6]。人臣皆宜其能，胜其官，轻其任，而莫怀余力于心[7]，莫负兼官之责于君[8]。故内无伏怨之乱[9]，外无马服之患[10]。明君使事不相干，故莫讼[11]；使士不兼官，故技长；使人不同功，故莫争。争讼止[12]，技长立，则强弱不觳力[13]，冰炭不合形，天下莫得相伤，治之至也[14]。

注释：[1] 循天顺人：遵循天道，顺乎人情。[2] 明：严明，分明。[3] 伯夷：商末孤竹君长子。墨胎氏。初孤竹君以次子叔齐为继承人，孤竹君死后，叔齐让位，他不受，后两人都投奔到周。到周后，反对周武王进军讨伐商王朝。武王灭商后，他们又逃避到首阳山，不食周粟而死。[4] 效功：效劳立功。履位：就位，履行职能。[5] 见：通“现”，显现。[6] 权衡：法度，标准。[7] 余力：余裕的力量。[8] 兼官：在本官职以外，又任他官。[9] 伏怨：潜藏的怨恨。[10] 马服：战国赵地，在今河北邯郸西北。赵封其名将赵奢于此，赐号为马服君。后以“马服”指赵奢。这里指其子赵括。[11] 讼：争论。[12] 争讼：因争执而相互控告。[13] 觳（hú）力：争力，以力比胜负。[14] 至：达到极点，多形容事物的尽善尽美。

译文：听说古代善于用人的人，一定会遵循天道，顺乎人情，并且赏罚严明。遵循天道，用力虽少，但是功名可以建立；顺乎人情，刑罚虽少，但是法令得以施行；赏罚严明，伯夷和盗跖就不会错乱。这样，黑白就会分明。治理得很好的国家的臣子，通过为国家效劳立功来履行自己的职责，在工作上显出才能被授以职位，在法律规定的范围内竭尽全力担任职务。臣子全都能发挥自己的才能，胜任他的官职，轻松应对自己的任务，而且心里没有保留一点力量，对君主也不负有兼任其他职位的责任。因此在国内没有潜藏的怨恨产生，在国外也不会出现像赵括一样纸上谈兵的祸患。贤明的君主要让臣子的工作互不干扰，所以因争执而相互控告的行为就会停止；让官吏不兼任其他职位，所以技能就能够长进；不让臣子建立同样的功绩，就不会再有争执。争执和相互控告的行为停止，技能得到长进，强者和弱者就不再互相争斗，就像冰和炭不同时放在同一个容器里一样，所以不会再发生冲突，天下人不再互相攻击伤害，这就是治理国家的至高境界啊。

知人善任

“用人”是一个自古以来的老话题，也是一个纠结至今的老问题。治国理政、国计民生，不可能只靠一人之力或数人之力维持，而要君主群臣、民众百姓齐心协力，方可运转有序、有条不紊。所以最为根本的就在于如何用人。用得好，任人唯贤，自然是人尽其才、各守其职；用得不好，任人唯亲，难免是舍长取短、泥沙俱下。一句话，知人善任才是关键。

《韩非子》也有《用人》一篇，专门来说用人的问题。韩子认为，古代善于用人的执政者，必定遵守“循天顺人而明赏罚”的原则，遵循天理，顺乎人情，严明赏罚，这也是他一直谈到的治国原则。

有一些历史很能说明问题。子产是春秋末期，郑国的国相，他善于执政，把国家治理得井井有条。他最大的特点就是用人。《左传·襄公三十一年》记载：“子产之从政也，择能而使之。”譬如，“冯简子能断大事，子大叔美秀而文，公孙挥能知四国之为，而辨于其大夫之族姓、班位、贵贱、能否，而又善为辞令，裨谌能谋，谋于野则获，谋于邑则否。”这些人物都是各有所长，所以，等到郑国即有诸侯之事时，“子产乃问四国之为于子羽，且使多为辞令。与裨谌乘以适野，使谋可否。而告冯简子，使断之。事成，乃授子太叔使行之，以应对宾客。是以鲜有败事。”子产在执政过程中，能够依据每人的才能和长处来安排工作，因此才能做到一层一层稳妥推进，极少出现失败的事例。连孔子也称赞说：“为命，裨谌草创之，世叔讨论之，行人子羽修饰之，东里子产润色之。”

执政者善用人，不仅表现在能够知人善任，让他们各尽其才，更重要的还在于要使人才做到“在其位，谋其政”。要分工明确，臣子不能有越职行为，如此才能国家稳定，朝政有序。韩子《二柄》中就讲过这样一个故事：“昔者韩昭侯醉而寝，典冠者见君之寒也，故加衣于君之上。觉寝而说，问左右曰：‘谁加衣者？’左右对曰：‘典冠。’君因兼罪典衣与典冠。”典冠出于好心，给韩昭侯加了衣服，但是属于越职行为，其罪更甚于典衣的失职之罪。因此韩子认为：“故明主之畜臣，臣不得越官而有功，不得陈言而不当。越官则死，不当则罪。守业其官，所言者贞也，则群臣不得朋党相为矣。”君主只有做到让臣子各司其职，不越职行事，才能防止他们私下结党营私，君主的权威才能保证，国家的稳定才有保障。

赏罚当符

释仪的而妄发[1]，虽中小不巧[2]；释法制而妄怒[3]，虽杀戮而奸人不恐。罪生甲[4]，祸归乙，伏怨乃结。故至治之国，有赏罚而无喜怒，故圣人极[5]；有刑法而死无螫毒[6]，故奸人服。发矢中的[7]，赏罚当符[8]，故尧复生，羿复立[9]。如此，则上无殷、夏之患[10]，下无比干之祸[11]，君高枕而臣乐业。道蔽天地[12]，德极万世矣。

注释：[1] 仪的：目标、目的。这里指射箭的靶子。[2] 中：命中。巧：技巧。[3] 法制：法令规范。[4] 罪：过失，过错。[5] 极：充分，极致。[6] 螫（shì）毒：谓蜂、蝎等以尾针螫刺行毒。比喻毒害。这里指因逞私威而害人。[7] 发矢：射箭。[8] 符：符合。[9] 羿：又称“夷羿”。传说他善射箭，在尧的时候，天上有十个太阳，植物枯死，他射去九个，解除旱情。又射杀猛兽、长蛇，为民除害。[10] 殷夏之患：指商纣、夏桀亡国之事。[11] 比干：商纣王的叔父，因屡次劝谏纣王，被剖心而死。[12] 道：法术。蔽：覆盖，指普遍存在。

译文：抛开箭靶去胡乱地射箭，即便命中很小的东西，也说不上技艺高超；君主要是放弃了法令规范而随意发怒，即便是大开杀戒，奸臣也不会恐惧。过失产生在甲，祸患却归结到乙身上，这样臣下的心里就结下了潜藏的怨恨。因此，治理国家的最高境界就是有赏有罚，但不以喜怒为治理的依据，所以圣人可以做到治国的极致。有可依据的刑罚法令杀人而不以逞私威害人，所以奸臣会顺服。射出的箭命中目标，赏罚与行为相符合，所以这样的社会就是尧再生，后羿再世。这样的话，那就君主没有商纣、夏桀那样的灾祸，臣下不会遭遇比干这样的祸端，君主可以安心高枕而卧，臣下安乐于自己的职守。法术普遍流行于天下，恩德流传千秋万世。

韩子的赏罚之道

韩子十分擅长利用比喻和寓言去讲明道理，“释仪的而妄发，虽中小不巧”，用以比喻君主放弃了法令规范而随意发怒，即使大开杀戒，对奸臣也不会产生震慑。这是因为，君主没有目标，只顾着表达情绪，臣民丧失了评判对错的标准，最后使得奸臣迎合君主的喜好，而普通臣民枉受灾祸。所以韩子指出君主治国一定要赏罚相符，就像射出的箭命中靶子一样。

晋国将与楚国交战，楚兵众多，这让晋文公犯了难，就询问舅犯该怎么办，舅犯说：“双方列阵作战时常常使用欺瞒和佯装之法，您可以诈骗楚人以求胜利。”其后，晋文公又召来了雍季询问，雍季说：“用欺诈手段对付人，虽然一时能获得很多利益，但到最后一定会无利可图。”晋文公很欣赏雍季的回答，但在交战时还是使用了舅犯提供的方法，最终获得了胜利。晋文公回来后，授予两人爵位，雍季的爵位在前，舅犯的爵位在后，群臣不解，晋文公回答说：“舅犯的主张只能是暂时的计策，但雍季的主张才能得到长远利益。”孔子听闻此事，赞赏晋文公：“文公之霸也，宜哉，既知一时之权，又知万世之利。”（《韩非子·难一》）

可在韩子看来，晋文公和孔子皆有弊端。首先，他认为晋文公既不知道暂时之权，也不知道长久之利，他说：“战而胜，则国安而身定，兵强而威立，虽有后复，莫大于此，万世之利奚患不至？战而不胜，则国亡兵弱，身死名息，拔拂今日之死不及，安暇待万世之利？”即这次战争取胜虽然使用了诈骗手段，但因为战胜而树立威势，这才是真的长久之计。其次，韩子批评孔子不懂得赏罚之道，他说："舅犯前有善言，后有战胜，故舅犯有二功而后论，雍季无一焉而先赏。"意思是，舅犯不仅提出了有益的建议，而且树立了战功，而雍季的建议并没有取得任何功效，却得到了优于舅犯的奖赏。可见，韩子要求君主赏罚一定要明确的标准——事功，不能受到外界无关事情的干扰，就如晋文公赏雍季一事，日后群臣为求赏赐，定如雍季一般大谈仁义道德，这对治国来说未必是一件好事。

赏罚相符，才能达到治理的目的，就像射箭一样，有功就行赏，有罪就惩罚，所谓"民有功而受赏，有罪而受诛"（《韩非子·外储说右下》），"赏不加于无功，诛必行于有罪"（《韩非子·奸劫弑臣》）。在韩子眼里，赏罚不只是统治者权威的一种体现，也是君主治理国家的一个规则，更是尊重规律利用人才的举措，如此一来赏罚依法作为治理国家的一个基本原则，就有了坚实的基础。

《功名》

明主之道

明君之所以立功成名者四[1]：一曰天时[2]，二曰人心，三曰技能，四曰势位[3]。非天时，虽十尧不能冬生一穗[4]；逆人心[5]，虽贲育不能尽人力[6]。故得天时，则不务而自生；得人心，则不趣而自劝[7]；因技能[8]，则不急而自疾；得势位，则不推进而名成。若水之流[9]，若船之浮。守自然之道[10]，行毋穷之令，故曰明主。

注释 [1] 立功成名：建立功绩，树立名声。[2] 天时：指时机。[3] 势位：指权势地位。[4] 尧：帝喾之子，上古五帝之一。尧仁慈爱民，明于察人，治理有方，以盛德闻名天下。穗：稻麦等禾本科植物的花或果实聚生在茎上顶端部分。[5] 逆：违背。[6] 贲育：战国时勇士孟贲和夏育的并称。人力：人的力量。[7] 趣：督促，催促。《礼记·月令》："（季秋之月）乃趣狱刑，毋留有罪。"劝：勉励。[8] 因：依靠，凭借。[9] 若：好像。[10] 守：遵循，奉行，把握。

译文：贤明的君主之所以能够功成名就的原因有四个：一是天时，二是人心，三是技能，四是势位。不顺应天时，即使有十个尧也不能在冬天让庄稼结出一个谷穗；违背人心，即使是孟贲和夏育也不会竭尽全力。所以掌握了天时，不用努力劳作，庄稼就会长出粮食；赢得了人心，不用督促，人们就能自我勉励；依靠技能，即使不急于去做，也会快速完成；拥有势位，不用追求，名声也会树立。就好像水会流动，就好像船能浮在水面。掌握自然的道理，推行畅通无阻的法令，所以叫明主。

君主的"成功学"

君主怎样才能成功？韩子将其归结为四个方面：天时、人心、技能、势位。"天时"就是客观的自然条件，人心就是民心的向背，"技能"就是治国的技巧能力，"势位"就是君主的权势地位——此"明君之所以立功成名者"。这就是君主的"成功学"。可惜，成功了的君主少之又少。

韩子所说的"天时、人心、技能、势位"，是有其所本的。《孟子·公孙丑下》谓："天时不如地利，地利不如人和。"这里的"天时、地利、人和"，是指作战时的自然气候条件、地理环境和人心向背。《荀子·王霸》亦云："农夫朴力而寡能，则上不失天时，下不失地利，中得人和，而百事不废。"农民尽力耕作，不要疲于奔命，就能够做到天时、地利、人和兼顾，从而百事兴旺而不荒废。韩子将这些思想进一步引申到君主之道上，讲君主治国，要顺应天时、取得民心、依靠技能、凭借势位。韩子在"天时、地利、人和"的基础上，特别强调君主的"技能"与"势位”:“技能”专就君主治国的手段与谋略而言，更加偏重于“术”；而“势位”则专就君主的威权而言，就是法家的核心思想——“势”，所谓“抱法处势则治，背法去势则乱”。“千钧得船则浮，锱铢失船则沉，非千钧轻锱铢重也，有势之与无势也。”君主只有凭借其势位，才能以法制民、以术御下。

所以，君主治国，一定要“得天时，得人心，因技能，得势位”，四者缺一不可。顺应天时，就可以不务而生、无为而治；取得人心，就可以不用督促民众也能自我勉励；凭借技能，自然可以事半功倍；掌控势位，自然可以驾驭群臣。但并不是只要得到这四者就能治好国家，关键是还要懂得如何把握应用。韩子说:“若水之流，若船之浮，守自然之道，行毋穷之令，故曰明主。”君主治国，就如同船浮水流一样，要掌握自然的道理，推行可行的法令，才可以成为“明主”。《孙膑兵法·奇正》云:“行水得其理，漂石折舟；用民得其性，则令行如流。”意思是懂得流水的规律，就可以用流水冲石头去毁掉船只；用兵时懂得人们的心理，军令的执行就如同流水一样畅通无阻。孙膑是用“水流”来说用兵。不过，军国一理，其中的道理和韩子所讲也是相通的。

《大体》

大　体

古之全大体者[1]：望天地，观江海，因山谷，日月所照，四时所行，云布风动[2]；不以智累心，不以私累己；寄治乱于法术[3]，讬是非于赏罚[4]，属轻重于权衡[5]；不逆天理[6]，不伤情性[7]；不吹毛而求小疵[8]，不洗垢而察难知[9]；不引绳之外[10]，不推绳之内；不急法之外，不缓法之内；守成理[11]，因自然；祸福生乎道法[12]，而不出乎爱恶，荣辱之责在乎己，而不在乎人。

注释：[1] 全大体者：指能够保全事物根本的人。[2] 云布风动：云气布散，风力吹动。[3] 寄：寄托。治乱：谓治理混乱的局面，使国家安定、太平。[4] 讬：通“托”，假托。[5] 属：通“嘱”，托付。权衡：称量物体轻重的器具。权，秤锤；衡，秤杆。[6] 天理：天道，自然法则。[7] 情性：本性。[8] 吹毛求疵：吹开皮上的毛，寻找里面的毛病。比喻刻意挑剔过失或缺点。[9] 垢：污秽、肮脏的东西。[10] 绳：这里指法制。[11] 成理：固定的规律。[12] 道法：道理法度。

译文：古代能够保全事物根本的人：遥望天地，观察江海，顺应山谷，遵循日月的照耀、四季的更替、风云的变动等自然规律；不要让智巧劳累内心，不要让私利拖累自己；把治理乱世的抱负寄托于法术，把是非对错寄托于赏罚，把物体的轻重寄托于量器；不违背天理，不伤害本性；不刻意挑剔过失和缺点，不洗尽污垢去观察难以知道的问题；不将标准拉在绳子以外，也不推在绳子以内；对法制以外的事情不可严苛，对法制以内的事情不可宽容；遵循已经形成的道理，顺应自然规律；祸福的产生在于是否遵循自然规律和国家法度，而不是由主观的喜爱厌恶所决定；招致荣耀和屈辱的责任在于自己，而不是被他人所决定。

法治的“大体”

大体，是指事物的根本，“全大体”就是保全、掌握事物的整体和根本，通俗地讲，就是有大局意识。不过，韩子所说的“全大体”，却是着眼于掌控天下的君主，立意非常之高。他能够体察宇宙、顺应阴阳，“望天地，观江海，因山谷，日月所照，四时所行，云布风动”，这几乎就是贾谊所说的“有席卷天下，包举宇内，囊括四海之意，并吞八荒之心”——国家一统的气象已经隐然可见。

由此，韩子指出，真正能够全大体的人，需要做到

“十不”:“不以智累心，不以私累己”“不逆天理，不伤情性”“不吹毛而求小疵，不洗垢而察难知”“不引绳之外，不推绳之内”“不急法之外，不缓法之内”。这便是韩子思想中典型的君主治国之道。“寄治乱于法术，讬是非于赏罚，属轻重于权衡”，出发点显然是在君主层面、政治层面、国家层面。有道之君治国，既要不拘小节，不吹毛求疵，更要严明法令，令必行、禁必止，这才是真正的“全大体者”。这里所说的“不逆天理，不伤情性”“守成理，因自然”，又体现出老子“无为而治”的思想。不过韩子不是在讲“无为”，而是在讲规范，讲法令的尊严与不可违逆。

《史记·廉颇蔺相如列传》讲了一个关于赵奢的故事。战国时期，赵国大将赵奢，原来只是一个普通的收取田税的官吏。有一次，他来到惠文王之弟、平原君赵胜家收取田税，但是赵胜的管家仗势欺人，戏弄赵奢，拒不交税。赵奢没有惧怕赵胜的权势，他依法办事，杀了那些闹事者。赵胜听说后非常生气，然而赵奢认为：税法不仅平民百姓必须遵守，贵族官僚也必须履行，这就是执行公平。如果百姓都拒不付税，天下就不会太平，国家就不会富强。只有做到法令之内没有私情，国家才会强盛，政权才会巩固。赵奢掌管赵国赋税期间，“国赋大平，民富而府库实”。说到底，天下的治理，还是取决于法令的真正实行——这就回到“法治”的老话题上了。

《内储说上七术》

三人成虎

庞恭与太子质于邯郸[1]，谓魏王曰：“今一人言市有虎，王信之乎？”曰：“不信。”“二人言市有虎，王信之乎？”

曰："不信。""三人言市有虎，王信之乎？"王曰："寡人信之。"庞恭曰："夫市之无虎也明矣，然而三人言而成虎。今邯郸之去魏也远于市[2]，议臣者过于三人，愿王察之。"庞恭从邯郸反[3]，竟不得见[4]。

注释：[1] 质：以财物抵押或留人质担保。这里指庞恭和魏国太子在赵国邯郸做人质，以取得政治互信。邯郸：战国赵都邯郸，因以为赵的代称。[2] 去：距离，离开。[3] 反：还归，回。后多作"返"。陈启天《校释》："'反'与'返'同。"[4] 竟不得见：最终没能见到魏王。竟，终了，完毕。"不得见"的原因是魏王终究还是听信大臣谗言，疏远庞恭。

译文：庞恭和魏太子将要去赵国的邯郸作人质，庞恭对魏王说："现在有一个人说在集市上有老虎出没，大王您信吗？"魏王答："不信。""那如果两个人说集市上有虎呢？您信吗？"魏王说："还是不信。""那三个人都说呢？您信吗？"魏王说："那我就相信了。"庞恭说："集市上没有老虎，这是很明显的事，然而三个人说有老虎就真的以为有老虎了。现在邯郸离魏国比到集市远多了，议论我的人也比三个人多，希望大王明察他们的话。"庞恭后来从邯郸返回魏国，最终还是没能见到魏王。

流言可畏

从古至今，流言是很有杀伤力的。以前又没有专门的辟谣机构，有些话成为流言之后就特别难以辨明了。就连周公那么圣哲伟大的人，在摄政成王时也遭受管叔、蔡叔所造流言的困扰，以至于要避居东国，这就是所谓的"周公畏惧流言日"。后来成王因天地异常而祭祀，开金縢之匮（用金丝带缄封的匣子），看到了周公为武王祈祷、愿意以身代死的册文，才相信了周公的忠诚，亲自迎回了他。

庞恭和魏太子去赵国作人质，临行前给魏王讲"三人成虎"的故事，其实是给魏王打一剂"预防针"，劝谏魏王警惕流言。但是从最后的结果来看，显然这剂"预防针"

白打了。据《战国策》记载，魏王当时听完庞恭讲的故事后，满口允诺说："寡人自为知。"知道是知道，可等后来庞恭从赵国回来求见时，魏王却是拒而不见了。这就是流言的厉害。北宋黄庭坚说："三人成虎事常有，众口铄金君自宽。"看似豁达洒脱，更多恐怕是一种无奈之辞。

不仅是君臣、上下，就是骨肉至亲之间，也不免流言的影响，"曾参杀人"的故事就是如此。《战国策》载：

> 昔者曾子处费，费人有与曾子同名族者而杀人。人告曾子母曰："曾参杀人！"曾子之母曰："吾子不杀人。"织自若。有顷焉，人又曰："曾参杀人！"其母尚织自若也。顷之，一人又告之曰："曾参杀人！"其母惧，投杼逾墙而走。

"三夫成市虎，慈母投杼趋"，贤如曾母，亦难免身陷流言的泥沼。

流言尽管虚浮无据，但是时间一长，传闻日多，便足以耸动视听、惑乱人心，所以，必须保持心明眼亮的状态。"流言止于智者"，是因为智者有一双明辨是非的慧眼。

当然，韩子对待流言的方法要更为简单直接。在他看来，破除一切虚妄之辞，仅仅依靠智者的慧眼是不够的，更重要的在于"循名责实"的考察，也就是"因参验而审言辞"，通过实际的考核、验证来审察言辞。一句话，实践也是检验真伪的唯一标准。

弃灰之罚

殷之法，刑弃灰于街者[1]。子贡以为重[2]，问之仲尼，仲尼曰："知治之道也。夫弃灰于街必掩人[3]，掩人，人必怒，怒则斗，斗必三族相残也[4]，此残三族之道也，虽刑之可也。且夫重罚者，人之所恶也；而无弃灰，人之所易也。使人行之所易，而无离所恶[5]，此治之道。"

注释：[1] 刑：惩罚；处罚。[2] 子贡：孔子弟子，姓端木，名赐，字子贡，春秋卫国人。善于经商，有口才，列于孔门四科中的言语科，料事多中。[3] 掩人：灰尘飞扬，遮蔽人眼。[4] 三族：泛指多个家族。族：家族。[5] 离：通“罹”，遭受，遭遇。

译文：商朝的法律规定，要用刑罚来处罚把灰倒在大街上的人。子贡认为这样的处置过于严重了，于是去请教孔子这件事。孔子说：“这是知晓治国之道的！把灰倒在大街上，必会掩人眼睛。掩人眼睛，那人必定会发怒，发怒必定会争斗。争斗必定会引起家族间的相互残杀。这种导致家族之间残杀的行为，即便是用刑罚来处置，也是可以的。况且重刑处罚，这是人所厌恶的事；而不在大街上倒灰，这是人容易做的事。让人们做容易做的事，而不要遭受他所厌恶的刑罚，这就是治理国家的道理啊！”

韩子的“蝴蝶效应”

“弃灰于街”就是把灰烬倒在街道上。按照商朝的法令，弃灰的行为必须受到重刑的惩罚。惩罚有多重呢？《韩非子》中提到一种说法：“殷之法，弃灰于公道者断其手。”子贡对这种“轻罪重罚”的处罚很不理解，所以去问老师。令人惊讶的是，一生主张仁、德治国的孔子居然也肯定这样的做法，并且认为是“治国之道”。他的这个态度很让人怀疑：他真的是孔子他老人家吗？答案很意外，说这话的还确实不是真正的孔子！这个“韩版”孔子其实是韩子理想中的孔子，也就是穿着法家衣服、讲着法家思想的孔子。所以，真正主张轻罪重罚的是韩子，他在这里只不过是借孔子之口表达自己的观点而已。

弃灰实际上是一个很小的过失。按照常理来想，这样的小过失并不是什么大问题。然而，韩子在这里却将弃灰的结果极端夸大：弃灰导致迷眼，迷眼导致发怒，发怒导致争斗，争斗导致灭族……层层推演、无限放大，于是，一只亚马逊河流域的蝴蝶扇动翅膀，终于引起了美国得克萨斯州的一场风暴，“蝴蝶效应”完美体现。有人说，这里的逻辑有些“杠精”的味道——他们的原则之一就是将每一个环节的作用与后果都不断夸大，从而使得结果也无限夸大。这就是“杠精”的滑坡原理。不过，韩子可不是只讲“蝴蝶效应”或者专门抬杠的，他的逻辑并没有问题：从法治的角度看，弃灰之过，就是乱法之始。祸患常积于忽微，正是因为那些不起眼的小错误，才导致了不可控的大恶果。

轻罪重罚，以重刑治轻罪，就是提高作恶的成本，其结果就是人不为恶。之所以“勿以恶小而为之”，就是害怕小错导致大错、小恶铸成大恶，这就是法治的理想境界。

所以，“为大于其细，图难于其易”，韩子认为最好的办法就是轻罪严惩，“以刑去刑”，使人人畏惧刑罚而不敢犯错，这样也就达到了不用刑罚的目的。从根本上说，“以刑去刑”还是着眼于人的趋利避害的心理，这也是韩子读懂人性的地方。

鲁人烧积泽

鲁人烧积泽[1]。天北风，火南倚[2]。恐烧国[3]，哀公惧，自将众趣救火[4]，左右无人[5]，尽逐兽而火不救，乃召问仲尼。仲尼曰：“夫逐兽者乐而无罚，救火者苦而无赏，此火之所以无救也。”哀公曰：“善。”仲尼曰：“事急，不及以赏，救火者尽赏之，则国不足以赏于人，请徒行罚[6]。”哀公曰：“善。”于是仲尼乃下令曰：“不救火者，比降北之罪[7]；逐兽者，比入禁之罪[8]。”令下未遍，而火已救矣。

注释 [1] 积泽：草木丛生的沼泽。[2] 倚：偏移。[3] 国：国都。[4] 将：带领，率领。趣：音“促”，赶快，从速。[5] 左右：侍从。[6] 徒：只。[7] 比：齐同，等同。降北：投降败逃。[8] 入禁：进入禁止的场所。

译文 鲁国人焚烧一片草木丛生的沼泽地。天刮的北风，火势向南偏移。恐怕会烧到鲁国的国都，哀公很害怕，自己率领手下赶快救火，但侍从不在他身边，都去追逐沼泽中跑出来的野兽却不救火，于是哀公问孔子。孔子说："追逐野兽的人玩乐但没有得到惩罚，救火的人劳苦却没有得到奖赏，这就是火救不了的原因啊。"哀公说："说得对。"孔子说："事情紧急，来不及用奖赏来激励大家，救火的人都给予赏赐，那国家的财富都不够用来奖赏，请您只用刑罚。"哀公说："说得好。"于是孔子下令说："不救火的人，和投降败逃同罪；追逐野兽的人，和擅入禁地同罪。"命令还没有传遍，火已经被扑灭了。

趋利避害

鲁人放火烧积泽，由于天刮北风火势向南蔓延，国家城池将会受到损害，但百姓却只顾着追逐被火烧伤的野兽，却无人顾及会被损毁的城池。这让鲁哀公很是着急，于是向孔子求教，孔子一眼就识破了原因，他指出："夫逐兽者乐而无罚，救火者苦而无赏，此火之所以无救也。"这是因为民众追逐野兽，就能够捕捉它们以私用，但如果要对救火的人给予奖励，又会陷入"国不足以赏于人"的局面，所以孔子建议："请徒行罚。"对不救火的人施以惩罚，在刑罚的威慑下，民众都加入灭火的行列中，大火很快被扑灭了。需要强调的是，就史料记载，鲁哀公三年的确发生了一次大火，但孔子当时在陈国，所以这个故事真实性存疑，很有可能只是韩子借孔子来说理的，孔子也摇身一变成为了韩子思想的"代言人"。

在这个故事中，以鲁哀公为代表的统治者和普通民众，因为一场火灾站在了对立面。一方面，对于统治者来说，城池如果被烧毁，鲁国整体利益将受到侵害，所以他们必须立马作出决策以应对这场危机；另一方面，对于普通民众来说，城池烧毁与否也不直接影响他们的个人利益，反而四窜捕捉野兽会直接获得利益，所以他们最初并不愿意听从统治者的安排，可见，造成两者对立僵局的正是利益。故事里的孔子识破了这一点，他深知，只有将灭火这件事同民众的利益直接挂钩，才能打破这一僵局，但对救火的人给予奖励，效率不高而且损失过大，于是他向哀公提议，对不救火的人施以惩罚，撬动了普通民众的利益杠杆，才使这个问题得到解决。

民众愿意捕捉野兽以获得利益，不愿意因为不参与灭火而受到惩罚，正说明了趋利避害是人的本性，而这也正是韩子思想对人性的规定。人皆有欲利之心，好利恶害、喜赏畏罚，韩子说："好利恶害，夫人之所有也……喜利畏罪，人莫不然。"（《韩非子·难二》）"安利者就之，危害者去之。"（《韩非子·奸劫弑臣》）正是因为韩子对人性考察至深，所以他提出，必须通过法律手段让人切实感受非法行为的利害，才能规范控制人们的思想行为。

此外，这个故事一波三折，整个故事通过普通民众的态度变化串联起来，既刻画出极富智慧的孔子形象，又表现出了深刻的寓意，《韩非子》展现出的辉煌的文学成就也由此可见。

吴起厚赏

吴起为魏武侯西河之守[1]。秦有小亭临境[2]，吴起欲攻之。不去，则甚害田者[3]；去之，则不足以征甲兵。于是乃倚一车辕于北门之外而令之曰[4]："有能徙此南门之外者[5]，赐之上田、上宅[6]。"人莫之徙也。及有徙之者，还赐之如令。俄又置一石赤菽东门之外而令之曰[7]："有能徙此于西门之外者，赐之如初。"人争徙之。乃下令曰："明日且攻亭，有能先登者，仕之国大夫，赐之上田宅。"人争趋之。于是攻亭，一朝而拔之。

注释：[1] 魏武侯：战国时期魏国君主，魏文侯之子，名击。西河之守：西河的郡守。西河，战国魏地。《史记·仲尼弟子列传》:“子夏居西河教授，为魏文侯师。”一说在今山西、陕西间；一说在今河南安阳。其时黄河流经安阳之东，西河意即河西。[2] 小亭：古代边境岗亭。临：靠近。[3] 害：损害，伤害。[4] 倚：斜靠。[5] 徙：搬。[6] 上田：上等的土地。上宅：上等的住宅。[7] 俄：短暂的时间，一会儿。石：量词。计算重量的单位。一百二十斤为一石。赤菽：即赤小豆，一年生草本植物，茎直立，叶互生，花黄色。种子一般呈暗红色，可供食用及入药。

译文：吴起为魏武侯担任西河郡郡守。秦国有一座边防岗亭紧靠西河边境，吴起想攻下这座岗亭。不攻下岗亭，对魏国的种田人有很大的危害；攻下这个岗亭，又不至于为此征集军队。于是吴起把一根车辕靠在北门外城墙上，发布命令说：“如果有人能把这根车辕搬到南门之外，就赐给他上等的田宅。”起初并没有人去搬。等到有人搬了以后，就按照命令给予赏赐。过了一会儿，吴起又把一石赤豆放在东门外，发布命令说：“有人能把这一石赤豆搬到西门外，给予和上次一样的奖赏。”人们都争先恐后地去搬。于是吴起又下令说：“明天攻打秦国的那座岗亭，最先攻上岗亭的人，任命为国大夫，赏赐给上等的田宅。”人们争先前往。这时候攻打岗亭，一个早晨的时间就攻克了。

重赏之下，必有勇夫

吴起是战国时期杰出的军事家，他从鲁国投奔魏文侯前夕，魏文侯向臣子李克打听吴起的才能，李克评价道：“若是论用兵，恐怕著名军事家司马穰苴也略输一筹。”果如李克所讲，吴起入魏以后展现出卓越的军事才能。据《吴子·励士》记载，秦、魏阴晋一战，吴起率领自己训练的五万“魏武卒”大破五十万秦军，自此，“魏武卒”名动天下。吴起能打造出这样一支精锐之师的诀窍之一就是重赏，他将军功分为“上功”“次功”，根据军功给予不同的奖励，立了大功的军士升职提拔，而且重赏其家属，一人立功，全家光荣。

吴起的重赏不仅用于治军，在他担任西河郡守期间也特别加以运用。他守西河时，为了拔掉秦国建在魏国边境的岗亭，以“徙车辕”的方法来动员民众积极参与攻战。搬动一根车辕和一石豆子并不是什么难事，却可以得赐上田、上宅，这是非常划算的事。老百姓最初只是将信将疑、一旁观望；等有人真得到重赏之后，便争先恐后、一拥而上了。吴起的办法很有效，想法也很明确：只要听从命令办事，一定是重重有赏。所以，当他发布攻击秦国岗亭的命令、并且加大奖赏砝码时候，不到一个早上的时间，秦国的“据点”就被拔了。正所谓“重赏之下，必有勇夫”。

韩子讲吴起的这个故事，是想说明君主的“驭下之策”。“赏誉薄而谩者下不用也，赏誉厚而信者下轻死”，奖赏非常轻薄而又不能兑现，臣民就不会为君主所用；奖赏厚重并且一定能够落实，臣民就会誓死为君主效命。所以，有没有奖赏不是关键，能不能落实才是关键。这就又回到了“信赏必罚”的根本。这种“驭臣之术”的背后也是韩子对君臣关系与人性本质的认识。在他看来，君臣、上下的关系其实并不复杂，只不过是相互的利益而已；另一方面，“逐利”又是人性所共有的普遍现象。所以，“赏厚而信”就可以使人人有专诸、孟贲之勇；当然，与此相对，君主还要做到“罚重而必”，“必罚明威”就可以杜绝奸邪、防止臣下作恶。君主只有把握好这两点，才能因势利导、驾驭群臣。

“信赏尽能”的效果很好！半个世纪之后，商鞅在秦国变法，他所用的“徙木立信”，其实就是吴起做法的翻版。

滥竽充数

齐宣王使人吹竽[1]，必三百人。南郭处士请为王吹竽[2]，宣王说之[3]，廪食以数百人[4]。宣王死，湣王立[5]，好一一听之，处士逃。

注释 [1] 齐宣王：即田辟疆，战国时齐国国君，威王子。在位十九年，谥宣。竽：古代簧管乐器。竹制，三十六管，后减至二十三管。比笙略大。战国至汉代广泛流行。[2] 南郭处士：即南郭先生。南郭，复姓。处士，本指有才德而隐居不仕的人，后亦泛指未做过官的士人。[3] 说：通"悦"，高兴。[4] 廪（lǐn）食：公家供给口粮。[5] 湣（mǐn）王：也作齐闵王。名田地，一作田遂。战国时齐国君。齐宣王子。曾联合韩、魏，连年进攻楚、秦，一度与秦昭王并称东西帝。他称东帝。经苏秦劝说，取消帝号，合纵攻秦。

译文 齐宣王让人给他吹竽，一定要三百人一起吹。南郭先生请求为宣王吹竽，宣王很高兴，享用国家的粮仓供养的有数百名吹竽的人。宣王死后，齐湣王继位，他喜好一个一个地听吹竽，南郭先生于是逃之夭夭。

韩子的"参验之法"

"滥竽充数"是一则大家耳熟能详的故事，它出自《韩非子·内储说上》，现在这个故事已经演化成一个常用的成语，往往被用来讽刺那些像南郭先生一样，没有真才实学，却混在内行中的人。但韩子希望通过这个故事表达的道理，不仅仅是讽刺没有真才实学的人那么简单，而是强调君主的"参验之法"。

韩子在解释滥竽充数的寓意时说："责下则人臣不参。"意思是君主要善于督责臣下，就能使人臣中的无能之辈不会混杂其中，这就涉及了韩子的"参验之法"。"参"是比较，"验"是验证。"参验"就是通过考察比较来进行验证。韩子的"循名实而定是非，因参验而审言辞""偶参伍之验，以责陈言之实"等，强调的是要依据思想和实际是否一致来判断是非，通过"参验"审查言辞是否正确。

"参验之法"是韩子为君主统治而设计的，君主要以"参验"为方法来考察各种言说，正所谓"知其言以往，勿变勿更，以参合阅焉"（《韩非子·主道》），"人主将欲禁奸，则审合刑名者，言与事也。为人臣者陈而言，君以其言授事，专以事责其功"（《韩非子·二柄》）。韩子这些话强调的都是君主对臣下的参验，当臣下提出主张，君主就根据他的主张给予相应的职权办事，再根据事情责求他的功效。君主要“参验”的言说除了臣下的进言之外，还可能包括一些流行于社会的治世思想，比如《显学》中所批驳的“明据先王，必定尧舜”的儒、墨之说，又如《外储说》中提到的“范且、虞庆之言，皆文辩辞胜而反事之情，人主说而不禁，此所以败也”等等。无论是臣下之言，还是流行的治世思想，君主一定要以参验之法予以考察，通过和实际效果作比较，来判断言说的是非。在滥竽充数这个故事中，正是因为齐宣王没有对南郭先生的真实技术予以参验，才使得南郭先生有了混入其中的可乘之机。齐湣王喜爱独奏，这也成了他“参验”吹竽人的最好时机——无论是否出自他的本意，南郭先生此时有了“露馅”的危机，所以便匆忙逃离了。

虽然韩子“参验”之法是保证君主集权政治的方法论，但把实际效果当作是检验言说、理论的价值标尺，无疑蕴含着一定的朴素唯物主义因素，这是其中的进步之处。此外，滥竽充数的故事不过短短五十余字，不仅刻画出了南郭先生无赖的模样，而且表达出对那些无才而居位者的尖锐讽刺，更是蕴含着“参验之法”这一深刻哲理，足以见得《韩非子》透彻锋利的笔法，值得深入研究，细细品味！

太宰之问

商太宰使少庶子之市[1]，顾反而问之曰[2]：“何见于市？”对曰：“无见也。”太宰曰：“虽然，何见也？”对曰：“市南门之外甚众牛车，仅可以行耳。”太宰因诫使者[3]：“无敢告人吾所问于女。”因召市吏而诮之曰[4]：“市门之外何多牛屎？”市吏甚怪太宰知之疾也，乃悚惧其所也。

注释 [1] 少庶子：官名。亲近侍御之臣。战国各封国之君、相国、县令皆设。[2] 顾反：亦作“顾返”，还返。[3] 诫：告诫。无：副词。表示禁止，相当于“不可”“不要”。女：通“汝”，你，这里指少庶子。[4] 诮（qiào）：责备。

译文：宋国的太宰派自己的家臣去市场视察，回来后问道：“你在市场上都看到了什么？”家臣答道：“我什么也没看到。”太宰说：“尽管这样，你还是说说市场上的情况吧。”家臣答道：“市场南门外有很多牛车，非常拥挤，人只能勉强通过。”太宰便嘱咐家臣：“切不敢把我对你的问话告诉任何人。”然后把专门管理市场的官员叫过来责备道：“市场门外为什么有那么多牛粪？”管理市场的官员非常奇怪太宰为什么知道得这么快，于是惶恐谨慎地对待自己的职守。

诡诈之术

武王灭商之后，封“殷末三仁”之一的微子于宋，所以宋又称商。这里的商太宰就是宋国太宰。他想要了解市场的情况，却不去直接询问，而是先派遣自己的近身家臣少庶子去打探情况。在得知市场上牛车的拥挤后，太宰心里有了数，于是招来市吏质问：市场门外哪来那么多的牛粪？市吏因此而感叹太宰之神明！这就是韩子所说的“疑诏诡使”，采取可疑的命令，使用诡诈的手段，以此来考察臣下言行的真伪。“少庶子”为官长亲近的侍御之臣，一般为年轻的家臣，战国时期各国君主、相国、县令等都配设有此职。由于少庶子长期在长官身边，因而往往担任一些特殊的任务。《内储说上》里也有另一位少庶子的故事：“卜皮为县令，其御史污秽而有爱妾，卜皮乃使少庶子佯爱之，以知御史阴情。”这位更夸张，他受县令委派，为了查清御史的污秽行径，竟然来“色诱”御史的爱妾。韩子真是洞悉世态人情！

《内储说上》中，韩子论七种君主控制臣下的政治手段，其中“疑诏诡使”“挟智而问”“倒言反事”等完全是玩弄诡诈的权术手段，这样的例子也有很多，譬如：

周主亡玉簪，令吏求之，三日不能得也。周主令人求，而得之家人之屋间。周主曰："吾知吏之不事事也。求簪三日不得之，吾令人求之，不移日而得之。"于是吏皆悚惧，以为君神明也。

周主下令索曲杖，吏求之数日不能得。周主私使人求之，不移日而得之。乃谓吏曰："吾知吏不事事也。曲杖甚易也，而吏不能得，我令人求之，不移日而得之，岂可谓忠哉！"吏乃皆悚惧其所，以君为神明。

周主就是东周君。公元前367年，周王朝统属的疆土，分裂为东周和西周两个小国，《战国策》即有东周策、西周策记载其事。他们的国君分别被称为东周君、西周君。这和西周、东周王朝并不是一回事。东周君一会儿"亡玉簪"，一会儿"索曲杖"，而且总是在群吏"求之数日而不得"之后，"使人求之"即可找到，从而令官吏以其为"神明"。看来他挺会玩这一类手腕儿的。其所使之人，就是少庶子一类的亲信卧底。还有其他一些，比如：

西门豹为邺令，佯亡其车辖，令吏求之不能得，使人求之而得之家人屋间。

卫嗣公使人为客过关市，关市苛难之，因事关市，以金与关吏，乃舍之。嗣公为关吏曰："某时有客过而所，与汝金，而汝因遣之。"关吏乃大恐，而以嗣公为明察。

情节不一样，套路总相似！这些诡诈之术，韩子讲得很露骨，读起来也很让人不舒服。不过，这不是他的错，他只是将那些权谋手段冷峻地呈现出来而已。

韩昭侯治吏

韩昭侯使骑于县。使者报，昭侯问曰："何见也？"对曰："无所见也。"昭侯曰："虽然，何见？"曰："南门之外，有黄犊食苗道左者[1]。"昭侯谓使者："毋敢泄吾所问于女[2]。"乃下令曰："当苗时[3]，禁牛马入人田中固有令，而吏不以为事，牛马甚多入人田中。亟举其数上之[4]；不得，将重其罪。"于是三乡举而上之。昭侯曰："未尽也。"复往审之，乃得南门之外黄犊。吏以昭侯为明察，皆悚惧其所而不敢为非。

注释 [1] 犊：小牛。[2] 女：通"汝"。[3] 当苗时：禾苗正在生长时。[4] 亟（jí）：疾速，与"缓慢"相对。举其数：登记数目。举，登记，记录。其，指闯入禾苗的牛马。

译文 韩昭侯派使者巡视县城。使者回来报告，昭侯问道："都看到了什么？"使者答道："没看见什么。"昭侯说："即便如此，也还是有所见闻吧？"使者回道："城南门之外，有小黄牛吃道路左边的禾苗。"昭侯对使者说："不准泄露我刚刚问你的话。"于是下令说："现在正是禾苗生长之时，禁止牛马进入到人家的田地里，本来颁布了这样的命令，但是官吏们不当回事，很多牛马闯入农田。立即上报闯入农田的牛马数目，隐瞒不报者，重重处罚。"于是东、西、北三门都上报了。昭侯说："还有没报的。"官吏们于是又仔细地审查，才发现了南门外小黄牛的事。官吏们都以为昭侯明察事理，都兢兢业业地各司其职，不敢为非作歹。

韩昭侯用术

战国七雄之一的韩国，韩昭侯在位时国力最为强盛。韩昭侯前期，韩国政治混乱，法律、政令前后不一，群臣吏民无所适从。公元前355年，韩昭侯实行改革，任用申不害为相，以"术"治国，政令修明，国势大盛。史称："申不害相韩，修术行道，国内以治，诸侯不来侵伐。""终申子之身，国治兵强，无侵韩者。"（《史记·老子韩非列传》）

韩昭侯是一个非常善于用“术”的人。《韩非子·二柄》记载：

> 昔者韩昭侯醉而寝，典冠者见君之寒也，故加衣于君之上，觉寝而说，问左右曰：“谁加衣者？”左右对曰：“典冠。”君因兼罪典衣与典冠。其罪典衣，以为失其事也；其罪典冠，以为越其职也。非不恶寒也，以为侵官之害甚于寒。

这个故事很有意思。“典衣”“典冠”分别是掌管君主衣、帽的官员。韩昭侯醉酒之后，典冠担心君主受寒，特地给加盖了衣服。昭侯却因此而处罚了典衣与典冠两人，理由很明确：典衣失职，典冠越权。“非不恶寒也，以为侵官之害甚于寒。”这就是韩昭侯的“术治”。

同样，韩昭侯派遣“巡视组”出访县城，探访到南门外有牛犊食苗。换作一般人，也不过是牛犊吃禾苗，召来官吏小惩一下作罢。然而韩昭侯力查此事，不仅查出了东、西、北三门“禁畜令”落实不力的问题，而且通过对南门情况的把握，透过现象，直达本质，揪出了官吏不作为的问题，可谓“窥一斑而见全豹”。韩子呈现这个故事其实是把“明察”作为驭下之术给君主讲明，他讲君主要做到明察，就要“挟智而问，则不智者智”，拿着自己已经了解到的情况再去问别人，对待别人的回答“循名责实”，两相对比之下，实情自显。这种“挟智而问”的方式显然是有诈术的成分在其中，韩昭侯给使者所说的“毋敢泄吾所问于女”，就是典型的权术。不过，韩子对此却是认同的，因为在他的认识当中，“上下一日百战”，君臣之间并无信任与忠诚可言，唯一确定的只有利益。因此，“挟智而问”也是自然之事。

抛开“驭下之术”的角度，韩昭侯的明察秋毫也值得后世统治者学习。很多时候当政者面对浮于表面的小问题时，就像《孟子·梁惠王》中讲的那样“明足以察秋毫之末，而不见舆薪”，视力能看得清鸟兽身上的细毛，但却看不见一车木柴，原因终归是不愿意正视罢了。不愿意正视问题，那真的是离祸患不远了。

《内储说下六微》

如出一口

州侯相荆[1]，贵而主断[2]。荆王疑之，因问左右，左右对曰：“无有。”如出一口也[3]。

注释：[1] 州侯：楚襄王宠臣。荆：古代楚国的别称，因其原来建国于荆山（今湖北南漳西），故名。一说秦称楚为荆，因避庄襄王子楚讳。[2] 贵：地位显要。主断：专断。[3] 如出一口：像从一张嘴里说出来的。形容许多人说法一样。

译文：州侯在楚国为相，地位显贵而专断独行。楚王怀疑他有不轨之心，因而询问身边的人，大家都说“没有”，就像是从一张嘴里说出来的。

权势不可以借人

州侯是楚顷襄王的爱臣之一，深得君主的宠信。庄辛曾对襄王说：“君王左州侯，右夏侯，辇从鄢陵君与寿陵君，专淫逸侈靡，不顾国政，郢都必危矣。”庸主佞臣淫逸侈靡，一幅亡国之态。不过，韩子所关注的却不是这些，他看到的是“州侯相荆，贵而主断”的问题。

州侯作为楚国的相，地位是很高的，对内主持国事，对外指挥战争，总揽军政大权于一身，可谓是“一人之下，万人之上”。正因为如此，韩子更为关注楚王的君权与威势，关注君主的权势是否为人臣所“下借”。事实也不出所料，当楚王有所怀疑的时候，左右之人竟然是“如出一口”，都站在了州侯的一方。楚王的处境细思极恐。

君主的权势被臣下得到，臣下就会借势壮大自己的势力，朝廷内外就会被他所利用，君主就要受到蒙蔽。州侯能让所有人都异口同声替他说话，证明其已经是把权势掌握在自己手中了。与此极为类似的还有赵高的“指鹿为马”。《史记·秦始皇本纪》记载：“赵高欲为乱，恐群臣不听，乃先设验，持鹿献于二世，曰：‘马也。’二世笑曰：‘丞相误邪？谓鹿为马。’问左右，左右或默，或言马以阿顺赵高。”百官在赵高的权势之下，即便当着秦二世胡亥的面，或者沉默，或者一本正经地把鹿说成马——人臣的势力已经完全超过了君主。这就是君主失权的后果。

《战国策·楚策一》讲到一个江乙对楚宣王的故事。楚宣王有一次问群臣说：“吾闻北方之畏昭奚恤也，果诚何如？”昭奚恤是楚王的重臣，握有楚国的百万之师。楚王所问，关乎君主与权臣的问题，很难回答，所以群臣莫对。这时候，江乙说：

> “虎求百兽而食之，得狐。狐曰：‘子无敢食我也！天帝使我长百兽。今子食我，是逆天帝命也！子以我为不信，吾为子先行，子随我后，观百兽之见我而敢不走乎？’虎以为然，故遂与之行。兽见之，皆走。虎不知兽畏己而走也，以为畏狐也。”

这就是大家熟悉的“狐假虎威”。江乙接着说：“今王之地五千里，带甲百万，而专属之于昭奚恤，故北方之畏奚恤也，其实畏王之甲兵也！犹百兽之畏虎也！”所以，狐假虎威，其实也是人臣对君主权势的擅越。

韩子强调：“权势不可以借人。上失其一，臣以为百。”《老子》说“鱼不可脱于渊”。如果把君主比作鱼，权势就相当于是鱼赖以生存的水。鱼离开水无法存活，没有权势的君主也只能是任人掌控、宰割的俎上鱼肉。明主“不恃其不我欺，恃吾不可欺"，只有紧握赏罚大权，保有自身权势，才能长久不被欺骗。

夫妻祷祝

卫人有夫妻祷者[1]，而祝曰[2]："使我无故得百束布[3]。"其夫曰："何少也？"对曰："益是，子将以买妾。"

注释：[1] 卫：诸侯国名，在今河北南部和河南北部一带，为秦所灭。[2] 祝：祝祷，祝告神明以祈福消灾。[3] 无故：没有发生非常的变故。束：量词。指布五匹。布，古代行实物贸易时，作为货币的一种，长宽有定制。

译文：卫国有对夫妻向神明祷告，妻子祈求道："让我无灾无祸得到百束布币吧。"丈夫问她："为什么这么少？"妻子回答："比这更多的话，你就会买小妾了。"

同床异梦

读《韩非子》，有时候也能读到一些极富喜感的画面，譬如这则"夫妻祷祝"。

夫妻向神灵祷告求财，一个希望多多益善，一个却只要百束布币即可。布，这里指货币，百束布，指一百束的布币，往多了说，大概也就是一百贯的钱。为什么只祈求这一点点钱呢？因为妻子担心，如果钱多丈夫就会去纳妾——"男人有钱就变坏"大概从先秦时就开始了。夫妻之间利益不同，关注自然不同。同床异梦，自然是因为考虑问题的立场和角度不同所致。所以即便是空想富贵，也不能没有立场。

明代刘元卿的《应谐录》里有一个"兄弟争雁"的故事，也是关于空想的：

昔人有睹雁翔者，将援弓射之，曰："获则烹。"其弟争曰："舒雁烹宜，翔雁燔宜。"竟斗而讼于社伯。社伯请剖雁，烹燔半焉。已而索雁，则凌空远矣。

兄弟二人看到一只飞翔的大雁，准备把它射下来吃，但是在怎么吃的问题上发生了分歧，是煮是烤，难以达成一致。兄弟俩争吵不休，就到社伯那里去分辨是非。社伯倒是聪明，建议将雁一分为二，一半煮，一半烤。可是等他们再去找大雁时，已凌空飞得无影无踪了。看来，到底是煮熟的雁好吃，还是烤熟的雁好吃，这关乎立场问题，马虎不得。至于大雁是否还在，那倒是其次了。这个空想的故事，同样耐人寻味。

韩子当然不是只说夫妻。他要说的是"君臣之利异，故人臣莫忠，故臣利立而主利灭"。君臣之间的利益关系是不同的，所以人臣没有忠诚之说，人臣的利益确立了，君主的利益就消亡了。在韩子看来，人性本恶，人天生就是趋利避害、自私自利的。《说林》说："鳣似蛇，蚕似蠋。人见蛇则惊骇，见蠋则毛起。渔者持鳣，妇人拾蚕，利之所在，皆为贲、诸。"黄鳝像蛇，蚕像毛虫，这些外表让人害怕的东西，人们为了利益也会无所畏惧。渔父抓鳝，妇女拾蚕，如同孟贲、专诸那般勇猛。所以，不要指望臣子的忠诚，也不要忘记各自利益之所在。《备内》说，那些万乘之主、千乘之君，最希望他早死的就是他的后妃、夫人和太子，因为只有君主早死，太子才会继承主位，其母也才会被尊为太后，男女之乐不减于前。

韩子的这个玩笑开得有意思。

吴越之争

越王攻吴王[1]，吴王谢而告服[2]，越王欲许之。范蠡、大夫种曰[3]："不可。昔天以越与吴，吴不受，今天反夫差，亦天祸也。以吴予越，再拜受之[4]，不可许也。"太宰嚭遗大夫种书曰[5]："狡兔尽则良犬烹，敌国灭则谋臣亡。大夫何不释吴而患越乎[6]？”大夫种受书读之，太息而叹曰[7]：“杀之，越与吴同命。”

注释：[1] 越：古国名，建都会稽（今浙江绍兴），春秋时兴起，战国时灭于楚。越王指勾践，春秋末年越国国君，曾败于吴，卧薪尝胆数年后反攻吴国。吴，古国名，有今江苏、上海大部和安徽、浙江的一部分，前473年为越所灭。吴王指夫差，阖闾之子，越国兴兵攻破吴国后自杀。[2] 谢：赔罪，认错。[3] 范蠡（lǐ）：春秋末期越国大夫，字少伯，楚国人。越灭吴后，离开越国到齐国，经商致富。[4] 再拜：古代礼仪，拜而又拜，表示恭敬。[5] 书：书信。[6] 患：祸患。[7] 太息：深深地叹息。

译文：越王勾践攻打吴王夫差，吴王谢罪并表示臣服，越王想接受他的投降。范蠡、文种说：“不行。以前上天把越国赐给吴国，吴国没有接受，现在上天反过来把夫差赐给越国，这也是天降灾祸给他。上天把吴国赐给越国，应当拜谢接受，不能答应吴国投降。”太宰嚭送交大夫文种书信，信上说：“狡猾的兔子都捕完了，好的猎犬就被烹杀；敌对国家灭亡了，本国的谋臣就会被杀害。您何不放过吴国，使其成为越国的隐患呢？”大夫文种收到书信读完后，长长地叹气说：“杀掉谋臣，越国就会和吴国遭受同样的命运。”

兔死狗烹

春秋时期，吴、越两国的争霸之战前后持续了几十年。公元前495年，吴王夫差即位，并于次年的夫椒之战中大败越国，俘虏了越王勾践。相国伍子胥主张杀掉勾践以绝后患，而太宰伯嚭因为收受了越国贿赂，极力促成了越国的求和，并屡进谗言，谮杀了伍子胥。后来勾践忍辱负重、卧薪尝胆，十年生聚、十年教训，终于在公元前473年全力反击，大败吴军，并将夫差包围在姑苏山上。本则故事便发生在此时。

夫差也想效法当年勾践的做法，向越国求和。可是大臣范蠡、文种等人却不同意，认为是“天予弗取，反受其咎”。文种是越国的重臣，当年就是他贿赂伯嚭、保全了勾践与越国，是助越灭吴的关键人物。于是太宰嚭给文种写信劝说，信就两句话，却极为厉害，“狡兔尽则良犬烹，敌国灭则谋臣亡”，将君臣上下的利害关系与世态人情都说透了。这是历代功臣最不愿意看到、也最为担心的，因而具有很大的杀伤力。无怪乎文种会感叹：“杀之，越与吴同命。”

可惜，能看透，却参不透，文种的人生终究还是个悲剧。灭吴后他选择继续在朝为官，而同为灭吴重臣的范蠡却选择了急流勇退、隐居江湖。范蠡隐退时也给文种一封信，其中同样说道：“蜚鸟尽，良弓藏；狡兔死，走狗烹。”文种虽因此警惧而称病不朝，却为时已晚。勾践赐剑给他，说：“子教寡人伐吴七术，寡人用其三而败吴，其四在子，子为我从先王试之。”遂自杀。

历史其实并不是惊人的相似，而是不厌其烦地重复。汉初天下已定，一帮重臣功高震主，高祖自然寝食难安，其中就包括楚王韩信。高祖用陈平计谋，南巡楚国而擒韩信。韩信先被降为淮阴侯，后终为吕后所杀。他在被高祖所擒时也说：“狡兔死，走狗烹；高鸟尽，良弓藏；敌国破，谋臣亡。”道理都懂，就是做不到。倒是同为汉初三杰的张良，天下初定便托辞称病，闭门不出，明哲保身，得以善终。

美女掩口

荆王所爱妾有郑袖者[1]。荆王新得美女，郑袖因教之曰：“王甚喜人之掩口也，为近王[2]，必掩口。”美女入见[3]，近王，因掩口。王问其故，郑袖曰：“此固言恶王之臭[4]。”及王与郑袖、美女三人坐，袖因先诫御者曰[5]：“王适有言[6]，必亟听从王言[7]。”美女前，近王甚，数掩口[8]。王悖然怒曰[9]：“劓之[10]。”御因揄刀而劓美人[11]。

注释：[1] 荆王：指楚怀王，熊氏，名槐。前299年入秦被扣留，后客死秦国。[2] 为：连词，如果。[3] 入见：入宫进见。[4] 固：副词，本来。[5] 诫：告诫，训令。御者：侍从。[6] 适：如果，假若。[7] 亟（jí）：急，疾速。[8] 数（shuò）：屡次。[9] 悖然：因发怒或惊慌而变色之貌。[10] 劓（yì）：古代割去鼻子的刑罚。[11] 揄（yú）：挥动。

译文：楚王有位爱妾名叫郑袖。楚王新近得了美女，于是郑袖指点美女说："大王很喜欢别人掩着嘴巴的样子，要是靠近大王，一定要掩着嘴巴。"美女进宫见到楚王，靠近楚王的时候便把嘴巴遮起来。楚王询问其中的缘由，郑袖说："她原本就说过讨厌大王您的气味。"等到楚王和郑袖、美女三个人坐在一起时，郑袖便先告诫侍从说："大王如果有什么命令，一定要迅速听从执行。"美女走上前，与楚王离得很近，屡次掩住嘴巴。楚王勃然大怒，说："把她的鼻子割掉。"侍从因而挥刀割下了美人的鼻子。

"似类之事"

"东施效颦"的故事流传很广。西施是古代的四大美女之一，据说她患有心痛的毛病，所以病痛发作时，她常常用手捧住心口，眉头紧缩，看起来比平时更加妩媚动人。西施捧心的美是自然而然流露出来的，不矫揉，不造作，所以这就是"真"美。邻居东施发现西施捧心之态十分娇美，于是她自己也模仿西施的动作，捂住心口，紧紧皱眉。东施的容貌原本就不甚出众，一番矫揉造作之后，不但失掉了纯真无雕饰的气质，而且丑态尽显，传为笑谈。

《韩非子》也讲了一个类似"效颦"的故事。楚王新得的一位美女，想要讨得君王的欢心，于是请教楚王的爱妃郑袖。郑袖便顺手给挖了个大坑，教其"掩口"——估计那位美人觉得"掩口"与"效颦"形式上也差不多，结果真的见了楚王后便捂住了嘴巴。郑袖便告诉楚王：这是厌恶大王的味道呢！楚王一怒之下就把美人的鼻子给割了。这就是"郑袖言恶臭而新人劓"，宫廷真的是套路深啊！东施效颦，不过是传为笑谈；美人掩口，却是祸及其身。所以，掩口有风险，美人须谨慎！

韩子讲的这个宫廷剧，想说明的是“托于似类”的道理：“似类之事，人主之所以失诛，而大臣之所以成私也。”奸臣常常会借助那些类似的事来欺骗君主，从而谋取私利——郑袖就是这样的，她的狠与坏，是发自内心的狠与坏；而其借助“似类之事”欺骗君主的把戏，更是韩子着力批判的！《六微》还记载了一个“似类”的故事：

> 齐中大夫有夷射者，御饮于王，醉甚而出，倚于郎门。门者刖跪请曰：“足下无意赐之余隶乎？”夷射叱曰：“去！刑余之人，何事乃敢乞饮长者！”刖跪走退。及夷射去，刖跪因捐水郎门霤下，类溺者之状。明日，王出而呵之曰：“谁溺于是？”刖跪对曰：“臣不见也。虽然，昨日中大夫夷射立于此。”王因诛夷射而杀之。

刖跪就是受过刖刑、被砍掉脚的人，他向中大夫夷射讨剩酒喝，夷射酒醉后非但没有给，反呵斥了一顿。刖跪就在郎门的屋檐下倒了些水，像是尿溺的样子。第二天齐王看到后责问，刖跪便说是夷射所为，夷射因而被诛杀。

昏庸的君主，骄横的大夫，下作的门人——这些人，到底哪个才是最可怜的呢？

炮人呼天

晋平公觞客[1]，少庶子进炙而发绕之。平公趣杀炮人[2]，毋有反令。炮人呼天曰[3]：“嗟乎[4]！臣有三罪，死而不自知乎？”平公曰：“何谓也？”对曰：“臣刀之利，风靡骨断而发不断[5]，是臣之一死也；桑炭炙之[6]，肉红白而发不焦[7]，是臣之二死也；炙熟又重睫而视之[8]，发绕炙而目不见，是臣之三死也。意者堂下其有翳憎臣者乎[9]？杀臣不亦蚤乎[10]？”

注释：[1] 晋平公：春秋时晋国国君，名彪，晋悼公之子。觞（shāng）客：飨宴宾客。[2] 趣（cù）：催促。炮人：厨师。炮，通“庖”。[3] 呼天：向天喊叫以求助。形容极端痛苦。[4] 嗟乎：亦作“嗟呼”，感叹呼喊的声音。[5] 风靡：刀风所及。刀风所到之处骨头都能砍断，形容刀锋利。[6] 桑炭：桑树烧成的木炭，火力旺盛。[7] 肉红白：烤熟的肉，精肉呈红色，肥肉呈白色。[8] 重睫：睫毛相重，眯缝着眼睛注视。[9] 意者：表示测度，大概，恐怕。刘向《说苑·君道》：“桑穀者，野草也，而生于朝，意者国亡乎？”翳（yì）憎：暗中憎恨。[10] 蚤：通“早”。

译文：晋平公宴饮宾客，年轻的侍从端上来烤肉而上面绕着头发，平公因此催人杀掉厨师，不准违抗命令。厨师对天呼喊：“啊呀！我有三条罪责，死了自己也不清楚是因为哪一条啊！”平公说：“你说的是什么？”厨师回答：“我的刀十分锋利，刀风所过骨头都断了而头发没断，这是我的第一条死罪；用桑树烧成的木炭来烤肉，肥瘦相间的肉被烤成红白夹杂的颜色，而头发却没烤焦，这是我的第二条死罪；肉烤熟了，又眯着眼睛仔细查看，肉上面绕着头发而眼睛没看见，这是我的第三条死罪。我猜您堂下的侍从里莫不是有暗中憎恨我的人？现在杀我不也太早了吗？”

“利害有反”

炮人，即“庖人”，就是厨师。负责主掌君主烹饪膳食的人。晋平公名彪，是晋悼公之子。晋平公执政后期追求奢侈豪华，加重赋税，修建池台楼阁，却不务政事，国家政务落入权臣私家门下，这些都是败亡之道，是无法让国家长治久安的。

《六微》的“晋平公觞客”便记载了他平常生活中的一个侧面故事。晋平公宴客时，因为烤肉上有头发缠绕而要杀庖人，并且要求不得赦免。庖人面对危机并没有惊慌失措，而是一面对天呼号，另一面却以退为进，不说自己有多冤枉，反倒说自己的三条罪责，从而引起了平公的兴趣。按照庖人的说法，烤肉上的头发就是切不断、看不见、烧不焦的神物，这怎么可能呢？庖人以所谓的三项罪责证明了自己的无罪，并且冷静推测是有暗中憎恨自己的人故意为之。庖人真是一个临危不乱的聪明人！

还有一种说法，说这个故事发生在晋文公重耳的身上。“文公之时，宰臣上炙而发绕之。”相比较晋平公的“趣杀炮人，毋有令反”，晋文公是“召宰人而谯之”，谯，就是责骂。看来，春秋五霸之一的晋文公，心胸气度到底不一样。结果与上面所说一样，果然是有人陷害厨师。

《晏子春秋》中也有个“晏子谏杀烛邹”的故事，与此非常类似。齐景公喜欢捕鸟，管理鸟的官员烛邹却让鸟逃了，景公十分生气并下命让官员杀掉他。晏子并未直接劝阻，而是像庖人一样先历数烛邹的三条罪状：“汝为吾君主鸟而亡之，是罪一也；使吾君以鸟之故杀人，是罪二也；使诸侯闻之，以吾君重鸟而轻士，是罪三也。”第一条看起来还算得上是罪名，第二条、第三条越来越不对味，这哪里是在数落烛邹的罪责，分明是在说景公不分轻重、不知为君。“三罪”尽显晏婴的智慧。“数烛邹罪已毕，请杀之。”话都说成这样了，齐景公哪里还能杀呢？他也就只能尴尬自嘲了。比较起来，韩子的故事更加有权谋的味道。

韩子更想要说的是：“事起而有所利，其尸主之；有所害，必反察之。是以明主之论也，国害则省其利者，臣害则察其反者。”就是说，事情发生了，如果有利可得，应当牢牢掌握它；如果有害，一定要从反面加以考察。因此明君考虑问题时，国家受害，就要察看谁能从中得到好处；臣下受害，就要考察与他利害相反的人。这就是“利害有反”的道理——君主的驭臣之术才是韩子最为关注的。

骊姬之乱

晋献公之时[1]，骊姬贵拟于后妻[2]，而欲以其子奚齐代太子申生[3]，因患申生于君而杀之[4]，遂立奚齐为太子。

注释：[1] 晋献公：名诡诸，晋武公之子，在位二十六年。[2] 骊（lí）姬：晋献公宠妾，骊戎国君主之女。贵：地位显贵。拟：比拟。后妻：君主的正妻。[3] 奚齐：晋献公庶子，骊姬所生。献公逝世后，奚齐得立，后大夫里克等欲纳重耳而杀奚齐。[4] 患：害。

译文：晋献公的时候，宠妃骊姬的地位高贵，可与正室相比拟。骊姬想让自己的儿子奚齐取代申生成为太子，因此在献公面前谗害申生并杀了他，终于立奚齐为太子。

骊姬的野心

骊姬大概是先秦时期最狠毒的美女。与夏之妹喜、商之妲己、周之褒姒并列“四大妖姬”——这几位被骂作是“红颜祸水”，其实很多时候，“红颜祸水”不过是男人们丢掉江山之后的替罪羊而已。但骊姬可真是阴险毒辣的狠角色，晋国的动乱就是她一手导演的。

骊姬本为骊戎国君之女，姿色艳美。晋献公攻打骊戎，俘虏了骊姬，并不顾百官阻拦，将她纳入后宫，立为夫人。后来骊姬生下一子奚齐，为了让儿子继承国君之位，骊姬开始设计铲除潜在的竞争对手。晋献公的儿子中，最有可能继承国君之位的三个儿子是太子申生、公子重耳和夷吾。骊姬先是唆使晋献公，命申生攻打戎狄，想让他战死，没想到申生却安然无恙，于是又在晋献公的肉中下毒，嫁祸给申生，申生因此含冤自杀。之后骊姬继续陷害夷吾和重耳，吓得二位公子逃离都城，在外流亡避祸，晋国彻底走向动乱。

骊姬之乱自然是晋国的不幸。不过韩子更为关注的是：骊姬为何能动乱晋国？答案非常明确：“贵拟于后妻。”作为妃子，骊姬的地位可以和君主的正妻匹敌，这就是“参拟内争”——不同地位、不同名分的人彼此越位而争权夺利，这除了导致混乱，还能有别的结果吗？韩子说：“参拟之势，乱之所由生也，故明主慎之。”等级名分混乱的局面是产生祸乱的根源，所以英明的君主一定要慎之又慎。他还说“主妾无等，必危嫡子”，强调等级不可错乱，否则必然导致危险。韩子是知道问题的严重性的，所以反复强调法令、制度的不可混乱，强调等级、名分的不可僭越，这是他一贯的主张。

这样看来，乱子还是出在了晋献公身上。倘若没有骊姬等级名分的越位，就没有宠妾上位的可能，晋国也就不会被搅得一塌糊涂了。至于骊姬本身的野心与狠毒倒是其次的，毕竟，野心没有了滋长的条件，野心家也就没有了作恶的空间。

《外储说左上》

买椟还珠

楚人有卖其珠于郑者[1]，为木兰之椟[2]，薰以桂椒[3]，缀以珠玉[4]，饰以玫瑰[5]，辑以翡翠[6]。郑人买其椟而还其珠。此可谓善卖椟矣，未可谓善鬻珠也[7]。

注释：[1] 郑：古国名，周代诸侯国之一，故址位于今河南省中部。[2] 木兰：香木名，又名杜兰、林兰，皮似桂而香。椟（dú）：匣子。[3] 薰（xūn）：通“熏”。桂椒：肉桂及山椒，泛指高级香料。[4] 缀：装饰，点缀。珠玉：珍珠和玉。[5] 玫瑰：一种赤色美玉。[6] 辑：连缀。翡翠：绿色的玉。[7] 鬻（yù）：卖。

译文：楚国有人要卖宝珠给郑国人，用木兰制成匣子，以高级香料熏香，匣子上点缀珠宝，装饰红色的美玉，堆集绿色的翡翠。郑国人买了匣子，却把里面的珠子还给了楚国人。这称得上善于卖匣子，谈不上善于卖宝珠。

本末倒置

韩子曾评价当时的各种学说，认为最有影响的还是儒家与墨家，“世之显学，儒、墨也”。儒家自不用说，就墨家来看，其地位的确不容小觑。墨家的影响尽管很大，可是墨子的文章却写得“质木无文”，语言朴素单调，没有什么文采。楚王对此很是不解，有一次就问当时一位名叫田鸠的墨家人物，墨子的文章为何如此？于是田鸠便讲了两个故事，一个就是这个“买椟还珠”，还一个是“秦伯嫁女”：

> 昔秦伯嫁其女于晋公子，令晋为之饰装，从衣文之媵七十人。至晋，晋人爱其妾而贱公女。此可谓善嫁妾，而未可谓善嫁女也。

秦伯嫁女时，让晋国负责女儿的妆饰，反倒把陪嫁的媵妾打扮得特别漂亮。结果是，晋人看重陪嫁的媵妾却轻视秦伯之女。这就是善于嫁妾而不善于嫁女，主次完全颠倒了。

楚人鬻珠不是嘲笑郑人的不识珠宝，而是讽刺楚人的不分主次；同样，秦伯嫁女也不是嘲笑晋人的不知贵贱，而是笑话秦伯的不辨轻重。田鸠用这两个故事来说明：墨子的文章之所以不雄辩、不华丽，是因为他的文章核心是传播先王的大道、评论圣人的言谈，进而告诉今人该怎么做。如果是文采斐然、辞藻华丽，就会使人关注文辞本身而忘了它经世致用的价值，从而“以文害用”。这就和买椟还珠、秦伯嫁女一样，都是主次不分、本末倒置了。田鸠的这个道理讲得很好，很多时候，我们真的就是这样偏离了根本的目的。

买椟还珠、秦伯嫁女还暗含着一个意思，那就是对外在形式之美的否定。郑人之所以会买椟还珠，是因为匣子修饰得太精美；晋人之所以会贵妾轻女，也是因为媵妾妆饰得太漂亮。韩子是纯粹的实用主义者，所以，他反对一切的虚浮无用，包括外在的文饰，更何况楚人、秦伯还用错了对象。甚至，韩子连文章的词采也予以反对，认为是华而不实，乃至妨害实用，尽管他自己的文章写得非常精彩。这就不免走人了另一个极端。怎样的文章才算好？固然要追求思想的典雅纯正，可是也不能没有了文采辞藻的形式之美。在“质”与“文”的关系问题上，还是孔老夫子说得好：“质犹文也，文犹质也。文质彬彬，然后君子。”

射稽之讴

宋王与齐仇也[1]，筑武宫，讴癸倡[2]，行者止观[3]，筑者不倦。王闻，召而赐之。对曰：“臣师射稽之讴又贤于癸[4]。”王召射稽使之讴，行者不止，筑者知倦。王曰：“行者不止，筑者知倦，其讴不胜如癸美，何也？”对曰：“王试度其功[5]。”癸四板[6]，射稽八板；擿其坚[7]，癸五寸[8]，射稽二寸。

注释： [1] 宋：周代诸侯国名，在今河南东部及山东、江苏等部分地区。齐：古国名，在今山东北部和河北东南部，前221年为秦所灭。[2] 讴癸（guǐ）：名为癸的歌手。讴，歌唱。倡：通“唱”。[3] 行者：路上走的人。[4] 射稽：人名，生平不详。[5] 度：计算。功：成效。[6] 板：筑土墙用的夹板，一板长一丈，宽二尺。[7] 擿（zhì）其坚：陈奇猷《新校注》：“谓碓土使坚也。”[8] 寸：长度名，一指宽为寸。

译文： 宋王与齐国作对，修筑武宫。歌者癸唱歌，路过的人都停下来观看，建筑工人不知疲倦。宋王听说后，召见了癸并赏赐他。癸说：“我的老师射稽唱歌比我更加优秀。”宋王召来射稽让他唱歌，行人不停步，建筑工人感觉疲倦。宋王说：“行人不停，建筑的人感到疲倦，射稽的歌声不如癸的好，这是为什么？”癸回答说：“大王您可以算算我们的成效。”癸唱歌时修筑了四板，而射稽唱歌时有八板；又检查墙的坚硬程度，癸唱歌时所筑的墙能戳进去五寸，而射稽的只戳进去两寸。

讴癸之论

中国传统的书画家们往往会在赠予给他人的书画作品

上写上“补壁”，表明自己的作品似乎只能拿来糊墙，这是一个很有意思的话题，特别是涉及到了艺术性与实用性的问题。韩子对这个问题也作了独特的回答。

在“射稽之讴”这则故事之中，无论是癸的歌声让“行者止观，筑者不倦”，还是射稽之讴使得“行者不止，筑者知倦”，都可以看出艺术对于人们建筑劳动产生的影响。当宋王好奇为何癸认为射稽唱得比自己好时，癸说他自己唱歌时，人们筑了四板墙，射稽唱歌时，人们却筑了八板墙。并且人们在癸唱歌之时所筑的墙，可以用东西砸进五寸，而人们在射稽唱歌之时所筑的墙，却只能砸进二寸。癸从自己与射稽二人的歌唱艺术所取得的实际功效，判断二人歌唱水平的高低，由此可见，癸是实用主义的代表。不过实用与否，的确是影响中华民族艺术审美的重要因素。从“美”的本义来看，《说文解字》就说：“美，甘也。从羊从大，羊在六畜，主给膳也。”“羊大”之所以为美，关键在于好吃。并且从考古发掘来看，无论是山顶洞人用石砾与兽骨精心的制作的“饰品”，还是原始陶器上龙飞凤舞的图腾；无论是殷商先民们制作的精美的青铜器，还是三星堆的“太阳神鸟”……先民们制作的大多数器物似乎本身就潜藏着实用与审美的双重意蕴。

癸不过是韩子思想的代言人，对于崇尚功利主义的韩子而言，那些没有任何现实功用的奇巧淫技，不以实际功用为目的的技艺与文艺活动，皆在其批评反对之列：他既嘲笑买椟还珠的郑人，也讥讽将木椟制作得过于精美的楚人；他轻视墨子耗时三年而成的木鸢；他排斥工匠为周君制作的画策，因为画策虽“尽成龙蛇禽兽车马，万物之状备具”，但其实用性不过同一般的简策一样。韩子认为战国时期诸侯国之间“争于气力”，使用过多的人力物力从事不能取得实际功效的活动，会分散民力，他认为“事智者众，则法败；用力者寡则国贫：此世之所以乱也”。歌唱艺术之类的“事智”之举，被韩子看作是“不务正业”，君主应当严加控制。

韩子以孤愤不遇的法术之士自居，他不是不理解孔子为何闻韶乐而三月不知肉味，也不是不知道艺术无功利性的审美功能而加以排斥，他只是“以功用为之的彀”，认为这些虚无的艺术无功于治，没有实际的意义罢了。这是他的思想局限。不过值得注意的倒是：在“娱乐至死”的年代讴癸之论也有其现实意义。

棘刺母猴

宋人有请为燕王以棘刺之端为母猴者[1]，必三月斋[2]，然后能观之。燕王因以三乘养之[3]。右御冶工言王曰[4]：“臣闻人主无十日不燕之斋[5]。今知王不能久斋以观无用之器也，故以三月为期。凡刻削者[6]，以其所以削必小。今臣冶人也[7]，无以为之削，此不然物也[8]。王必察之。”王因囚而问之，果妄[9]，乃杀之。冶人谓王曰：“计无度量[10]，言谈之士多‘棘刺’之说也。”

注释 [1] 棘（jí）刺：荆棘芒刺。母猴：猴的一种。也叫沐猴、猕猴、马猴。[2] 斋：古人在祭祀或举行其他典礼前清心寡欲，净身洁食，以示庄敬。[3] 乘：方六里土地为一乘，此处指以土地所上缴赋税作为俸禄。[4] 冶工：锻造金属器物的工人。[5] 燕：通“宴”，宴饮。[6] 刻削：雕刻。[7] 冶人：即冶工。[8] 不然：不合理。[9] 妄：虚妄。[10] 度量：标准。

译文 宋国有人请求为燕王在荆棘芒刺的尖端刻一只猕猴，但是要求燕王必须三个月不饮酒、不食肉、清心寡欲，才能让他看到所刻的猕猴。于是燕王用三乘土地的俸禄养着宋人。一位冶炼工匠进言燕王道：“臣下听说，君主没有长达十天不沾酒肉的斋戒。宋人知道大王您不能长久斋戒去观赏这种没有实际价值的东西，因此将斋戒的时长定为三个月。凡是雕刻的事物，刻刀必然比要刻的东西更小。现在臣下作为冶炼的工匠，无法锻造出比荆棘顶端还要小的刻刀，这是不可能存在于生活中的物件，大王一定要明察。”燕王于是囚禁宋人并盘问他，果然是信口胡说，便把他杀了。冶工对燕王说道："事情的谋划如果没有固定的考量标准，那么上言的人就大多是'棘刺猕猴'这样虚妄的言辞。"

傻子与骗子

"皇帝的新装"是丹麦童话作家安徒生的经典童话。安徒生讲的这个故事之所以好，不是在于骗子，而在于"傻子"——"傻子太多了，骗子不够用"。骗子声称，只有傻子才看不到他们做的衣服。这就把国王、大臣、百姓等一大群人硬是从"假傻子"变成了"真傻子"。只有那个小朋友是清醒的，他喊出了第一声真相。

《韩非子》中也有这样的故事，"棘刺母猴"就是一个"韩版"的"皇帝的新装"。燕王在听到"棘刺母猴"这种堪比今日微雕的谎言后，非但毫不怀疑，还在明知自己无法做到三月斋戒的情况下，白白养着骗子，这水平也就和那位裸体出行的国王差不多了。若不是冶工上言，揭露了实情，还不知他要被蒙骗多久。

燕王之所以会受骗，固然是由于他因沉迷玩物而丧失理性，对虚妄的言辞不能用客观事实来判断；进一步说，他的愚蠢，并不是一个智商的问题，而是一个权力的问题：因为拥有至高无上的权力，所以丧失了基本的判断。可见，回到常识是何等的困难！同样，说出常识也是何等的艰难！这就是权力对于智慧的遮蔽。历代君主中多不乏听信骗子一面之词就丧失理性的人，即便是秦皇汉武这般引领风骚的人物，也会被所谓的长生不老之药骗得团团转，花费大量的物力人力去"找仙人、采仙草、求仙丹"。可是历史上又有哪个皇帝能不老不死呢？事实就摆在眼前，他们却回不到现实。冶工能识破骗局，也只是回到了常识、并且说出了常识而已。只有真实与虚妄的对比才能让燕王清醒过来。

韩子的文章素来一针见血，冶工最后说的话也正是他要告诫君主的事：对于臣民的言辞应当有衡量的标准，否则就会出现许多“棘刺刻猴”这类随意编造的虚假言辞。臣民向君主陈述自己的主张，君主按照他们的言论分配相应的事情，之后加以考量。所谓衡量标准就是对实际情况的理性考察与核实，“审合刑名”，“循名实而定是非，因参验而审言辞”。事情的成效符合最初的言论，就给予奖赏；反之则进行责罚，这样才能杜绝妄言、不受欺骗。

白马非马

兒说[1]，宋人，善辩者也[2]，持“白马非马也”服齐稷下之辩者[3]。乘白马而过关[4]，则顾白马之赋[5]。故籍之虚辞[6]，则能胜一国；考实按形，不能谩于一人[7]。

注释 [1] 兒（ní）说（yuè）：战国时宋国人，名家人物。[2] 善辩：善于说辞。[3] 白马非马：公孙龙《白马论》：“马者所以命形也，白者所以命色也；命色者非命形也；故白马非马。”意为“马”是指形体的概念，“白”是指颜色的概念，指颜色的概念不是指形体的概念，所以说“白马”不是“马”。稷下：指战国齐都城临淄西门稷门附近地区。齐威王、宣王曾在此建学宫，广招文学游说之士讲学议论，成为各学派活动的中心。[4] 过关：通过关口。[5] 顾：通“雇”，交纳。赋：税。[6] 籍：通“借”，凭借。虚辞：浮夸不实的言论。[7] 谩（mán）：欺骗，蒙蔽。

译文 兒说，宋国人，他擅长辩论，用“白马不是马”的观点说服了齐国稷下的辩论者。然而当他骑着白马经过征税关卡时，还是要按照马的标准纳税。因此，凭借虚假的言论，能压倒一国；但是考察实际、对照真实具体的事物，那么就连一个人也欺骗不了。

为什么说“白马非马”？

兒说是先秦时期名家的代表人物之一，以擅长论辩著称。名家特别重视名实关系的讨论，其中最为著名的辩题，就是“白马非马”。

“白马非马”，从字面上看，是说白马不是马。可是白马怎么就不是马了呢？其实，这个命题的意思并不在此。它想要表达的是，“白”指事物的颜色，“马”是指事物的类别，这两者应该分开来谈。否则如果称“马”，则不能体现其颜色为白；如果称“白”，则又没有说明种类为马。所以，既不能说“白马”就是“白”，同理，也不能说“白马”就是“马”。

还可以说，“白马”是一个概念，“马”又是一个概念，“白马”的概念是和“马”的概念不同的；而且，“马”是属概念，是上位概念；“白马”是种概念，是下位概念，这两个概念也不可混同而言。这就是“白马非马”。

兒说凭着“白马非马”的辩题，压倒了齐国稷下学宫的辩士们，一时竟没有人能反驳他。然而有意思的是，兒说在学宫高谈阔论，无人能对，但回到现实生活中，过关卡时，马的赋税还是必须上交。守关将士才不管他骑的是白马还是黑马呢，就算是他把“白马非马”的道理讲得再透彻也不行。

“白马非马”的故事据说也发生在名家的另一位代表人物公孙龙子身上，他有一篇《白马论》，就专门讨论这个问题。此外，《公孙龙子·迹府》也讲过一个与此类似的故事。说是楚王打猎的时候丢了弓，他的下属请求寻回，楚王答道：“楚人失弓，楚人得之，何必求也。”孔子得知后认为楚王的胸襟不够宽广：“人遗弓，人得之，何必楚也。”《吕氏春秋·贵公》则进一步说：“老聃闻之曰：去其‘人’而可矣。”意思是不要强调“人”，只说“失之、得之”即可。楚王是将个体的“楚人”与群体的“楚人”等同了起来；孔子则把“楚人”与“人”两个概念等同了起来；老子更是将“人”与“万物”等同了起来。推演起来，其实都是“白马非马”逻辑的翻版。

名家还有很多有意思的辩题，比如“离坚白”“合同异”，以及“指非指”“火不热”等，如果不要将其简单批评成“诡辩”或者“文字游戏”，那么不难看出，名家在对事物的概念与逻辑的认识上，已经达到了很高的境界。不过，此类言辞之辩，在韩子看来就是毫无作用的“虚辞”，都是他极力反对的。所以，“白马非马”既是韩子对名家“虚辞”的批评，更是对功用实效的强调，所谓“籍之虚辞，则能胜一国；考实按形，不能谩于一人”。这也是实用理性对于形式逻辑的简单否定，尽管直接、有效，但总归是没有能在同一个层面上对话。

客为周君画策

客有为周君画策者[1]，三年而成。君观之，与髹策者同状[2]。周君大怒。画策者曰：“筑十版之墙[3]，凿八尺之牖[4]，而以日始出时，加之其上而观。”周君为之，望见其状，尽成龙蛇禽兽车马，万物之状备具。周君大悦。此策之功非不微难也[5]，然其用与素髹策同[6]。

注释：[1] 策：竹简。[2] 髹（xiū）：以漆涂物。[3] 版：通“板”。[4] 牖（yǒu）：窗户。[5] 微难：微妙难能。[6] 素：无色。

译文：有位给周君画竹简的人，三年才完成。周君一看，外观与直接涂漆的竹简一模一样。他很是生气。画竹简的人说：“请筑造十板厚的墙，并在墙上凿开八尺大的窗户，在太阳刚刚升起的时候把画的竹简放到窗子上看看。”周君按照那人的话做了，再看这画的竹简，上面呈现的形状都成了龙、蛇、飞禽、走兽、车马等，万事万物的形状全都具备，周君非常高兴。画此竹简的功力不能不说是精妙难为的，但是它的功用却与直接涂漆的竹简并无不同。

韩子的黑色幽默

“画策”是古代艺术史上一个很有名的故事。宗白华的《美学散步》在讲中国画的线条艺术时曾专门提到过它。这是一种怎样的艺术呢？现在已无法确切考知，应该是讲漆画的高超技艺。策，原文作“筴”，指的是竹简。也有人认为应该是“荚”字，“画荚”就是在豆荚的薄膜上作画，甚至是微雕，那就更是神乎其技了。

客为周君画策，“三年而成”，看来是极其不易的。欣赏时的条件也非常特别，需要加上“黑科技”:“筑十版之墙，凿八尺之牖，而以日始出时加之其上而观。”“十版之墙”大概相当于暗室，“八尺之牖”有可能是投影窗口，“日始出时”则是特定的光源与角度。而其效果也非常震撼:“尽成龙蛇禽兽车马，万物之状备具。”看来不光是绘画的技艺高超，还有特殊的投影技术。

韩子是很会讲故事的。他前面一直说制作一件如此精妙的艺术品是多么的不容易，不仅耗费时力，而且还要有专门的条件才能看到，故事情节也是曲折生动，引人入胜。但是，他最后不动声色地说了一句:“此策之功非不微难也，然其用与素髹策同。”“素髹策”就是没有画过、直接涂漆的竹简，画策的制作尽管精妙难为，但是功用与普通竹简并无不同——画得好是好，却没什么用。

这真是一个黑色幽默。

韩子不是反对艺术，而是反对一切毫无实用价值的文采、言论、修饰、绘画，等等。“言有纤察微难而非务也，故季、惠、宋、墨皆画策也。”像季良、惠施、宋钘、墨翟等人的言论，因为无益于法治，所以都是与“画策”一类的。“以功用为的”去考察，自然一目了然。

《外储说左上》还有一个类似的故事：

> 墨子为木鸢，三年而成，蜚一日而败。弟子曰：“先生之巧，至能使木鸢飞。”墨子曰:“吾不如为车輗者巧也。用咫尺之木，不费一朝之事，而引三十石之任，致远力多，久于岁数。今我为鸢，三年成，蜚一日而败。”惠子闻之曰:“墨子大巧，巧为輗，拙为鸢。”

墨子做的木鸢能够飞行，这是极其了不起的“至巧”。

可是在墨子看来，花三年的时间做成的东西，只飞一天就毁坏，本身是不值当的，其巧反不如制作车輗的人，不讲什么技巧，但是却很实际，经久耐用。

《庄子》中也讲到了一位巧匠，说是鲁国一位名叫梓庆的木匠，用木头雕刻成鐻（悬挂钟磬等乐器的支架），外观精美绝伦，见者皆以为出自鬼神之手，而非一般人力之所能及。鲁侯问他制成的方法，梓庆却回答说：我并没有什么高明的技术，只是斋戒以静心，不敢耗气，不为外物所动，“辄然忘吾有四肢形体也”，从而“以天合天”。

庄子是讲得很高深，可在韩子的眼里，不过是另一种“画策”罢了。

鬼魅易画犬马难

客有为齐王画者，齐王问曰：“画孰最难者[1]？”曰：“犬马难。”“孰易者？”曰：“鬼魅最易。”夫犬马，人所知也，旦暮罄于前[2]，不可类之[3]，故难。鬼魅无形者，不罄于前，故易之也。

注释：[1] 孰：什么。[2] 旦暮：朝夕，谓整日。罄（qìng）：显现。[3] 类：相似，像。

译文：有为齐王画画的客人，齐王问他：“画什么最困难？”答道：“狗和马最困难。”“那画什么最容易？”答：“画鬼怪最容易。”狗和马，是大家都知道的动物，天天能看见，无法与众人眼中最真实的状态画的很像，所以难画。鬼魅没有形貌，人们都没有见过它们的样子，因此容易画。

画家的比喻

按照一般的看法，绘画的难易程度或许和选取对象的复杂与否有关。可是在韩子的认识当中，情况却并非如此。

他讲了另一种意思：有人为齐王作画，齐王询问他：世上什么最难画？此人回到说："犬马难。"那么什么最容易画呢？回答是："鬼魅最易。"这就和我们的理解不一样了。犬马在日常生活中十分常见，观察临摹也极为便利，怎么是最难画的？反过来，鬼怪人所未见，怎么又是最容易画的呢？

韩子的道理讲得很简单："夫犬马，人所知也，旦暮罄于前，不可类之，故难。鬼魅无形者，不罄于前，故易之也。"其实，最难的部分正在于"常见"二字。犬马人人能见，天天可见，再熟悉不过，因此画家需要格外谨慎细心，必须将它们画得形神兼备，否则大家都能从中挑出硬伤来。就像每年的高考作文一样，谁都可以发表几句高论；数理化谁来说两句试试？鬼怪就不同了，大多听说可谁也没见过，画家可以画三头六臂，也可以画青面獠牙，要有人说不像，反问一句即可："你见过吗？"

韩子讲这个故事当然不是为了讨论画画，而是借此来批评当时的社会现象。譬如，不考虑实际情况而高谈阔论，在韩子看来就如同画家所画鬼魅一般不着边际。这一点《后汉书·张衡传》解释得很好："画工恶图犬马，好作鬼魅，诚以事实难作，而虚伪无穷也。"现实与虚幻是全然不同的，想要准确认识事物并将其恰如其分地表现出来，是非常困难的事情。而没有具体的客观标准，就容易导致说话信口开河、做事投机取巧。

所以，《外储说左上》进一步说："言有纤察微难而非务也，论有迂深闳大非用也。"言谈有细致明察微妙难为的，可是不是现实的需要；议论也有遥远迂阔深邃宏大的，可是没有实际的用处。"齐人论画"说的就是这个道理，虚无的鬼魅与实在的犬马是最好的对照！

归根结底，明主治国还是要从实际出发，"以功用为的，以仪的为关"，听取那些切实可信、功用明确的言论，摒弃那些虚无不实、不着边际的言辞。破除虚妄，实事求是，这也是韩子一贯的主张。

卜子之裤

郑县人卜子使其妻为裤，其妻问曰："今裤何如？"夫曰："象吾故裤[1]。"妻子因毁新，令如故裤。

注释：[1] 故裤：旧的裤子。

译文：郑县有个名叫卜子的人，让妻子为他做裤子。妻子问道："新裤子怎么做？"卜子道："就像我的旧裤子那样。"妻子于是将新裤子弄破，使它像旧裤子一样。

新裤子与旧裤子

把新裤子上剪破，开个洞，现在是时尚，以前可就是荒唐、败家了。这样的故事韩子也讲过。

卜子想做条新裤子，结果妻子却给"修新如旧"了。"象吾故裤"的意思是，新裤子的款式和旧裤子一致，然而可怜的妻子却会错了意，以为丈夫的要求是新旧程度要一致，所以直接给开了洞。卜妻的"蠢萌"不禁令人捧腹。而韩子讲这个笑话，正为讽刺当时"法先王"的复古思想，在韩子看来，一味的追求复古而无视时代和社会的发展，就是对圣贤思想机械式的照搬，甚至是对圣贤之意的误解，这样的行为和卜妻为裤一样荒唐可笑。

《韩非子》中还有一个类似的寓言故事——"郑人买履"。说是郑国有个人到集市上买鞋子，提前量好了脚的尺寸。结果到集市后，发现忘了带量好的尺寸。赶紧回家去取，结果回来后集市已经散了。别人问他为什么不直接用脚试鞋，他回答："宁信度，无自信。"宁可相信量好的尺码，也不相信自己的脚。这愚蠢的郑人最后不但没买到鞋，还让人笑话了两千多年。韩子说："夫不适国事而谋先王，皆归取度者也。"脱离了现实情况而去谋求先王之道，都是那种宁可回家取尺寸也不用脚来试鞋的行为。先王之法就好比量好的尺码，现实就是自己的脚，尺码再怎么精准无误，鞋子还是要用脚来试的。鞋子小不小，只有脚知道。

“不期修古，不法常可”，这就是韩子的“与时俱进”。《五蠹》说：“世异则事异，事异则备变。是以圣人不期修古，不法常可；论世之事，因为之备。”这个世界时刻都在发展着、变化着，各朝各代都有不同的社会状况，故而治国的策略方法也要随着变化，需要因时制宜、因事而为，不能墨守成规。商鞅也是如此，他在变法时，曾针对旧贵族的守旧观点说：“治世不一道，便国不法古。故汤武不循古而王，夏殷不易礼而亡。反古者不可非，而循礼者不足多。”治国没有哪一种固定的模式，也没有一成不变的祖宗之法。那些历史上有作为的君主，都是立足现实、勇于革新、勇于变法的。这就是《商君书·更法》所说的“当时而立法，因事而制礼”。事实也证明，商鞅的变法才是秦国强大的根本动力。

欧阳修说：“物无不变，变无不通。此天理之自然也。”天下大势，浩浩荡荡。时代的洪流奔流不息、永远向前，历史也不断淘汰着陈腐、落后的东西。那些动不动就“法先王”、甚至寄希望开倒车的人，和不知变通的卜妻、信守教条的郑人没什么两样。这些道理，两千多年前韩子都给我们说了，今天看起来也依然熠熠生辉。

郢书燕说

郢人有遗燕相国书者[1]，夜书[2]，火不明，因谓持烛者曰：“举烛。”云而过书“举烛”。举烛，非书意也。燕相受书而说之[3]，曰：“举烛者，尚明也；尚明也者，举贤而任之[4]。”燕相白王[5]，王大说[6]，国以治。治则治矣，非书意也。今世举学者多似此类。

注释：[1] 郢（yǐng）：古邑名，春秋战国时楚国都城，今湖北江陵北。遗（wèi）：送交。[2] 书：写信。[3] 说：解释。[4] 举：推荐，选拔。[5] 白：禀报，陈述。[6] 说：通“悦”。

译文： 郢都有人要写信给燕国丞相，晚上写字的时候，蜡烛光线昏暗，于是对拿着蜡烛的人说道：“把蜡烛举高。”说着这句话而误把“举烛”两个字也写到信里了。举高蜡烛，并不是书信本来要表达的意思。燕相拿到书信后却很高兴，说：“举高蜡烛，就是崇尚光明；崇尚光明，就是选拔贤能之人加以任用。”燕相以此禀告燕王，燕王也非常高兴，国家因此而得以治理。国家虽然治理了，但这并非书信的本意。当今世上推举的学者，也大多与燕相类似。

“举烛”的误会

楚国有人给燕相国写信，夜间烛火暗，对拿烛的人说“举烛”，误将“举烛”写在信上。燕相得信后，把“举烛”理解为让他任用贤者，于是劝说燕王照此去做，结果国家大治。然而这并非书信的本意。所以人们用以指穿凿附会、曲解原意。

郢人误书“举烛”，固然是无心之失；可是燕相凭自己的主观想法加以解释，则更是一种过度阐释。由此，一根小小的蜡烛竟然担负起了治理国家的重任，“举烛”二字则由误书也成了治国的良策。结果尽管有益于国家，可不得不承认，这完全是出于误打误撞，而非书信本意。燕相这种不加参验的态度，在韩子看来是不可取的。

故事最后是韩子的感慨：“治则治矣，非书意也。”国家虽然治理了，但是这不是书信的原意。在韩子看来，当时的学者大多就是燕相这样的人，打着“法先王”的旗号解读先王言论。先王的话语或许只是偶为之，就像是郢人不小心写错了字，并没有实际的意义。而学者们就先王的只言片语穿凿附会，生出无限妄作，还宣称先王本来就是那样，以此来宣扬自己的主张，达到托古改制的目的。所以，学者对先王言论的主观臆断，并不是真正靠谱的治国之策。君主还是应当加以辨别，不要盲目崇尚。

韩子所批评的郢书燕说，并不是偶然事件。《外储说左上》还有类似的故事。说有一个宋国人看到书上写着“绅之束之”，便用重叠的带子把自己束起来。别人问他为什么这么做，他回答说：“书上是这么说的，当然要这么做。”书中的绅、束本来是约束之意，针对的是行为与品性，宋人却简单理解为衣着打扮，委实闹出了笑话。

即便是现在，也不乏穿凿附会、断章取义的解读，因而与原有之意相去甚远。譬如，生活中常引用“以德报怨”来说明为人宽宏大度，并且还以此为道德的标杆，然而事实却并非如此。《论语·宪问》载：“或曰：‘以德报怨，何如？’子曰：‘何以报德？以直报怨，以德报德。’”有人问孔子如何看待“以德报怨”的行为，孔子主张对等的回报。所以，所谓的“以德报怨”，恰恰和孔子的本意相反，不过是对《论语》文本的误读罢了。

好贤之弊

赵主父使李疵视中山可攻不也[1]。还报曰：“中山可伐也。君不亟伐，将后齐、燕。”主父曰：“何故可攻？”李疵对曰：“其君见好岩穴之士[2]，所倾盖与车以见穷闾隘巷之士以十数[3]，伉礼下布衣之士以百数矣[4]。”君曰：“以子言论，是贤君也，安可攻？”疵曰：“不然。夫好显岩穴之士而朝之[5]，则战士怠于行阵；上尊学者，下士居朝，则农夫惰于田。战士怠于行陈者[6]，则兵弱也；农夫惰于田者，则国贫也。兵弱于敌，国贫于内，而不亡者，未之有也。伐之不亦可乎？”主父曰：“善。”举兵而伐中山，遂灭也。

注释：[1] 不：通“否”。[2] 好（hào）：喜好。岩穴之士：指隐士。古代隐士多居于山中，故称。[3] 盖：车篷或伞盖，遮阳避雨的用具。穷闾（lǘ）：陋巷，穷人所居的里巷。隘巷：狭窄的巷子。与：和，同。[4] 伉（kàng）礼：以平等的礼节相待。布衣：借指平民。古代平民不能衣锦绣，故称。[5] 朝：拜访。[6] 陈：通“阵”。行阵，行伍军阵，指军队。

译文: 赵武灵王派李疵察看中山国能否攻打。李疵回报说："中山国可以攻打。您不快点攻打，就要落在齐国、燕国后面了。"赵武灵王说："为什么说可以攻打呢？"李疵回答说："中山国的君主十分喜欢亲近隐士。倾斜车盖也要挤进狭窄的陋巷，以及用与人同车的亲密方式来显扬的住在那里的隐士，要用十来计算。降低自己的身份，用平等礼节对待的不做官的读书人，要用百来计算。"赵武灵王说："依照你说的话判断，是贤明的君主，怎么可以攻打？"李疵说："不是那样的。喜好彰显隐士，总是去拜访他们，那战士就会怠惰于军阵；君主尊重学者，文士在朝廷当官，那农夫就懒于耕作。战士惰于军阵，兵力就弱；农夫惰于农耕，国家就贫穷。兵力比敌人弱，国家内部又贫穷，这样还不灭亡的，从来没有过。攻打它不也是可以的吗？"赵武灵王说："好。"于是发兵攻打中山，把它灭掉了。

好贤与任能

韩子在《亡征》篇中对可能导致国家败亡的原因进行了细致的总结，一连列举四十七种可能导致国家灭亡的征兆，其中有一条就是："境内之杰不事，而求封外之士，不以功伐课试，而好以各问举错，羁旅起贵以陵故常者，可亡也。"中山君正是如此。他也许怎么也不会明白，他的"礼贤下士"竟然会成为亡国的原因。

韩子认为如果国君放着国内的杰出人才不用，反而去搜罗国外的人士，不按照功劳考核政绩，而凭借名望任免官员，游士升为高官而凌驾于本国原有大臣之上，则可能导致国家灭亡。这些"士"或与中山君越级拔擢的士人略有不同，但相同之处在于，都未经过"功伐课试"就委以重任。

中山君既然是礼贤下士的贤德之君，怎么能够讨伐呢？看韩子的用人思想就能知道，李疵之论为何会被韩子借赵主父之口称"善"了。韩子"尚能抑贤"，"能"与

“贤”虽在一定程度上存在交集，但在韩子看来，二者主要的区别在于“能”经得起“名实参验”“功伐课试”，而“贤”往往伴随着他对于儒家学说中“贤人政治”的批判，被划为徒有虚名的“无能”奸邪。一方面，韩子认为贤名可以通过对民众“行私惠”而获取，但至于贤人是否名副其实、是否有治国理政的真才实学，那就要君主通过“众端参观”“一听责下”的方式，对他们进行全面观察和考核，看看他们是不是能抓住老鼠的“好猫”。

国君虽有“好贤”之名，但其所认为的贤人，并非是真正的“能人”。韩子还举例说“郑子都贤庆建而壅焉，燕子哙贤子之而壅焉”，庆建、子之皆君主不必贤的伪贤奸臣，他们一旦得势，就会挟持国政，蒙蔽君主。另一方面，韩子认为中山君所尊崇的“岩穴之士”“穷闾隘巷之士”“布衣之士”等，自身本就“竞于为高而不合于功”，可谓是以毛相马。而中山君之所以尊崇他们，也犯了“美其声而不责其功”的错误。韩子认为他们虽然在道德方面才高行洁，却并不讲究实际的功效，务虚而不务实，与战国时期的治国要道南辕北辙，必然带来隐患。

李疵认为“中山可攻”，主要原因在于中山君“好显岩穴之士而朝之”。因为君上喜好贤良仁义的美名，身份低微且无实才的“士”就会依靠“贤名”身居高位，“下士”白日升天的晋升之道，既无风吹日晒的耕作之苦，也无曝尸荒野的战死之忧；既无拽耙扶犁之劳，也无斩将搴旗之功。而韩子认为人性莫不趋利避害，既有如此终南捷径，那么无论是士兵还是农民，皆会投君主之好，竞相效仿，如果“民之所誉，上之所礼”的道德贤人，并非战国时期“争于力气”的治国能臣，最终会导致“兵弱于敌，国贫于内”。

“好贤”与“任能”，虽并非不能混为一谈，但“任能”却往往基于“好贤”，按照韩子的用人思想“故有术之主，信赏以尽能，必罚以禁邪，虽有驳行，必得所利”，懂得以“术”御下的君主，就连行为并不检点的臣子也能尽其所用，获得实利，何况那些品德高尚的人呢？所以中山君

“好贤”为国家带来的不幸，应归咎于他徒有好贤之名而无期于实用的“任能”之实。

齐桓公好服紫

齐桓公好服紫[1]，一国尽服紫。当是时也，五素不得一紫[2]。桓公患之[3]，谓管仲曰：“寡人好服紫，紫贵甚，一国百姓好服紫不已[4]，寡人奈何？”管仲曰：“君欲止之，何不试勿衣紫也？谓左右曰[5]：‘吾甚恶紫之臭[6]。’于是左右适有衣紫而进者[7]，公必曰：‘少却[8]，吾恶紫臭。’”公曰：“诺[9]。”于是日，郎中莫衣紫[10]；其明日，国中莫衣紫[11]；三日，境内莫衣紫也。

注释 [1] 服：穿。[2] 素：白色生绢。[3] 患：忧虑。[4] 已：停止。[5] 左右：近臣，侍从。[6] 恶（wù）：厌恶。臭（xiù）：气味。[7] 适：恰好。[8] 却：后退。[9] 诺：表示同意、遵命的答应声。[10] 郎中：官名，君主的侍从。[11] 国中：王城之内。

译文 齐桓公喜欢穿紫色的衣服，全国人就都穿紫色的。在那时，五匹没有染色的布还抵不上一匹紫色的布。桓公为此忧虑，问管仲道：“我喜欢穿紫色的衣服，紫色布料格外贵，但国内的百姓都喜欢穿紫色衣服停不下来，我该怎么办？”管仲道：“大王您想制止这种情况，为什么不试试您自己不穿紫色的呢？并且要对您身边的人说‘我很厌恶紫衣服的气味。’这时如果近身侍从里正好有穿着紫色衣服上前的人，您一定要说：‘你稍微后退，我讨厌紫色衣服的气味。’”桓公答道：“好。”方法施行的当天，郎中就没有穿紫衣服的了；第二天，国都的人都不穿紫衣服了；三天后，整个齐国都没有穿紫衣服的。

上有所好，下必甚焉

上有所好，下必甚焉！这个道理讲得很早，也讲得很久。可是，“天下莫不知，莫能行”，从古到今，很少有人真正能以之为戒。据说楚灵王喜好纤纤细腰，于是宫中的女子因此节食减肥而多有饿死——减肥的历史也是很早的。《墨子·兼爱》说：“昔者楚灵王好士细腰，故灵王之臣皆以一饭为节，胁息然后带，扶墙然后起。比期年，朝有黧黑之色。”这大约是极为典型的一个例子。

齐桓公是春秋的第一霸主，他曾助燕败北戎，援救邢、卫，阻止夷狄进攻中原，安定周王室内乱，九合诸侯，当真无愧于五霸之首！然而即使是齐桓公这样的雄主，也不免陷入“上有所好，下必甚焉”的怪圈。他因为喜欢穿紫色的衣服而使得全国一片紫色，看上去大概就像是一片茄子园。喜好紫色并没有什么不对，问题是，紫色的布要远远贵于普通的素布。这就不是一个简单的喜好，而是关乎国家经济民生的问题了。齐桓公意识到了这一点，但却无法阻止国人的喜好。好在有管仲，他给桓公找到了解决问题的办法，那就是从另外一个方面做示范，“上之不好，下亦不从”。

韩子假借孔子之口说：“为人君者，犹盂也；民犹水也。盂方水方，盂圆水圆。”国君是什么样子，民众的面貌也会是什么样子，正所谓“吴王好剑客，百姓多创瘢；楚王爱细腰，宫中多饿死”。这就是君主的巨大影响力，可惜，这个影响力是反面的。

《外储说左上》中还有一则类似的故事。邹国国君“好服长缨”，“缨”就是帽带。邹君的这一喜好同样引起了举国民众的效仿，纷纷佩戴长缨，导致帽带价格暴涨，从而引起了邹君的担忧。于是他出巡时剪断了自己的长帽带，从而阻止了这股因自己而风靡的潮流。

无论是齐桓公还是邹君，都是通过先改变自己、进而影响民众的方式，来扭转社会的风气。这样的做法的确取得了显著的成效，但在韩子看来，则还停留在人治的阶段，并不是理想的状态。“君不能下令为百姓服度以禁之，断缨出以示先民，先戮以莅民也。”“戮”就是辱。君主不能下令制定出佩带的标准来加以禁止，却割断自己的帽带出巡，以示为民先导，这是先行侮辱自己再去指导民众的做法。民众的言行举止、穿戴风俗，不应该由国君个人的行为去引导和改变，而是应该将其纳入法令的管理范围。

对于国家而言，穿衣戴帽自然是琐碎小事，无关国运盛衰，但人治与法治孰优孰劣，却由此得以清晰地展现。所以，国家治理必须摆脱人治，纳入到完善的法治体系之中。

另一方面，《诗经·小雅·节南山》说："不躬不亲，庶民不信。"《论语·颜渊》也说："君子之德，风；小人之德，草。草上之风必偃。"君主只有亲身示范，才能带动普通的民众，这才是榜样的力量。

泓之战

宋襄公与楚人战于涿谷上[1]，宋人既成列矣[2]，楚人未及济[3]，右司马购强趋而谏曰[4]："楚人众而宋人寡，请使楚人半涉未成列而击之，必败。"襄公曰："寡人闻君子曰：'不重伤[5]，不擒二毛[6]，不推人于险，不迫人于厄[7]，不鼓不成列。'今楚未济而击之，害义。请使楚人毕涉成阵而后鼓士进之[8]。"右司马曰："君不爱宋民，腹心不完[9]，特为义耳[10]。"公曰："不反列，且行法。"右司马反列。楚人已成列撰阵矣，公乃鼓之。宋人大败，公伤股[11]，三日而死。此乃慕自亲仁义之祸。夫必恃人主之自躬亲而后民听从，是则将令人主耕以为食、服战雁行也民乃肯耕战[12]，则人主不泰危乎[13]？而人臣不泰安乎？

注释： [1] 宋襄公：春秋时期宋国国君，名兹父。齐桓公死后，与楚国争霸。前638年伐郑，与救郑的楚兵战于泓水（今河南柘城西北）受伤，《春秋》载其次年伤重而死。涿（zhuō）谷：地名。[2] 成列：形成队列。[3] 济：过河。[4] 右司马：官名，掌军政与军赋。楚有大司马、左右司马，职位仅次于令尹。购强：子鱼，即目夷，宋桓公子，襄公庶兄。趋：快走。[5] 重（chóng）伤：再次伤害已经受伤的人。[6] 二毛：头发有黑白两种颜色，指老年人。[7] 厄：困厄。[8] 毕：全。[9] 完：保全。[10] 特：只是。耳：语气词，与而已、罢了同义。[11] 股：大腿。[12] 服：从事，致力。雁行：阵名。横列展开，似飞雁的行列，故名。[13] 泰：通“太”。

译文：宋襄公与楚国人在涿谷交战。宋军已经排好阵列了，楚军还没来得及渡河。右司马购强快走上前劝谏说：“楚军多，宋军少，请在楚军渡河到一半、还没有排成阵列的时候攻击他们，一定能击败他们。”襄公说：“我听君子说：‘不伤害已经受伤的人，不俘虏老人，不把人推入危险的境地，不迫使别人陷入困厄，不击鼓进攻还没有排成阵列的军队。’现在楚军还没有过河就攻打他们，是妨害道义。请让楚军都过河并排好阵列之后，再击鼓让士兵进攻他们。”右司马说：“您不爱宋国民众，不保全国家根本，只不过是为了所谓的道义而已。”襄公说：“再不返回队列，就实行军法。”右司马返回到队列之中，楚军已经排好队列出阵势了，襄公才击鼓进攻。宋军大败，襄公伤到了大腿，三天就死了。这就是追求亲自实行仁义的祸患。如果一定要君主亲自去做事情之后民众才听从，那就是让君主自己耕种吃饭、打仗入阵，民众才愿意耕种作战，那么君主不是太危险了吗？而臣子不是太安逸了吗？

亲慕仁义之祸

春秋时期的战争还较多地残存着“礼”的痕迹，用兵作战讲究“师出有名”“师直为壮”。例如城濮之战，晋文公信守承诺退避三舍；齐晋鞌之战，齐侯不射“君子”韩厥，韩厥“再拜稽首，奉觞加璧”面见被俘虏的齐侯……皆是军礼残留的印记。本则寓言中的宋襄公心慕仁义之名，奉行“不重伤，不擒二毛，不推人于险，不迫人于阨，不鼓不成列”的军礼信条，不听右司马的建议，坚持等到楚军完全渡河成列之后才以寡击众，最终在涿谷之战中身受重伤，后亦因此一命呜呼。在韩子看来，宋襄公虚慕仁义之名，以身涉险，并非明智之举。

右司马购强认为宋襄公徒慕仁义之名，宁愿对敌人姑息也不爱护自己的国民。诚然，除了国民而言，宋襄公以身家性命换来仁义之名，代价似乎有些太大了。根据《左传·僖公二十二年》的记载，子鱼又有一番议论，子鱼认为宋襄公不懂用兵作战，面对劲敌当掌握稍纵即逝的战机，即便是敌人处于险恶之地，乘机进攻，又有什么不可呢？即便敌人是年纪很大的人，能俘虏就抓回来，还管他们是不是什么头发斑白的人呢？根据《史记·宋微子世家》的记载，子鱼还说："兵以胜为功，何常言与！必如公言，即奴事之耳，又何战为？"军事行动本来目的就是为了战胜敌人，取得胜利，怎么能用宋襄公所坚守的军礼来论列是非呢？如果一定要按照军礼，只用对敌人俯首称臣罢了，又何必与之发生战争呢？司马购强和子鱼不合春秋时期战争礼仪的"便宜行事"，预示着春秋至战国，诸侯国之间由"绅士战争"到"灭国之战"的发展趋势。正所谓"对敌人仁慈就是对自己残忍"，他们的言论也的确说清了在血肉横飞的军事战争之中，对敌人讲求仁义，究竟是虚伪的。

韩子处于"争于气力"的战国时期，军事战争愈发频繁，愈发惨烈，故而将宋襄公的兵败身死定性为"慕自亲仁义之祸"。一方面，韩子批评"仁义"，韩子并不相信儒家鼓吹的仁义道德，将儒家奉为圭臬的尧舜之道也批评为"愚诬之学"（《韩非子·显学》）；另一方面，韩子认为，君主不必亲自追求仁义之名，也不必身先士卒地亲自以身涉险，去到你死我活的战场之上，而是应以"法""术""势"三位一体，实现天下大治理。在韩子看来，如果君主不能运用"法""术""势"使得臣下为己所用，那么就是无能的表现，这样势必会身处"君劳臣逸""君危臣安"的被动之中，故事中的宋襄公正是犯了这"两条大忌"，最终失败。

值得注意的是，按照《史记·宋微子世家》的记载，宋襄公并非受伤之后"三日而卒"，而是于泓之战后次年（前637年）伤发而亡，这与《韩非子》记载不同。先秦诸子引用或改写故事，只为胸中的一番议论，言之成理罢了，因此我们亦不必对故事与史实是否相符心怀执念。

曾子教子

曾子之妻之市[1]，其子随之而泣，其母曰："女还[2]，顾反为女杀彘[3]。"适市来，曾子欲捕彘杀之。妻止之曰："特与婴儿戏耳[4]。"曾子曰："婴儿非与戏也。婴儿非有知也，待父母而学者也，听父母之教，今子欺之，是教子欺也。母欺子，子而不信其母，非以成教也。"遂烹彘也。

注释：[1] 曾子：曾参，字子舆，春秋时鲁国武城（今山东费县西南）人，孔子弟子。[2] 女：通"汝"，你。[3] 反：通"返"。顾反，返回。彘（zhì）：猪。[4] 特：只是。耳：语气词，与而已、罢了同义。

译文：曾子的妻子要到集市上去，孩子边跟着母亲边哭，于是母亲说："你先回去，我回来就给你杀猪。"等妻子从集市上回来后，曾子准备把猪抓来杀掉。妻子阻止他说："我只是和孩子闹着玩而已。"曾子道："小孩子是不能闹着玩的。他们还没有自己的认知，要效仿父母的行为，听从父母的教诲。现在你欺骗孩子，就是教他如何欺骗。母亲骗小孩，小孩就不相信母亲，这不是教育孩子的方法。"于是把猪杀掉煮了。

从教育孩子说起

教育孩子是个很难的问题，尤其是自己的孩子。你把他当成人来教育，他却喊你爹妈；你把他当小孩子看，他却又要和你讲道理。这就很麻烦了，所以古人说要"易子而教"。

《孟子·离娄》中说：

> 公孙丑曰："君子之不教子，何也？"孟子曰："势不行也。教者必以正，以正不行，继之以怒。继之以怒，则反夷矣。'夫子教我以正，夫子未出于正也。'

则是父子相夷也。父子相夷，则恶矣。古者易子而教之，父子之间不责善。责善则离，离则不祥莫大焉。”

公孙丑所问的“君子不教子”，就是父子之教的问题。孟子所说的“势不行”，就是情势无法行得通。“教者必以正，以正不行，继之以怒。继之以怒，则反夷矣。”夷，就是伤，反夷，就是反伤。父子因为追求正道的原因反倒相互伤害感情，这不是教育的目的。所以要“易子而教”，从而避免因求其好而相责备。这的确是一个普遍的、也实实在在无法回避的困境。

回到曾子的教子之道上来。曾子即曾参，孔门七十二贤之一，他为人忠孝有礼、诚信谨慎。他的“杀猪教子”在历史上非常有名。曾子的妻子为了安抚孩子，答应给孩子杀猪吃肉，其实就是一句哄孩子的玩笑话，不必当真。可是曾子却认为，父母的言行举止对孩子道德品质的养成有着相当深远的影响，一言一行都不能掉以轻心，要慎之又慎。所以曾子坚持履行诺言，以此来表明信用。这个故事后来更多被用来说明教育当中“身教”以及诚信的重要。

韩子讲这则故事，其意更在于说明君主“赏罚必信”的问题。“赏罚不信则禁令不行”，所以，必须明确法令之信赏必罚：“小信成则大信立，故明王积于信。”（《外储说左上》）在小事上讲诚信，守信用，进而就能在大事上建立起信用，得到大家的信任。这依然是商鞅“立木为信”的思路。英明的君主要诚实守信，从而积累自己的声望。打一个比方，君主在臣民心中的声望就好比证券，守信方可升值，失信则会贬值。升值到一定空间，臣民信赖君主，君主发布的政令就会有极佳的实施效果；反过来，如果一直贬值的话，君主恐怕就要被臣民抛弃了。

《外储说左上》中还举了楚厉王的事作为反例。楚厉王有危急情况的时候，会击鼓通知百姓过来防守。有一次，厉王喝醉酒误击警鼓，大家都紧张地跑去守备，厉王却说：“我喝醉了和身边的人闹着玩，不小心击响了鼓。”过了几个月，真的发生了紧急情况，警鼓响起，但这一次却再没能得到百姓的回应。这颇有些类似周幽王“烽火戏诸侯”的故事。所以建立信用是相当困难的，倘若再不去小心维护，君主很容易就会丧失百姓的信任。而一旦信用丧失，国家就很难治理了。

《外储说左下》

功不称劳

田子方从齐之魏[1]，望翟黄乘轩骑驾出[2]，方以为文侯也，移车异路而避之，则徒翟黄也。方问曰：“子奚乘是车也？”曰：“君谋欲伐中山[3]，臣荐翟角而谋得果[4]；且伐之，臣荐乐羊而中山拔[5]；得中山，忧欲治之，臣荐李克而中山治[6]，是以君赐此车。”方曰：“宠之称功尚薄[7]。”

注释：[1] 田子方：战国时人，名无择，曾为魏文侯师。齐：古国名，在今山东北部和河北东南部，前221年为秦所灭。之：到。魏：古国名，与韩、赵瓜分晋国，在今河南北部、陕西东部、山西西南部和河北南部等地。[2] 翟（zhái）黄：一作“翟璜”，魏文侯时任魏相，曾广泛招揽政治、军事人才，荐乐羊、西门豹、李悝、屈侯鲋等人于文侯。[3] 中山：古国名，春秋时白狄别族所建立，又称鲜虞，在今河北正定东北。[4] 果：成就，实现。表示事情与预期相合。[5] 乐羊：一作乐阳，战国时魏将。因翟璜推荐，被魏文侯任为将军，三年攻克中山。子孙世代为将，乐毅是他的后代。拔：攻取。[6] 李克：子夏弟子。魏文侯攻灭中山，封太子击（即魏武侯）为中山君。他由于翟璜推荐，任中山相。一说李克即李悝。[7] 宠：荣耀。称：衡量。

译文：田子方从齐国到魏国，看到翟黄乘着轩车，在骑队护卫下出来，以为是魏文侯在车里，便把车子移到另一条路上来避让他，结果车上只有翟黄。田子方问他：“您怎么乘着这么贵重的车子？”翟黄说：“君主谋划着要攻打中山，我推荐了翟角而国君的计划得以实现；将要攻打时，我推荐了乐羊而成功攻取了中山；已经得到中山，君主又忧愁要怎么治理，我推荐了李克而中山治理得很好，所以他赐给我这辆车。”田子方说：“您获得的荣耀比起您的功劳来还是单薄的。”

论功行赏

赏罚思想是韩子政治思想的重要组成部分。韩子认为君臣之间只有赤裸裸的利益关系，“臣尽死力以与君市，君垂爵禄以与臣市，君臣之际，非父子之亲，计数之所出也”。君臣之间毫无温情可言，只有利益交换，君主所谓的赏不过是付给臣子的酬劳罢了。韩子认为君主掌握着刑赏二柄，君主应在臣子触犯法律时给予严惩，而当臣子建立功勋，拥有足够的交换筹码时，君主应遵循公平交易的原则，给予臣子理应得到的“爵禄”。如此，君臣之间则无怨无德，也就是韩子所说的“以罪受诛，人不怨上”“以功受赏，臣不德君”。

田子方惊异于翟黄乘坐华丽得似魏文侯才能乘坐的轩车时，翟黄向田子方列出他获得轩车的筹码：一是举荐翟角，为魏文侯制定打中山国的谋略；二是举荐乐羊，攻下中山国；三是举荐李克（李悝），使得中山国得到妥善治理。翟黄的“本钱”是举荐了三位人才，满足了君主的需要，而轩车只不过是魏文侯给的酬劳罢了。田子方听完之后，还认为翟黄这笔买卖有些吃亏，可见田子方似乎也承认了君臣之间“贸易”的关系。

韩子提到另外一个故事：魏襄王的臣子昭卯，凭借辩才以一己之力阻止了秦、韩、齐、楚四国的发难，但魏襄王不过给了他五乘食邑的酬劳。古制一乘之地，相当于今方圆六里，五乘之地，相当于今之方圆三十里地。昭卯认为自己的“智力投资”与酬劳比起来像是赚了很多钱的人却穿着草鞋，言下之意即他认为自己为魏国带来了很多好处，但自己所得到的太少了。

韩子认为臣子的“功劳”与“酬劳”应该进行等值交换，君主如果不能合理地施行赏赐，和徇私枉法一样是赏罚无度。一方面，韩子认为“主国予，则臣偷幸；臣徒取，则功不尊”，君主在交易之中如果给得太多，臣子就会心存侥幸；臣子平白无故地得到爵禄，功劳也就是臣子用以交换的筹码，就显得并不“值钱”，导致“通货膨胀”。另一方面，如果臣子的功劳很大，而实际获得的报酬过少，也会导致“赏不足劝”。《说林》中一则寓言也说：“鳣似蛇，蚕似蠋，人见蛇则惊骇，见蠋，则毛起。渔者持鳣，妇人拾蚕，利之所在，皆为贲、诸。”黄鳝和蚕，之所以被渔夫和妇女竞相捕捉、喂养，是因为利之所在，因此他们都能像孟贲、专诸一样勇敢，毫不畏惧。假设妇人费尽心思、饲养的“蚕”，实则是“蠋”，恐怕妇人就要改行了。与之同理，在君臣之间这种赤裸裸的利益关系之中，如果臣子建立的功勋低于“市场交易”的平均价值，那么臣子也会觉得“所获不偿劳”，赏赐就会失去其引导与激励的功用。

由此看来，论功行赏，十分必要啊！

齐桓公将立管仲

齐桓公将立管仲[1]，令群臣曰：“寡人将立管仲为仲父[2]。善者入门而左[3]，不善者入门而右。”东郭牙中门而立[4]。公曰：“寡人立管仲为仲父，令曰：‘善者左，不善者右。’今子何为中门而立？”牙曰：“以管仲之智，为能谋天下乎？”公曰：“能。”“以断，为敢行大事乎？”公曰：“敢。”牙曰：“若知能谋天下，断敢行大事，君因专属之国柄焉[5]。以管仲之能，乘公之势以治齐国[6]，得无危乎？”公曰：“善。”乃令隰朋治内、管仲治外以相参[7]。

注释：[1] 齐桓公：春秋时期齐国国君，姜姓，名小白。任用管仲进行改革，国力富强。管仲：名夷吾，字仲，颍上人。齐桓公即位后，由鲍叔牙推荐，被任命为相，终使齐桓公成就霸业。[2] 仲父：《荀子》杨倞注："仲者，夷吾之字；父者，事之如父。"[3] 善：赞同。[4] 东郭牙：春秋时齐国人，姓东郭，名牙。[5] 属：委托。国柄：国家政治大权。[6] 乘：利用，凭借。[7] 隰（xí）朋：人名，齐桓公大臣。相参：梁启雄《浅解》："'参'是'参伍错综'之'参'。《方言》：'参，分也。'相参，指分权并立意。"

译文：齐桓公将立管仲为仲父，下令群臣说："我将要立管仲为仲父，赞同的人进门后站到左侧，不赞同的人进门后站到右侧。"东郭牙在门的中间站着。桓公说："我要立管仲为仲父，下令说：'赞同的站左侧，不赞同的站右侧。'现在你为什么站在门中间？"东郭牙说："凭管仲的智慧，您认为他能谋取天下吗？"桓公说："能。"东郭牙说："以管仲的果断，您认为他敢于做一番大事吗？"桓公说："敢。"东郭牙说："如果他的智慧能谋取天下，又果断敢于做大事，您因而把国家权力都交给他。凭管仲的才能，利用您的权势来治理齐国，这能没有危险吗？"桓公说："好。"于是下令让隰朋管理内部事务，管仲管理外部事务，使二人分立而互相牵制。

"权势不可以借人"

齐桓公非常重视管仲，要立管仲为"仲父"，这件事也见于《荀子·仲尼》："(齐桓公)见管仲之能足以托国也……遂立以为仲父。"唐人杨倞为该句注曰："仲者，夷吾之字；父者，事之如父。"意思是齐桓公对管仲推崇备至，欲事之如父，就把管仲之字与"父"合在一起，称管仲为"仲父"。由此可以想见，齐桓公将会予管仲多么庞大的权势。对于此举，东郭牙提出了反对的意见，他对齐桓公说："以管仲之能，乘公之势以治齐国，得无危乎？"管仲已经非常有才能了，再凭借齐桓公您的权势，这对您没有危险吗？齐桓公深以为然，就命令让隰朋治理朝廷内部的事务，管仲治理朝廷外部的事务，以便让他们两人相互制约。

故事的道理是非常明确的，即“权势不可以借人”。韩子多次强调君主的权势不能被臣子夺走，如《三守》:“恶自治之劳惮，使群臣辐凑之变，因传柄移藉，使杀生之机、夺予之要在大臣，如是者侵。”君主厌恶亲理政事的劳心费神，让权臣代行君主处理政事，久而久之，群臣围绕的核心就会发生变化，权柄和势位也随之发生转移，使生杀予夺的要害控制在权臣手里，这样的话，君主权势势必受到妨害。《内储说下六微》中更是强调:“势重者，人主之渊也；臣者，势重之鱼也。鱼失于渊而不可复得也，人主失其势重于臣而不可复收也。”权力由君主失于臣，就不能再夺回来。权势好比是君主控制的一片深渊，臣子好比是君主权势这一片深渊中的鱼，鱼一旦离开深渊，就不能再得到它了，君主把权势失落给臣子也是同理。

君臣之间的权力斗争，如果以臣权的胜利告终，君主便是亡国身危。“人主之所以身危国亡者，大臣太贵，左右太威也。所谓贵者，无法而擅行，操国柄而便私者也。所谓威者，擅权势而轻重者也。此二者不可不察也。”(《韩非子·人主》) 这样的君主便是臣的傀儡，国家大权掌握在臣的手中，君主只是名存实亡。这样的朝廷局面便是“然则主有人主之名，而实托于群臣之家也”(《韩非子·有度》)。

历史上有太多大臣权势高于皇帝而导致社会动荡的例子，比如汉哀帝推崇王莽，王莽获得朝野尊崇，最终竟代汉而立新朝；再如唐玄宗重用安禄山，使其兼任几镇节度使，埋下了安史之乱的种子；又如宋徽宗宠信蔡京，“使得正士禁锢者三十年，以致靖康之祸”。以此看来，韩子“权势不可以借人”的政治眼光颇为深刻冷峻，在专制集权的漫漫历史长河中，竟有些未卜先知的意味了。

夔一足

鲁哀公问于孔子曰[1]:“吾闻古者有夔一足[2]，其果信有一足乎[3]？”孔子对曰：“不也，夔非一足也。夔者，忿戾恶心[4]，人多不说喜也[5]。虽然，其所以得免于人害者，以其信也。人皆曰：‘独此一，足矣。’夔非一足也，一而足也。”哀公曰：“审而是[6]，固足矣。”

注释 [1] 鲁哀公：春秋末鲁国国君，姬姓，名蒋，一作将，鲁定公之子。[2] 夔（kuí）：《山海经·大荒东经》记一种兽名为夔，外形像牛，仅有一足。《尚书》又记尧、舜时期乐官名为夔。[3] 信：果真，确实。[4] 忿戾（lì）：蛮横无理，动辄发怒。[5] 说：通“悦”。[6] 审：确实，果真。而：如。

译文 鲁哀公问孔子：“我听说古时候有个叫夔的人只有一只脚，他果真只有一只脚吗？”孔子回答：“不是的，夔并非只有一只脚。夔这个人蛮横无理，心肠也不好，大家都不喜欢他。虽说是这样，但之所以能免于被人所害，是因为他讲信用。大家都说：‘只凭守信这一点，就足够了。’夔并不是只有一只脚，而是只有守信这一处优点就足够了。”哀公说：“果真如此的话，那确实是足够了。”

夔是一只脚吗？

“夔”本来是上古神话中的怪兽，《山海经·大荒东经》中说他是形状似牛、全身青色、没有长角，只有一只脚。走路是跳着的，“踔而行”。《庄子·秋水》也有观点认为夔是一种龙蛇形状的怪物，《说文解字》就说：“夔，神魅也，如龙，一足。”在商、周时期的青铜器上，夔龙是主要的纹饰之一，其形象多为张口、卷尾的长条形，外形与青铜器饰面的结构线相适合，以直线为主，弧线为辅，具有古拙的美感。青铜器上的这种龙纹因此被称为夔纹或夔龙纹。可是，后来夔却逐渐变成了传说中尧舜时期的乐官，以精通音乐著称。《吕氏春秋·察传》中记载：

> 鲁哀公问于孔子曰：“乐正夔一足，信乎？”孔子曰：“昔者舜欲以乐传教于天下，乃令重黎举夔于草莽

> 之中而进之，舜以为乐正。夔于是正六律，和五声，以通八风。而天下大服。重黎又欲益求人，舜曰：'夫乐，天地之精也，得失之节也。故唯圣人为能和乐之本也。夔能和之，以平天下，若夔者一而足矣。'故曰'夔一足'，非'一足'也。"

这就将神话中的神怪之兽解释成了人世间非凡的历史人物。一只脚的夔，也成了夔的"一而足矣"。这也就是神话学所说的"神话的历史化"。

比较起来，《韩非子·外储说左下》的重点还是有所不同。孔子应对鲁哀公"果信有一足"的问话时，解释说：夔是一个蛮横无理、心肠也不好的人，大家都不喜欢他。可是他却很守信，所以大家都说，夔只凭守信这一点就足够了。鲁哀公听后也非常赞同："审如是，固足矣！"果真如此的话，那确实是足够了。

这个说法就更为特别，也更有深意了。韩子尤其关注其中夔"守信"的问题，"其所以得免于人害者，以其信也"。联系到同篇中所说的"故有术之主，信赏以尽能，必罚以禁邪，虽有驳行，必得所利"(《外储说下》之"经二")，不难看出，他要表达的，就是法令赏罚当中的"信赏"与"必罚"的问题。同样是"神话的历史化"，韩子讲出了不一样的意思，他真是一个有个性的思想家！

再回到《吕氏春秋》的《察传》。这篇文章除了"夔一足"之外，还讲了一个"穿井得一人"的故事。说是宋国有一户人家，家里没有水井，常常要有一个人出门去打水。后来自己打了水井，便告诉别人说："吾穿井得一人。"意思是打井后省下了一个人的劳力。谁知这话传来传去，却成了打井时挖到了一个人，后来连国君都派人来询问了。这与"夔一足"一样，都是传言的讹误。所以，《察传》特别强调：察别、判定传言的真伪非常关键，"夫得言不可以不察，数传而白为黑，黑为白。"——《吕氏春秋》所讲的这个问题当然也很重要，不过却不是韩子所关注的。

孔子御坐

孔子御坐于鲁哀公[1]，哀公赐之桃与黍。哀公曰："请用。"仲尼先饭黍而后啖桃[2]，左右皆掩口而笑。哀公曰："黍者，非饭之也，以雪桃也[3]。"仲尼对曰："丘知之矣。夫黍者，五谷之长也[4]，祭先王为上盛。果蓏有六[5]，而桃为下，祭先王不得入庙。丘之闻也，君子以贱雪贵，不闻以贵雪贱。今以五谷之长雪果蓏之下，是以上雪下也[6]。丘以为妨义，故不敢以先于宗庙之盛也。"

注释：[1] 御坐：侍坐。[2] 仲尼先饭黍而后啖（dàn）桃：孔子先吃黍，然后吃桃。饭，动词，食的意思，下文的"啖"与此同意。[3] 雪桃：太田方《韩非子翼毳》："雪，拭也。"《礼·内则》："桃曰胆之。"其注曰："桃多毛，拭治令清滑如胆。"黍性黏，用以黏去桃子上的毛。雪桃由此得名。[4] 五谷之长：五谷具体指黍（shǔ）、稷、稻、麦、菽（shū），其中黍为黄米，稷为小米，菽为豆子。《荀子·礼论》："飨尚玄尊而用酒醴，先黍稷而饭稻粱。"因此，黍在祭祀中是上等的祭品。下文中的"盛"，即祭祀时装在容器中的黍稷等祭品成为"盛"，黍属于上盛。所以，这里孔子称黍为五谷之长。[5] 果蓏（luǒ）：瓜果的总称。[6] 以上雪下：孔子认为用黍擦拭桃子，是用上等祭品擦拭下等祭品。

译文：孔子陪坐在鲁哀公身边，哀公赐给他桃子和黍米，说："请享用。"孔子先吃了黍米然后吃桃子，周围的人都捂着嘴笑。哀公说："黍米不是用来吃的，是擦拭桃子用的。"孔子对答："我知道的。但是黍米在谷物中是排在首位的，祭祀先王时是上等的祭品。瓜果有六类，桃子排在最下位，祭祀先王时不能进入宗庙。我听说过君子用下等的东西擦拭上等的东西，而没听说过用上等的擦拭下等的。现在用五谷之首的黍米来擦拭瓜果中最下位的桃子，就是在用上等的擦拭下等的。我认为这样做有损礼义，因而不敢把桃子放在宗庙祭品的前面吃。"

吃桃子的学问

"克己复礼"是孔子的人生理想，他一生都为恢复周礼而奔波。春秋时期王室衰微，诸侯争战，礼崩乐坏，孔子以身作则，依礼行事，期望能够复兴周礼，改变世道人心，重建伦理道德规范。不过，礼、乐教化的崩溃是全方位的，大到国家的重大活动，小到民众的日常行为，原来的礼乐规范都受到了冲击与破坏。这是孔子最为痛惜、却也无能为力的，他只能在自己力所能及的范围内身体力行、维护礼制。“鲁哀公赐桃”就是一个缩影。

鲁哀公用桃子来招待孔子。吃桃子有其流程，先要用黍米擦拭之后再食用。可是孔子却先吃了黍米，然后再吃桃子，因此引来了周围人的讥笑。黍、稷、稻、麦、菽就是我们常说的五谷，在祭祀祖先的时候，黍被盛放在祭器里，属于上等谷物。桃子则不同，不但在瓜果当中居于下位，甚至没有资格作为祭品进入宗庙，地位差距甚大。可是，鲁哀公他们已经不在意这一点了，所以用黍米去擦拭桃子，这在孔子看来，就是“以贵雪贱”，是违反礼制的。说到底，这并不是一个先后顺序的问题，而是一个是否合乎礼法的问题。孔子的坚持，也不是对细节的重视，而是对礼制的遵奉与推崇。

韩子作为法家人物，对儒家的仁义礼智信等思想多有批判，孔子在他的书里也经常是被改造了的形象。不过这一次，韩子则是完全肯定孔子的，“君子以贱雪贵，不闻以贵雪贱。今以五谷之长雪果蓏之下，是以上雪下也。”雪，就是擦拭。以黍雪桃，就是以贵雪贱、以上雪下，是“失臣主之理”的。他也看到了礼制对于维护君臣关系、社会秩序的重要的作用。

《外储说左下》还有一则故事，则是对“失臣主之理”的批评：

> 文王伐崇，至凤黄虚，袜系解，因自结。太公望曰：“何为也？”王曰：“上，君与处皆其师；中，皆其友；下，尽其使也。今皆先君之臣，故无可使也。”

文王在攻打崇国的过程中袜带开了，他自己动手系上。太公望问他为什么自己做？文王回答说，身边都是先王的旧臣，应该把他们看作是自己的老师，所以没有能使唤的人。在儒家看来，周文王谦恭有礼，其行为毫无疑问是值得肯定的。可是韩子却对此予以激烈的批评。周文王身为君主，却做了臣下的事情，这就是对君臣等级差异的破坏。《礼记》云："礼者，所以定亲疏，决嫌疑，别同异，明是非也。"又云："君臣、上下、父子、兄弟，非礼不定。"荀子也说："乐合同，礼别异。"这一点，韩子是继承了老师的。

赵武之贤

中牟无令[1]，晋平公问赵武曰[2]："中牟，吾国之股肱[3]，邯郸之肩髀[4]，寡人欲得其良令也，谁使而可？"武曰："邢伯子可[5]。"公曰："非子之仇也？"曰："私仇不入公门[6]。"公又问曰："中府之令[7]，谁使而可？"曰："臣子可。"故曰："外举不避仇，内举不避子[8]。"赵武所荐四十六人，及武死，各就宾位[9]，其无私德若此也[10]。

注释 [1] 中牟：春秋时期属晋邑，约在今河北邢台和邯郸之间。[2] 晋平公：春秋时期晋国国君，名彪，晋悼公的儿子。赵武：即赵文子，亦称赵孟，春秋时晋国的卿。其父朔为屠岸贾所杀，朔妻遗腹生武，在程婴、公孙杵臼的保护下，幸免于难。后相晋平公，在位期间进用贤臣，减轻诸侯会聘的礼物，消弭诸侯间的兵祸。[3] 股肱（gōng）：大腿和胳膊，此处比喻中牟是晋国的交通要冲。[4] 肩髀（bì）：肩胛骨和胯骨，与股肱都表示中牟是要地。[5] 邢伯子：邢伯的儿子。邢伯，春秋时晋国的大夫，和赵武同时。[6] 公门：官署，衙门。这里指晋国的朝堂之上。[7] 中府：内库。君主藏宝物财货的地方。[8] 外举不避仇，内举不避子：荐举并非家族内的外人时不避开自己的仇家，荐举亲族时不避开自己的儿子。[9] 各就宾位：陈启天《校释》："谓往吊武丧，在其家仍为客，而不甚亲密若私人也。"赵武去世以后，他推举的这些人就宾客位席，并不亲密如部属私人那样。[10] 私德：私恩私情。

译文 中牟没有县令。晋平公问赵武："中牟，是我国的重要城邑，又是邯郸的要冲地区。我希望能有一位优秀的县令，你觉得派谁去合适?”赵武答:“邢伯子可以。”平公问:“他不是你的仇人吗?”答:“私人恩怨不带到朝堂公事上来。”平公又问:“内府的管理人可以派谁去?”答:“我的儿子可以。”所以说:“荐举并非家族内的外人时不避开自己的仇家，荐举亲族时不避开自己的儿子。”赵武所举荐的四十六人，赵武死后吊唁时都坐在客位上，他就是这样不培植私人恩德的。

私怨不入公门

赵武又称赵文子，出生于世卿大族，是赵盾的孙子、赵朔的儿子、晋文公的外曾孙，也是戏剧《赵氏孤儿》的历史原型。《韩非子·外储说左下》中记载叔向给晋平公举荐赵武时，说他“立如不胜衣，言如不出口”，站着的时候好像连身上衣服的重量都承受不住，说话的时候好像讷讷地讲不出来。然而就是这样一个不起眼的人，为晋国推举了几十位贤才。赵武不仅对国内人才适合的职位都了然于胸，对于前来投奔晋国的人他也一一妥善安置，后来晋国直接将“客大夫”的制度定为国策。晋国国力能远超其他诸侯，赵武功不可没。

韩子说:“自环者谓之私，背私谓之公。”公、私之间是有差别的，人也总是有私心的，这是人性之所在，不能要求人人都公而忘私、甚至是大公无私。不过，韩子所论更多是人性的普遍现象，他并不因此而否定那些德行高尚的人，“赵武之贤”就是韩子所激赏的。像赵武这样着眼大局、坦荡公正、能够超越世俗、摆脱个人利害与私人感情，更是历代统治者在选人、用人时极为推崇的。

晋国“外举不避仇，内举不避亲”的人才举荐也有其传统。《左传·襄公三年》记载:

> 祁奚请老，晋侯问嗣焉。称解狐，其仇也。将立之而卒。又问焉，对曰:“午也可。”于是羊舌职死矣，

晋侯曰："孰可以代之？"对曰："赤也可。"于是使祁午为中军尉，羊舌赤佐之。君子谓：祁奚于是能举善矣。称其仇，不为谄；立其子，不为比；举其偏，不为党。

《左传》中对祁奚的做法评价特别高，认为能够"举善"："解狐得举，祁午得位，伯华得官，建一官而三物成，能举善也。夫唯善，故能举其类。祁奚有焉。"正因为祁奚自己之善，所以才能"举其善类"。祁奚也的确是坦荡正直、公私分明，就像是《尚书》所说"无偏无党，王道荡荡"、《诗经》所说"惟其有之，是以似之"那样！

"夫唯善，故能举其类。"祁奚举荐的解狐即是如此。《外储说左下》记载："解狐荐其仇于简主以为相。其仇以为且幸释己也，乃因往拜谢。狐乃引弓迎而射之，曰：'夫荐汝，公也，以汝能当之也。夫仇汝，吾私怨也，不以私怨汝之故拥汝于吾君。'故私怨不入公门。"

公是公，私是私，仇是仇，怨是怨，这就是"私怨不入公门"。

管仲乞食

管仲束缚[1]，自鲁之齐[2]，道而饥渴，过绮乌封人而乞食[3]。乌封人跪而食之[4]，甚敬。封人因窃谓仲曰："适幸[5]，及齐不死而用齐，将何报我？"曰："如子之言，我且贤之用，能之使，劳之论。我何以报子？"封人怨之。

注释：[1] 管仲束缚：束缚：捆绑。齐国公孙无知之乱，管仲辅佐的公子纠和鲍叔牙辅佐的公子小白争位。管仲箭射公子小白未果，逃亡鲁国。公子小白立为桓公以后，要求鲁国杀了公子纠，将管仲押解齐国处置。[2] 之：到。[3] 绮乌：齐鲁边境的地名。封人：管理边境的小官。[4] 食：拿食物给人吃。[5] 适：连词。如果，假若。表示假设关系。《内储说下》："王适有言，必亟听从王言。"

译文：管仲被捆绑着，从鲁国运往齐国，路上又饿又渴，经过绮乌之地时，便向防守边界的官吏讨要食物。官吏跪着喂管仲吃东西，十分恭敬。他悄悄问管仲说："如果您幸免于难，到齐国没死而是受到重用，您将会如何报答我？"管仲答："如果真的像您说的那样，我将任用有贤德的人，使用有能力的人，以功劳来评定赏赐。我凭什么报答您呢？"官吏因此怨恨管仲。

管仲与西门豹

管仲在辅佐桓公之前曾辅佐公子纠。时正值齐国内乱，公子纠借助鲁国势力，打算与公子小白也就是后来的齐桓公争夺皇位。惨遭失败后，公子纠同管仲一起逃到了鲁国。桓公听从鲍叔牙建议，假称自己对管仲恨之入骨，要求鲁国交出管仲送往齐国处置，否则将攻伐鲁国，鲁国被迫同意。这则故事讲的，正是鲁国派人押送管仲去齐国的路上发生的事。

管仲的做法是忘恩负义吗？当然不是。且不说封人是为一己私利才提供帮助，就算是真心实意的，也不能以此作为索取官职的条件。"公室卑则忌直言，私行胜则少公功"，谋私利的行为盛行，就很少有人去为国建功。韩子讲这则故事也不只是为了称许管仲的公正无私，更是讽刺那些只知道谋取私利的人。"如子之言，我且贤之用，能之使，劳之论。我何以报子？"管仲的话，真是一位优秀的政治家所说的话。"管仲以公而国人谤怨"，无怪乎孔子连连感叹："如其仁，如其仁！"

《韩非子·外储说左下》还有一则西门豹担任邺地县令时的故事。"西门豹为邺令，清克洁悫，秋毫之端无私利也。"他清正廉洁，不取分毫私利，也没有贿赂魏文侯近侍，结果近侍之人在君主面前中伤他，文侯年终考察的时候要没收他的官印。西门豹恳求再给自己一年时间，文侯同意了，这次他故意搜刮百姓的钱财，极力侍奉近侍，再次考核时得到大家的一致好评，"文侯迎而拜之"：

豹对曰："往年臣为君治邺，而君夺其玺；今臣为左右治邺，而君拜臣。臣不治矣！"遂纳玺而去。文侯不受，曰："寡人曩不知子，今知矣。愿子勉为寡人治之。"遂不受。

西门豹清正廉洁、为国为公的时候，就因为没有满足近侍的私利，差点断送仕途；横征暴敛，不顾国家而贿赂近侍，反倒得到赞许。"往年臣为君治邺，而君夺其玺；今臣为左右治邺，而君拜臣"，前后结果的对比实在是一种讽刺。

《外储说右上》

景公问政于师旷

齐景公之晋[1]，从平公饮[2]，师旷侍坐[3]。景公问政于师旷曰："太师将奚以教寡人[4]？"师旷曰："君必惠民而已。"中坐[5]，酒酣，将出，又复问政于师旷曰："太师奚以教寡人？"曰："君必惠民而已矣。"景公出之舍[6]，师旷送之，又问政于师旷，师旷曰："君必惠民而已矣。"景公归，思，未醒，而得师旷之所谓[7]。公子尾、公子夏者[8]，景公之二弟也，甚得齐民，家富贵而民说之[9]，拟于公室[10]，此危吾位者也。今谓我惠民者，使我与二弟争民耶？于是反国[11]，发廪粟以赋众贫[12]，散府余财以赐孤寡[13]，仓无陈粟，府无余财，宫妇不御者出嫁之，七十受禄米[14]，鬻德惠施于民也[15]，已与二弟争[16]。居二年[17]，二弟出走[18]，公子夏逃楚，公子尾走晋。

注释：[1] 齐景公：春秋时齐国君，名杵臼，齐庄公异母弟。之：到。[2] 从：跟随。平公：晋平公，春秋时晋国国君，名彪，晋悼公之子。[3] 师旷：春秋时晋国乐师。字子野，目盲，善鼓七弦琴，精于审音调律。侍坐：在尊长近旁陪坐，此处为齐景公旁。[4] 太师：古代乐官之长。[5] 中坐：宴会中间。[6] 舍：旅馆，客舍。[7] 得：懂得。[8] 公子：古代称诸侯之庶子，以别于世子，亦泛称诸侯之子。公子尾、公子夏均为齐惠公后代，是齐景公的同族兄弟。[9] 家：诸侯家族，此处指公子尾、公子夏的私家。说：通“悦”。[10] 公室：君王之家，此处指齐景公的小朝廷。[11] 反：通“返”。[12] 廪（lǐn）：粮仓。赋：给予。[13] 府：收藏财货的地方。[14] 受：通“授”。[15] 鬻（yù）：卖。此处有施与之意。[16] 已：通“以”。[17] 居：经过。[18] 走：逃跑。

译文：齐景公到晋国，跟着晋平公喝酒，师旷陪坐在他身旁。齐景公向师旷请教如何治理国事，问他说：“太师有什么要教我的吗？”师旷说：“您一定要施惠于民。”宴会中途，酒意正浓，景公将要出来的时候，又向师旷请教国事治理，师旷说：“您一定要施惠于民。”景公出来后要回住处，师旷送他，景公又向师旷请教国事治理，师旷说：“您一定要施惠于民。”景公回到住处后，细细思索，还没有醒酒，就懂得了师旷所说的意思。公子尾、公子夏两人，是齐景公的两位弟弟，很得齐国民心，他们的私家富贵，民众也喜欢他们，可与公室相比拟，这正是危害我君位的事。现在告诉我要施惠于民，是让我和两个弟弟争夺民众吗？于是齐景公回国后，将粮仓中的粮食分发给贫民，府库中的余财赐给孤寡之人，粮仓中没有积压的粮食，府库里没有多余的财物，没有临幸过的宫女就把她们嫁出去，七十岁可以得到国家提供给他的粮食。景公施与民众恩德，以此与两个弟弟互争。过了两年，两个弟弟从齐国出逃了，公子夏逃到楚国，公子尾逃到晋国。

君臣争民

齐景公在历史上的评价并不好，《论语·季氏》有言：“齐景公有马千驷，死之日，民无德而称焉。”他死的时候，人们想不出来有什么善行可以称述。实际上景公在位期间，齐国总体上是稳定的，而他死后国家政权被篡夺，即田氏代齐之事。田氏在齐时以大斗借粮食给百姓，回收时却只用小斗，实质上是笼络民心的行为，与故事中的公子夏、公子尾所行目的有一致之处。

师旷是史上著名的乐师，《庄子·齐物论》称他“甚知音律”。此人不仅艺术造诣极高，同时还因种种参政、劝谏经历而盛名在外，甚至敢用琴撞击晋平公，以规劝平公不要沉湎于个人享受。齐景公向师旷问政，可见他在当时深受尊敬。景公三次问政，师旷都只给出“惠民”一种答案。从故事来看，景公知晓并照做了师旷的意见，以成功收复民心，逼走公子夏、公子尾而圆满收尾。《外储说右上》另有一则景公与晏子的故事，内容与师旷相似，是晏子谏言景公行恩惠于民，以打压田成氏。

与师旷、晏子言说相反的，是同篇中孔子指责子贡一事。鲁国发动民众开掘长沟，子路出于好意而用自己私人的粮食给民众准备了稀饭。孔子制止了他，并指责道：“夫礼，天子爱天下，诸侯爱境内，大夫爱官职，士爱其家，过其爱曰侵。今鲁君有民而子擅爱之，是子侵也，不亦诬乎！”天子、诸侯、大夫等，各有职分，子路的行为在孔子看来非但不合礼数，甚至是胆大妄为。

韩子写齐景公的故事不是为了称赞他的惠民行为，恰恰相反，韩子并不赞成通过这样的方式来争取民众，而是支持文中孔子的言论。对景公、师旷、晏子三人的言行，韩子的评价是“景公不知用势，而师旷、晏子不知除患”，并借此阐发出自己认为正确的做法：

> 国者，君之车也；势者，君之马也。夫不处势以禁诛擅爱之臣，而必德厚以与天下齐行以争民，是皆不乘君之车，不因马之利，舍车而下走者也。

君主没有抓牢权柄，赏罚不当，以至于臣子敢行私惠于民，实质上是臣子分走了君主赏罚的权力。事态发生后，君主不但没有将权势收回，并借势诛责，反而要放弃已有优势，和做错事的臣子用同样的方式竞争，这在韩子看来是非常愚蠢的行为。《喻老》中有言："势重者，人君之渊也。君人者，势重于人臣之间，失则不可复得也。"鱼脱离深潭只能失水而死，君主失去势重也只会落得被臣子掌权的结局。

申子曰

申子曰[1]："上明见[2]，人备之；其不明见，人惑之。其知见[3]，人饰之；不知见，人匿之。其无欲见[4]，人司之；其有欲见，人饵之[5]。故曰：吾无从知之，惟无为可以规之[6]。"

注释 [1] 申子：即申不害，战国时韩人。相韩昭侯十五年，国治兵强，终其身，无有侵韩者。其学本于黄老，而主刑名，与慎到、韩子同为法家代表人物。[2] 见：同"现"，显现之意。[3] 知：同"智"，智识。下文"无从知之"与此处不同，下文知为知晓、了解的意思。[4] 欲：欲望，喜好。[5] 饵：诱惑，引诱。[6] 规：通"窥""闚"，窥察。

译文 申子说："君主的明察表现出来，人们就会防备他；君主的糊涂显现出来，人们就会迷惑他。君主的智慧显现出来，人们就会美化他；君主的愚蠢显现出来，人们就会隐瞒他。君主没有欲望显露出来，人们就会探测他，君主有欲望表现出来，人们就会引诱他。"所以说："我没有什么办法知道它，只有无为可以窥测它。"

君道无为

申不害是韩昭侯的得力之臣，他为相十五年，"内修政孝，外应诸侯"，最终取得了"国治兵强，无侵韩者"的功绩。申不害不仅是名相，更是战国时期法家的代表人物之一，是韩子思想的重要来源。他的学说理论以"术"为主——“术者，藏之于胸中，以偶众端，而潜御群臣者也”。术就是君主隐藏在心中，用来验证、契合各种事端而暗中驾驭臣下的。“无为”之术作为申不害的重要主张之一，显然是有着特别的思考的。

“无为”不是无所作为，而是在不违背客观规律的前提下，不妄作为，这一理论出自《老子》，是其哲学的精髓。而在法家那里，“无为”则主要运用于君主治理国家的实践中。申不害看到了臣子对君主的窥探之心，受到老子的启发，想让君主用“无为”来规之，这也就是韩子所讲的“君道无为”。《韩非子》中记载的唐易子与齐宣王谈射弋的故事就体现了君道应无为的道理：

> 齐宣王问弋于唐易子曰：“弋者奚贵？”唐易子曰：“在于谨禀。”王曰：“何谓谨禀？”对曰：“鸟以数十目视人，人以二目视鸟，奈何不谨禀也？故曰‘在于谨禀'也。”王曰：“然则为天下何以为此禀？今人主以二目视一国，一国以万目视人主，将何以自为禀乎？”对曰：“郑长者有言曰：‘夫虚静无为而无见也。'其可以为此禀乎！”

“谨禀”就是看守好谷仓。齐宣王和唐易子讨论“弋者”——也就是射猎的事，唐易子认为最重要的就是看护好自己的谷仓，因为众鸟以数十双眼睛来看人，而人只有两只眼睛看鸟，所以，仅凭看管是不够的，关键是要做好严密封闭谷仓的事。而管好谷仓最好的办法就是虚静无为，“无见所欲”。韩子借此故事，更进一步阐发了君道无为的思想，君主不要亲自处理政务，要始终让自己处于“虚静无为”的地位，垂拱而治。他说：“虚则知实之情，静则知动者正”。这也是说君主遇事不能表露自己的真实意图，要以虚制实，以静制动，做到无形、无为。只有如此，大臣就无法猜测君心、觊觎君权，才会有“明君在上行无为之道，群臣在下则竦惧而不敢为非”的成效。

历史也一再印证，那些事无巨细都要亲自操劳的君主、包括那些自许甚高、盲目作为者，大都没能成为最后的微笑者，而那些真正理解“君道无为”的人，才是最后的赢家。

守口如瓶

堂谿公谓昭侯曰[1]：“今有千金之玉卮[2]，通而无当[3]，可以盛水乎？”昭侯曰：“不可。”“有瓦器而不漏，可以盛酒乎？”昭侯曰：“可。”对曰：“夫瓦器，至贱也，不漏，可以盛酒。虽有乎千金之玉卮，至贵而无当，漏，不可盛水，则人孰注浆哉[4]？今为人之主而漏其群臣之语，是犹无当之玉卮也，虽有圣智，莫尽其术，为其漏也。”昭侯曰：“然[5]。”昭侯闻堂谿公之言，自此之后，欲发天下之大事，未尝不独寝，恐梦言而使人知其谋也。

注释：[1] 昭侯：指韩昭侯，战国中期韩国君主。名武，韩懿侯之子。[2] 卮（zhī）：酒器。[3] 当：底。[4] 孰：谁。浆：液体统称。[5] 然：表示肯定。

译文：堂谿公对韩昭侯说：“现在有价值千金的玉制酒器，贯通而没有底，可以用来盛水吗？”昭侯说：“不可以。”“有瓦制酒器却不漏，可以用它盛酒吗？”昭侯说：“可以。”堂谿公说：“瓦器是最不值钱的东西，因为不漏而可以盛酒。虽然有价值千金的玉制酒器，最贵重却没有底，是漏的，不能盛水，那有谁会往里倒东西呢？现在作为人们的君主，却泄露臣子们的言论，这就像是没有底的玉杯一样。虽然臣下有极高的智慧，也不会详尽地说出来，因为会被泄露。”昭侯说：“是这样的。”昭侯听了堂谿公的话，从那之后，每当要在天下采取大行动时，没有不单独就寝的，唯恐说梦话而被人知道他的谋划。

保密的重要性

历史上的君主普遍比较重视信息保密工作，如元世祖忽必烈“大臣有密奏，辄屏左右”，明孝宗召对大臣时，“宦侍必退去百余武，非惟不使之预，亦且不使之闻”。泄密案的处理一般也是严厉的，毕竟关乎国家决策，失之毫厘也可能招致难以挽回的结果。关于泄密之事，大多是君主如何做好保密流程，防止臣子泄漏，而较少直谏君主本人应当守密的。

韩昭侯在位时重用申不害，并牢记其所传授的治国之术。申不害为自己的堂兄求官，昭侯依法回绝，并反问他是要答应他的主张，废弃他的政见，还是践行法治而拒绝他的请求。申子于是请罪，总体看来昭侯是位明智的君主，这或许也是堂谿公敢于向他进言的部分原因。

堂谿公将君主比作容器的论说十分巧妙，价值千金的玉卮与普通的瓦器，单论经济利益无疑玉卮在瓦器之上。然而堂谿公以“有当”与“无当”作比，口无遮拦的君主即便地位尊贵，也不过是无当的容器，成不了大事。听完堂谿公的说辞后，昭侯立即进行泄密防范，每当有天下大事要做都独自入寝，以防别人听到梦话，可以说谨慎到极致了。他也确实取得了不错的政绩，史称“申不害相韩，修术行道，国内以治，诸侯不来侵伐”。另一方面来看，君主做好保密不仅是为了确保计划成功的可能性，也是对建言献策臣子的一种肯定与保护。

这则故事是经文“辞言通则臣难言，而主不神矣”下的说文之一，此句即为故事核心思想。君主不能为臣子保密，臣子就难以将自己的想法告诉他。长此以往，只会造成言路闭塞，君主也就不神明了。韩子之所以有这样的观点，与其政治思想有一定关联。韩子的法维护的是君主、国家的利益，与臣民私利极易产生冲突，那么推行法治的同时势必招致部分人的忌恨，甚至是杀身之祸。并且法治如若没有君主的支持与维护，就完全成为无法付诸实践的理论，只是空想罢了。因此，一位守口如瓶的君主对其本人、对诸多意见相左的臣子，都是极有必要的，是韩子理想中的君主。

狗猛酒酸

宋人有酤酒者[1]，升概甚平[2]，遇客甚谨[3]，为酒甚美，县帜甚高著[4]，然不售，酒酸，怪其故，问其所知[5]，问长者杨倩[6]，倩曰："汝狗猛耶。"曰："狗猛则酒何故而不售？"曰："人畏焉。或令孺子怀钱挈壶瓮而往酤[7]，而狗迓而龁之[8]，此酒所以酸而不售也。"夫国亦有狗，有道之士怀其术而欲以明万乘之主[9]，大臣为猛狗迎而龁人，此人主之所以蔽胁[10]，而有道之士所以不用也。

注释：[1] 宋：周代诸侯国名，子姓。在今河南东部及山东、江苏等部分地区。酤（gū）酒：卖酒。[2] 升：此处指量酒的器具。概：刮平斗斛的器具。[3] 谨：恭敬。[4] 县：通"悬"。著：明显，显著。[5] 所知：相识的人。[6] 长者：德高望重的人。[7] 孺子：孩童。挈（qiè）：拿。瓮（wèng）：盛东西的陶器，此处指盛酒的器具。[8] 迓（yà）：迎。龁（hé）：咬。[9] 有道之士：指法术之士。万乘之主：指大国的国君。[10] 蔽：蒙蔽。胁：胁持。

译文：宋国有家卖酒的，量酒很公平，对待客人十分恭敬，酿的酒也很醇美，酒旗悬挂在高处显眼的地方，然而酒卖不出去，就变酸了。卖酒的人奇怪卖不出酒的原因，问了相识的人。问长者杨倩时，杨倩说："你家的狗凶猛吗？"卖酒的人说："狗凶猛为什么酒卖不出去？"杨倩说："人们害怕狗。有时让小孩拿着钱，提着酒壶去买酒，而你的狗却迎上去咬他，这就是酒酸卖不出去的原因。"国家也有猛狗，法术之士怀着治国谋略，想使大国的君主明察，大臣却像猛狗一样迎上去咬他们，这就是君主受到蒙蔽和胁持，而法术之士不被重用的原因。

猛狗之喻

酒家的美酒难以出售，以至于最后都变酸了，究其原因不是因为酒家买卖不公平、待客不恭敬、酒不醇美、招牌不显眼，居然是因为自家的狗太过于凶猛。“狗猛”与“酒酸”这两者看上去似乎没有什么联系，但其中缘由经韩子讲来却合情合理。韩子经常将高深的治国之道借助浅显易懂的寓言故事进行鞭辟入里的解读，他讲完这则故事后，提到国家之中也有这样残害忠良的“恶犬”，他们蒙蔽君主，媚上欺下，一手遮天，嫉贤妒能，使得那些胸怀治术的仁人志士无由得遇明主，无法施展高技良策。无论国力多么强盛，国土多么辽阔，政权如何稳固，社会如何富庶，民众如何众多，缺乏有道之士的参政执政，国家终究免不了“变酸”的结局。

“狗猛酒酸”这一成语现被用来描述权臣当道，环境险恶，仁人志士前进无路。但是回到韩子讲述这个故事的历史现场，也能读出韩子区别于纵横家对于君主的愚弄，如张仪以六里地诓骗楚王；儒家对于无能君臣的鄙夷与斥责，如孔子讥笑当权者为“斗筲之人”。他总是积极为君主出谋划策，疾呼《主道》《备内》《南面》之策。作为先秦法家思想的集大成者、先秦诸子学说的殿军人物，韩子深刻地认识到国之不治，并不全是由于君主一人之无能。恶人当道，法术之士不得任用，亦是重要原因之一。

与此同时，韩子对于“有道之士”怀有设身处地的同情，《说难》《孤愤》等著名篇目皆有明确论及。这固然与韩子身为韩国之公子的身份有关，也与他“法”“术”“势”三位一体的法家思想有关，更与他长期遭受“奸臣”“爱臣”的压迫，备受君主冷遇而积蓄的满腹“孤愤”有关。他多次在书中抒写“法术之士”“孤愤之士”在奸邪当道的朝政局势中进退维谷、怀才不遇的艰难心境，“其当途之臣得势擅事以环其私，左右近习朋党比周以制疏远，则法术之士奚时得进用，人主奚时得论裁？”权臣、宠臣营私结党疏远能人，法术之士与权臣奸邪势不两立，不知君主何时才能不受蒙蔽、明裁是非，进用法术之士呢？韩子用恶犬来比喻那些伤害忠臣、阻挡忠谏的佞臣、权奸，就是一个生动形象的例子。

《外储说右下》

公仪休不受鱼

公仪休相鲁而嗜鱼[1]，一国尽争买鱼而献之，公仪子不受，其弟谏曰："夫子嗜鱼而不受者何也[2]？"对曰："夫唯嗜鱼，故不受也。夫即受鱼[3]，必有下人之色[4]，有下人之色，将枉于法[5]，枉于法则免于相，虽嗜鱼，此不必致我鱼，我又不能自给鱼[6]。即无受鱼而不免于相，虽嗜鱼，我能长自给鱼。"此明夫恃人不如自恃也，明于人之为己者不如己之自为也。

注释：[1] 公仪休：战国时鲁国宰相。[2] 夫子：夫，句首发语词。子，代词，指公仪休。[3] 即：假若。[4] 下人之色：下人，对人迁就，自觉卑下。色，情态。[5] 枉：歪曲，违背。[6] 给（jǐ）：供应。

译文：公仪休在鲁国做宰相，他喜欢吃鱼，因此，全国的人都争相买鱼进献给他，他都没有接受。他的弟弟劝他说："您喜欢吃鱼却不接受别人送的鱼，这是为什么呢？"公仪休回答说："正因为我喜欢吃鱼，所以才不接受。如果我接受了鱼，就要迁就他人，迁就他人，就会违背法律，最终，我就会被罢免，尽管我喜欢吃鱼，他们也不会再送我鱼，我也不能自给。如果不接受他们的鱼，就不会被罢免。即使我喜欢吃鱼，也可以自己弄到喜欢吃的鱼。这是明白依靠别人不如依靠自己，明白别人为自己不如自己为自己的道理。"

"恃人不如自恃"

公仪休是春秋时期鲁国人，因其才能出众，得以官至宰相之位。《史记·循吏列传》曾记载其"奉法循理之吏，不伐功矜能，百姓无称，亦无过行"。司马迁称赞他是一个遵理守法的官员。的确如此，公仪休的辞不受鱼，就表现了他的修养与智慧。

公仪休喜欢吃鱼，却不接受他人的馈赠，这种安分守己的自我约束，不仅是清正廉洁的道德修养与为官底线，更是他的人生智慧所在。“夫唯嗜鱼，故不受也。”因为喜欢，所以不受，这也是个辩证法。公仪休知道，一旦自己收了别人的鱼，就必定要迁就于他们；迁就于他们，就会违背法律；违背法律，就会被罢免相位。到那时候，即使是他爱吃鱼，别人也不会再送了。可是他如果不收鱼，就不会被罢免宰相，也就能够长期自我供给鱼吃了。这就是明白“恃人不如自恃”“人之为己者不如己之自为”的道理，用老百姓的话说，就是靠人不如靠己。

说到底，公仪休对于利害关系是做了权衡的。他之所以如此选择，就是看清了其中的利弊得失。这很好，远比将他的“不受鱼”归结为个人品质的高尚要好得多，空泛的道德说教也远不如法律的严明峻切有效。

韩子更想借此说明：“治强生于法，弱乱生于阿，君明于此，则正赏罚而非仁下也。爵禄生于功，诛罚生于罪，臣明于此，则尽死力而非忠君也。”国家的安定强大源自依法治理，衰弱动乱源自于曲阿无法，而不是依靠君主的仁爱；同样，个人的爵位俸禄来自于功勋，刑戮惩罚来自罪行，而不是依靠臣子的忠诚。所以，君主是否仁德、臣子是否忠诚，都不是问题，法令、赏罚才是治国的关键。韩子甚至说：“君通于不仁，臣通于不忠，则可以王矣。”他不是说仁爱、忠诚不好，而是认为仁爱和忠诚不足以治国，彻底明白了这个道理，自然就可以称王天下了。换言之，君主与人臣的最佳选择，并不是道德层面的要求与约束，而是最切实的现实考量和最大化的利益追求，这才是真正经过了利弊权衡的结果。

——韩子讲得很露骨，很无趣。可是，这不也正是最真实的吗？

圣人治吏不治民

摇木者一一摄其叶[1]，则劳而不遍[2]；左右拊其本[3]，而叶遍摇矣。临渊而摇木，鸟惊而高，鱼恐而下。善张纲者引其纲[4]，若一一摄万目而后得[5]，则是劳而难；引其纲，而鱼已囊矣。故吏者，民之本、纲者也，故圣人治吏不治民。

注释 [1] 摄：牵引。[2] 劳而不遍：辛劳但是没法一一翻遍（每一片树叶）。[3] 拊（fǔ）其本：拍打树干。拊，击打，拍打。[4] 张纲：捕鱼时张开网。纲，系渔网的大绳。[5] 目：即渔网上的网孔。

译文 摇树的人逐一拨动每片树叶，虽然很辛苦，但也不能把每片树叶一一掀遍；如果左右拍打树干，那么所有的叶子就都会被晃动了。在深潭边上摇树，鸟受惊会向高处飞，鱼受到惊吓会往深处游。善于张网捉鱼的人牵引渔网的总绳，如果逐个拨弄网眼而后取得鱼，不仅劳累还很困难；而牵引网上的纲，鱼自然就被网住了。所以官吏就是百姓的本和纲，因此圣明的君主治理官吏不治理百姓。

治吏还是治民？

治吏还是治民，是一个值得深思的问题，统治者常常深陷其中，却不知如何选择。其实，韩子早已给出了答案。他强调“明主治吏不治民”。在韩子看来，“吏者，民之本、纲者也”，官吏好比树木的干枝、系渔网的总绳，而民众则是每片树叶、一大张渔网，从唯物辩证法的角度来看，干枝、总纲是主要矛盾，树叶、渔网则是次要矛盾，如此说来，治吏明显要比治民重要。

自古以来，民众始终占多数，面对这样一个庞大的群体，君主仅靠两只眼睛来监视，是不可行的。而官吏相对于百姓基数小，管理起来更有效便捷，这与“射人先射马，擒贼先擒王”的道理大致一样。若想要更好地统治国家，君主就要抓住官吏这一管理民众的“本”“纲”，才能起到“撼木摄叶”“纲举目张”的控制成效。因此，对于明智的君者来说，治民先治吏，治吏即治国。

明主治吏不治民，那该如何治吏呢？韩子认为“吏治”就是“术治”，因此，在治理官吏时，他强调恃术不恃人，以刑名之术来参验。正如他所说：“故群臣陈其言，君以其言授其事，专以其事责其功：功当其事，事当其言，则赏；功不当其事，事不当其言，则诛。”臣子陈述他的主张，君主根据他的言行分派给他事情，并专就他所做的事情来责求相应的功效，功效与所做事情相当，事情与他们当初所说相符，就给予奖赏；功效与他做的事情不相当，事情与当初所说不相符，就给予严惩。至于君主有没有忠心的臣子，其实无关紧要，只有依靠刑名参验之术来治吏，才是最靠谱的。

勿轻勿重

赵简主出税者[1]，吏请轻重。简主曰：“勿轻勿重。重，则利入于上；若轻，则利归于民。吏无私利而正矣[2]。”

注释：[1] 赵简主：即赵简子，赵鞅。春秋末年晋国的卿。在晋卿内讧中打败范氏、中行氏，并且进一步扩大封地，奠定了赵国的基础。出税者：派遣属下外出收税。[2] 正：适当。

译文：赵简子派官吏收税，官吏请示收税标准的高低，赵简子说：“不要太低，也不要太高。如果收得过高，利益就归于君主和官府，如果收得太低，利益又全归民众。官吏从中得不到私利，轻重就恰到好处了。”

中饱私囊

赵简子，原名赵鞅，是春秋后期晋国赵氏的首领。他专心于国事，致力于改革，功绩卓著。这里是说他委派税收官吏的事。《韩非子·外储说右下》还记载了一则薄疑和他的对话：

> 薄疑谓赵简主曰："君之国中饱。"简主欣然而喜，曰："何如焉？"对曰："府库空虚于上，百姓贫饿于下，然而奸吏富矣。"

薄疑所说的"国中饱"，赵简子理解为国中富足，所以沾沾自喜，还问："何如焉？"结果薄疑回答说："上边府库空空如也，下边百姓食不果腹，征收的赋税全被狡猾的官吏所贪污，可不是中间很富足嘛！"他的"国中饱"是说处于国君和百姓之间的奸吏太富有了！两则故事结合在一起，就是我们现在所说的中饱私囊的典故。

"勿轻勿重"，赵简子给收税官吏说的话也很有意思。不轻不重，说起来容易，可把握起来却很难。怎样算轻，怎样又算重？恐怕赵简子自己也未必明白，收税的官吏就更是一头雾水。所以，看似智慧的话，其实却毫无意义。好像很高明，结果却难免糊涂。说到底，还是征税的具体要求不明确，规则本身存在漏洞。赵简子也意识到了这一点，所以又补充说"吏无私利而正矣"。但他只是一味强调不能让官吏捞得好处，却没有明确的措施来约束他们，所谓的不轻不重，只是给奸吏们留下了钻空子的漏洞。比较起来，薄疑就比赵简子看得透彻。"国中饱"就是对"勿轻勿重"的冷峻反思。他知道，仅仅依靠模糊的语言要求和官员们的道德品质，并不能保证他们的廉洁自律，也不能避免中饱私囊的存在。人性中的贪婪最终还是得依靠法令来约束。"无以规矩，不成方圆"，法令就是国家的规矩。"勿轻勿重"的话，不但不能解决问题，而且还徒增混乱。

归根结底还是要"治吏"。韩子一再强调"明主治吏不治民"，就是要说明"治吏"的重要性。君主如何驾驭群臣官吏、防止奸邪之臣，根本上还得回到"信赏必罚"上面。君主运用"庆赏"与"杀戮"——也就是赏与罚——这两种手段，依靠“循名而责实”的办法，自然就可以真正识别那些中饱私囊的奸吏。朱元璋曾经给茹太素说：“金杯共汝饮，白刃不相饶。”相比于韩子所说的“治吏”，就只剩下权力的傲慢与粗暴了。

造父泣马

延陵卓子乘苍龙挑文之乘[1]，钩饰在前[2]，错錣在后[3]。马欲进则钩饰禁之，欲退则错錣贯之，马因旁出。造父过而为之泣涕，曰：“古之治人亦然矣。夫赏所以劝之，而毁存焉；罚所以禁之，而誉加焉。民中立而不知所由，此亦圣人之所为泣也。”

注释：[1] 延陵卓子：延陵为春秋时期吴地，在今江苏省常州市。延陵卓子大概是以地名为姓氏。乘苍龙挑文之乘：乘，驾驭。苍龙，青色高大的马匹。《周礼·庾人》：“马八尺以上为龙。”挑文，翟文，即马有像雉尾一样的花纹。挑，陈奇猷《新校注》引《说文》：“山雉尾长者为翟。”[2] 钩饰：控马用具。钩，络在马下巴的皮制的钩。饰，指饰于马头的马勒等物。[3] 错錣（zhuì）：马鞭前端交错的针。

译文：延陵卓子乘坐着高大鲜丽的马车，马前面有钩勒，后面有鞭刺。马要往前走，钩勒就会阻止它，想要后退鞭刺就会刺它，于是马只好斜着跑。造父路过时看见此场景，忍不住为马哭泣，说：“古代管理民众也是这样的。奖赏是用来勉励立功的，但毁谤也夹杂在里面；刑罚是用来禁止犯罪的，但是赞美却也夹杂在里面，人们只好呆着不动，不知所措，这也是圣人为之哭泣的原因。”

进退维谷

《诗经·大雅·桑柔》中提到：“人亦有言，进退维谷。”这句话是说无论是退还是进，都处于困境之中。诗句言简意赅，却极富哲理。韩子笔下也有这样一个“进退维谷”的寓言。

造父据说是春秋时期晋国人（一说是西周时期的人，曾给周穆王驾车西巡），非常善于驾驭车马，是个天下闻名的驾车高手。《韩非子·外储说右下》说："造父御四马，驰骤周旋而恣欲于马。"可见其技艺之高超。他有一次见到延陵卓子乘车，驾车的马是"苍龙挑文"，高大神俊，毛色华丽。可是延陵卓子驭马却很奇怪：马的前后布满了机关暗刺，使其进退不得，无法自由行走，只好斜着跑。延陵卓子的意图，大概是要求马匹步履整齐、行动统一，所以就想出了这么个馊主意。这样的车马，即便是让造父来驾驭，也没有办法行走，因为前后、进退的要求都是矛盾的。所以造父也忍不住为之哭泣，并由此感叹："古之治人亦然矣。夫赏所以劝之，而毁存焉；罚所以禁之，而誉加焉。民中立而不知所由，此亦圣人之所为泣也。"

这就是韩子的"造父泣马"。表面上是同情马的遭遇，实则是说明君主治理国家时存在的问题。民众之所以处于进退两难的境地，说到底，还是由于法令的无所适从，换句话说，就是君主的"不因事理"，以致于法令的自相矛盾。要想解决这一问题，还是要明确赏罚制度的标准，做到赏罚分明。韩子在《饰邪》中说过："赏罚敬信，民虽寡，强。赏罚无度，国虽大兵弱者，地非其地，民非其民。"他还说："故用赏过者失民，用刑过者不畏，有刑不足以禁，则国虽大，必危。"都是在强调君主只有做到法令明确、赏罚分明，才会使民众进退得当、行止有据，避免陷入进退维谷的境地。

造父的由马喻人，也体现了古代一个很重要的传统，那就是"论御"。"御"本身就是"礼、乐、射、御、书、数"之一，是儒家所说"六艺"的一种（《周礼·地官·保氏》），因而在先秦时期是一个很受关注的话题。"论御"在当时的典籍中是很常见的。《管子》《庄子》《孟子》《荀子》等书中都有以"御"来比喻治国、修身的相关论述。不过，相比较一般将其分为"天子之御""诸侯之御""大夫之御"等论述，韩子的"论御"更加具有法治的意味，也更有现实的针对性。

《难一》

自相矛盾

楚人有鬻盾与矛者[1]，誉之曰：'吾盾之坚，物莫能陷也[2]。'又誉其矛曰：'吾矛之利，于物无不陷也。'或曰：'以子之矛陷子之盾，何如？'其人弗能应也。夫不可陷之盾与无不陷之矛，不可同世而立。今尧、舜之不可两誉[3]，矛盾之说也。

注释：[1] 鬻（yù）：卖，出售。[2] 陷：攻破，击破。[3] 两誉：同时称赞。两，同时。

译文：楚国有个卖盾和矛的人，赞美他的盾牌说："我的盾很坚固，没有什么东西可以刺穿它。"又夸赞他的矛说："我的矛非常之锋利，没有什么东西是它刺不穿的。"有人问："用你的矛去刺你的盾，怎么样？"那人就不能够应答了。不能被刺穿的盾和无不刺穿的矛，是不能同时存在的。现在尧和舜不能同时被赞誉，就是矛与盾的道理。

二难问题

尧、舜是我国古代明君圣主的代表，所以历史上常用尧天舜日来比喻国泰民安的盛世之况。尧、舜的禅让作为儒家的理想也是一再被称道的。正因为尧、舜的伟大和圣明，所以他们的事迹也被人们广泛传颂。

《韩非子·难一》说："历山之农者侵畔，舜往耕焉，期年，甽亩正。河滨之渔者争坻，舜往渔焉，期年而让长。东夷之陶者器苦窳，舜往陶焉，期年而器牢。"历山一代的农民相互侵占田界，舜就去那里种田，一年之后，田界就恢复了正常；黄河边的渔民争夺水中的高地，舜就去那里打渔，一年之后，人们就懂得了谦让长者；东夷制造的陶器质量粗劣，舜就去那里干活，一年之后，那里的陶器就变得坚固了。总之，所有的纷争，舜都能够以身作则去感化民众，不但解决了问题，还提升了民众的道德水平。这就是后世所称颂的舜的圣明！

不过，韩子在这里却提出了一个很犀利的问题："方此时也，尧安在？"回答是："尧为天子。"可是，"圣人明察在上位，将使天下无奸也"。尧帝既然如此圣明，怎么又会有这么多的纷争呢？舜的"救败"，正表明了尧的过失。所以，"贤舜，则去尧之明察；圣尧，则去舜之德化。不可两得也"——如果肯定舜的功绩，就会否定尧的明察；而如果赞颂尧的圣明，就会否定舜的德化。"尧、舜之不可两誉，矛盾之说也"，这是个二难问题。儒者既想美化尧帝，又想赞颂舜帝，却留下了不可解决的逻辑漏洞。

不仅如此，就治国本身而言，韩子认为舜的做法也不足取。"舜救败，期年已一过，三年已三过。"他用三年的时间纠正了天下的三个过错，可问题是，"舜有尽，寿有尽，天下过无已者；以有尽逐无已，所止者寡矣"。像舜一样的贤人是有限的，舜的寿命也是有限的，如果仅以一人之力去解决无穷无尽的社会问题，必然是耗竭一人，又收效甚微。所以，在韩子看来，最好的办法还是回到法势之治，借助法令势位来矫正臣民的过错，"处势而矫下"；同时，厉行赏罚，"赏罚使天下必行之"，那么"令朝至暮变，暮至朝变，十日而海内毕矣"，不但收效快，而且好操作。就算是庸常之主，也可以轻易地治理天下了。

赵襄子善赏

襄子围于晋阳中[1]，出围，赏有功者五人，高赫为赏首[2]。张孟谈曰[3]："晋阳之事，赫无大功，今为赏首，何也？”襄子曰：“晋阳之事，寡人国家危，社稷殆矣。吾群臣无有不骄侮之意者，惟赫子不失君臣之礼，是以先之。”仲尼闻之曰：“善赏哉！襄子赏一人而天下为人臣者莫敢失礼矣[4]。”

注释：[1] 襄子：即赵襄子，春秋时期晋国的卿，赵简子的次子，其名无恤。智伯向赵襄子要封地，赵襄子拒绝。智伯联合韩、魏两家围攻赵襄子于晋阳，引水灌城。赵襄子派张孟谈暗中联合韩、魏两家，反灭智伯，三分其地。晋阳：今山西太原。[2] 高赫：赵襄子的家臣。[3] 张孟谈：赵氏家臣，赵襄子受困晋阳时，是张孟谈出计并联合韩、魏两家，攻灭智伯。[4] 仲尼闻之曰：据《孔丛子·答问》：“子鲋曰：‘昔我先君以春秋哀公十六年四月己丑卒，至二十七年荀瑶与韩、赵、魏伐郑，遇东垣而还。是时夫子卒已十一年矣。而晋四卿皆在也。后悼公十四年，知氏乃亡。此先后甚远，而韩非公称之，则无怍意！’”赵襄子围困于晋阳之事发生在孔子死后。日本学者松皋圆《定本韩非子纂闻》也对此事提出疑问，认为晋阳之围在前453年，距孔子卒年（前479年）已经27年，可备一说。

译文：赵襄子被围困在晋阳城中，解围之后，赏赐有功的那五个人，高赫居于受赏的第一位。张孟谈说：“晋阳的战事，高赫并没有立功，现在是赏赐之首，这是为什么呢？”赵襄子说：“晋阳的战事，我的国家陷入危险，社稷危急。我的大臣们没有对我不骄傲轻慢的，只有高赫没有忽视君臣之间的礼仪，所以首先奖励他。”孔子听说这件事情之后说：“这就是善于奖赏啊！赵襄子奖励一个人而使全天下的做臣子的人都不敢再失礼了。”

善赏还是不善赏？

赵襄子是春秋末期晋国的卿大夫。自晋文公作三军设六卿起，晋国的军政大权就一直由六卿把持，后来为了争夺权力，六卿之间不断相互倾轧。到了赵襄子的时代，智伯瑶取得了晋国正卿的地位，开始竭力发展自己的势力。公元前455年，智伯瑶假借国君之命，向赵、韩、魏三家各索取一个万户之邑，韩康子、魏桓子迫于实力有限，所以忍辱献地。然而赵襄子却不愿俯首称臣，坚决拒绝了智伯瑶献地的要求，智伯瑶因此联合韩魏两家出兵攻赵，赵襄子退守晋阳。

晋阳之战非常惨烈，最后的获胜者是实力较弱的赵襄子。在这场反败为胜的角逐中，张孟谈居功至伟，正是在他的游说下，韩魏两家临阵倒戈，与赵结盟，最终消灭了智伯瑶。但奇怪的是，后来赵襄子行赏，第一个得到封赏的不是张孟谈而是高赫，对此，立下首功的张孟谈自然要问："晋阳之事，赫无大功，今为首赏，何也？"

赵襄子如此封赏，也有其特殊的用意。晋阳被围，赵氏危在旦夕，彼时"群臣无有不骄侮之意者，惟赫子不失君臣之礼"。赵襄子首赏高赫，就是希望其他臣子仿效高赫，以此彰显君臣之道。这是当时儒家的基本看法，所以特别假借孔子之口说："善赏哉！襄子赏一人而天下为人臣者莫敢失礼矣。"

不过，这样的做法却不是韩子所赞同的。他以"或曰"的方式反驳说："仲尼不知善赏矣！"在他看来，"夫善赏罚者，百官不敢侵职，群臣不敢失礼。上设其法，而下无奸诈之心。如此，则可谓善赏罚矣。"国君施行赏罚，一定要严格遵循"赏不加于无功，罚不加于无罪"的原则。相比于赵襄子所说的那些骄侮之臣，高赫只是奉行了人臣的本分，只是无罪而已。赵襄子不严惩有罪，又重赏无罪，是对功过是非的混淆与错位。

《韩非子·难二》中还讲到齐桓公也犯过的类似错误：

> 齐桓公饮酒醉，遗其冠，耻之，三日不朝。管仲曰："此有国之耻也，公胡其不雪之以政？"公曰："胡其善！"因发仓囷赐贫穷，论囹圄出薄罪。处三日而民歌之曰："公胡不复遗冠乎！"

齐桓公因为酒醉丢失帽子而感到羞耻，所以他听取了管仲"雪之以政"的办法，一是开仓放粮，赈济贫困的民众；二是审查罪行，释放犯了轻罪的囚犯。这样的做法在韩子看来也完全是错的，管仲的建议是“雪桓公之耻于小人，而生桓公之耻于君子矣”。无故开仓分粮，就是奖赏无功之人；轻易赦免囚犯，就是不诛罚有罪之人。这就完全违背了韩子赏功罚罪的原则，是“乱之本也”。

《难二》

晋平公问叔向

晋平公问叔向曰[1]:“昔者齐桓公九合诸侯，一匡天下，不识臣之力也？君之力也？”叔向对曰:“管仲善制割[2]，宾胥无善削缝[3]，隰朋善纯缘[4]，衣成，君举而服之，亦臣之力也，君何力之有？”师旷伏琴而笑之[5]。公曰:“太师奚笑也[6]？”师旷对曰:“臣笑叔向之对君也。凡为人臣者，犹炮宰和五味而进之君[7]，君弗食，孰敢强之也。臣请譬之：君者，壤地也，臣者，草木也，必壤地美然后草木硕大，亦君之力也，臣何力之有？”

注释 [1] 叔向：晋大夫，姬姓，羊舌氏，名肸（xī），字叔向，他出身晋国公族，历事晋悼公、晋平公、晋昭公三世。晋平公六年（前552年），因其弟羊舌虎和栾盈同党，一度为范宣子所囚。后被晋平公任为太傅。主张维持旧制度，反对政治改革，曾写信指责郑子产公布“刑书”。是当时著名贤臣。[2] 制割：剪裁而制衣。比喻制定国家的大政方针。制，裁，裁定，裁衣。割，剥。[3] 宾胥（xū）无：齐国大夫。姓宾。削缝：缝连大小之布而得其宜。比喻对大政方针进行补充、修正。削，分，割裂。缝，以针线连缀。[4] 隰（xí）朋：人名，与管仲同为齐桓公之相。纯缘：沿着衣服的边缘作修饰，比喻对政策进行完善。[5] 师旷：春秋晋国乐师。善于辨音。[6] 太师：古代乐官之长。《国语·鲁语下》:“昔正考父校商之名颂十二篇于周太师。”韦昭注:“太师，乐官之长，掌教诗、乐。”[7] 炮宰和五味：厨师调和五味。炮宰，即庖宰，厨师。

译文： 晋平公问叔向："以前齐桓公多次会盟诸侯，统一了天下，不知道是臣下的力量还是君主的力量？"叔向回答说："我就拿做衣服来打比方。管仲善于剪裁，宾胥无善于缝制，隰朋善于装饰，衣服便做成功了。桓公便拿来穿着享用，这完全是臣下的力量，君主哪有什么力量？"师旷伏在琴上发笑。平公问："太师为何发笑？"师旷回答道："我在笑叔向刚才那回答您的话。做臣下的就像调和五味奉献给君主的厨子，如果君主不食用，哪个做臣子的能强迫他呢？我来为您打个比方。君主就像土地，臣下好比生长其上的草木，一定要土壤肥沃，草木才能茁壮生长。这完全是君主的力量啊，臣下又有什么力量呢？"

穿衣、吃饭与霸业

身为春秋五霸之首的齐桓公是韩子经常提及的君主之一。在本则故事之中，韩子以晋平公提问叔向：齐桓公"九合诸侯"成就霸业是依靠君主的力量还是臣子的力量而展开。叔向以制作衣服进行比喻说明自己的观点，他列举了齐桓公的几位贤臣，说到管仲善于裁剪，宾胥无擅长缝纫，隰朋善于镶饰衣边，衣服做好后君主拿来穿上。衣服之所以成为衣服，靠的就是臣子的各项工作。言下之意是齐桓公成就霸业，依靠的就是这些做局部工作的臣子。师旷听到这样的回答，笑得趴在琴上。针对叔向的观点，师旷先是将侍奉君主的臣子比作烹调五味的厨师，食物做好了，君主不愿吃，谁也不能勉强，那么食物烹调得再美味可口又有什么用呢？师旷一喻不足，又补一喻，他接着说君王之于臣子，好比土地之于草木，草木生长得旺盛，并不决定于草木的"意志"，依靠的是土壤的肥沃。弦外之音即：王霸之业的建立，依靠的是君主的力量。

然而无论是叔向还是师旷，他们的说法都具有一定的局限性。叔向将王霸之业比作制衣，叔向之喻暗含着君主必然会穿上衣服的假设；师旷则认为不然，他认为臣子制成了华丽的衣服，好比厨师烹调好了的美食，但是君主不一定会“买账”。也就是说如果君主不穿臣子精心制作的衣服，那么华服就同美食一样没有什么意义，臣子为“王霸之业”而做的所有工作，都会付诸东流。

韩子没有陷入二人的循环辩难之中，他独具只眼地指出：“叔向、师旷之对，皆偏辞也。夫一匡天下，九合诸侯，美之大者也，非专君之力也，又非专臣之力也。”韩子列举了历史上的许多名臣贤君戮力同心共成霸业的史实：“且蹇叔处干而干亡，处秦而秦霸”“昔者晋文公慕于齐女而亡归，咎犯极谏，故使反晋国。故桓公以管仲合，文公以舅犯霸”。韩子没有使用叔向与师旷需要诸多前提假设的譬喻，而以史为证，对叔向与师旷二人的观点进行了有力的批驳，最终提出“凡五霸所以能成功名于天下者，必君臣俱有力焉”的精彩论断。

值得注意的是，故事所运用的叙事手法也十分老到。韩子在晋平公与叔向的问对之中，突然穿插师旷伏琴而笑的细节，转而引出师旷的譬喻，张弛有度的叙事节奏与其透辟深刻的说理内容相得益彰。韩子散文辉煌灿烂的文学成就与严密的行文构思于此可见一斑。

《难三》

寺人披见晋文公

文公出亡[1]，献公使寺人披攻之蒲城[2]，披斩其祛[3]，文公奔翟[4]。惠公即位[5]，又使攻之惠窦[6]，不得也。及文公反国[7]，披求见。公曰：“蒲城之役，君令一宿[8]，而汝即至；惠窦之难，君令三宿，而汝一宿，何其速也？”披对曰：“君令不二[9]。除君之恶[10]，惟恐不堪[11]。蒲人、翟人，余何有焉？今公即位，其无蒲、翟乎[12]？且桓公置射钩而相管仲。”君乃见之。

注释 [1] 文公出亡：晋献公宠幸骊姬，骊姬生奚齐，从嫁的妹妹生卓子。骊姬想立自己的儿子奚齐为世子，于是设计谋害原来的世子申生，又谗害晋公子重耳和夷吾。晋公子重耳便踏上十九年的流亡之路。[2] 献公：晋献公，春秋时期晋国国君，名诡诸。寺人披：宦官，名披。寺人，古代宫中的近侍小臣，多以阉人充任。蒲城：晋公子重耳的封地，在今山西隰县西北。[3] 披斩其祛（qū）：披斩断了他（晋文公）的衣袖。祛，衣袖袖口。[4] 文公奔翟：晋文公出逃到北狄。翟，假借为“狄”，狄是北方落后的民族。[5] 惠公即位：晋公子重耳出逃后，逃到狄国。夷吾逃到梁国。献公死后，晋大夫里克先后杀死奚齐和卓子，夷吾靠秦、齐两国的力量，回到晋国，成为晋惠公。重耳辗转逃亡各国十九年，最终在秦国的帮助下回国，杀晋惠公之子怀公，成为诸侯霸主。[6] 惠窦：地名。[7] 反：通“返”。[8] 君令一宿：君主（晋献公）命令你两天到达（蒲城）。一宿，路上过一夜到达，即两天时间。下文“即至”，当天到达；三宿，经过三个晚上到达，即四天。[9] 君令不二：君主的命令不可违抗。二，有二心，违抗命令。[10] 恶：憎恨。[11] 不堪：不能。[12] 其：表示反诘的副词，相当于“岂”。

译文 晋文公出外逃亡，他的父亲晋献公指使一个名叫披的宦官去蒲城击杀他，披斩断了他的袖口，晋文公逃到翟地。晋惠公即位后，又派遣披去惠窦这个地方捉拿重耳，没有捉到。等到晋文公重耳回到晋国之后，寺人披求见。晋文公说：“蒲城一事，献公命令你第二天赶到，而你当天就到了；惠窦一事，惠公命令你三日赶到，而你一夜后就到了，为什么那么快呀？”寺人披回答说：“君主的命令说一不二。除掉君主讨厌憎恶的人，我只担心不能胜任。蒲人、翟人对我而言又有什么区别呢？现在您即位了，难道就没有像翟人、蒲人那样的憎恶的敌人吗？况且齐桓公不记恨管仲射中带钩的私怨而任用管仲为相。”于是晋文公才接见了他。

晋文公的气度

晋文公重耳是晋惠公夷吾的兄长，两人都是晋献公的儿子。骊姬之乱中，太子申生含冤自杀，两兄弟不得已出逃避祸，重耳逃到了蒲邑，夷吾逃到了屈邑。可是祸患并没有因此而平息，为了铲除后患，骊姬继续在献公面前诬陷二人，晋献公也怀疑两个儿子不辞而别是蓄意谋反，因此派兵追杀，决心置重耳、夷吾于死地，其中追杀重耳的是一位名叫披的宦官。他非常尽心，一路穷追不舍，赶到蒲城后斩断了重耳的衣袖，差点就杀了他。重耳被迫出奔翟国。晋献公死后，骊姬的儿子奚齐继位，不久就被大臣里克所杀。公子夷吾在秦国的支持下，顺利返回晋国，登上国君之位，是为晋惠公。当然，仇杀并没有就此停止，晋惠公继续派寺人披赶到惠窦捉拿重耳，也没有成功。这些怨仇，重耳自然不会忘记。

正是这位寺人披，却在重耳流亡十九年、返国即位之后，前来求见。晋文公当然很生气："蒲城之役，君令一宿，而汝即至；惠窦之难，君令三宿，而汝一宿，何其速也？"寺人披怎么回答呢？"君令不二。除君之恶，惟恐不堪。蒲人、翟人，余何有焉？"追杀重耳是当时国君所下达的命令，作为臣子，寺人披奉命行事乃是职责所在，蒲人、翟人对他来说有什么区别呢？现在晋文公即位，难道就没有蒲、翟这样的仇敌吗？况且，"桓公置射钩而相管仲"，晋文公难道不应该效法齐桓公而不计前嫌吗？寺人披的这一番话说得真好！晋文公终于尽释前嫌，接见了他，也展示了一代霸主开阔的胸襟气度。

这自然是一段佳话。不过，在韩子看来，其中的问题却是很严重的："齐、晋绝祀，不亦宜乎！"为什么呢？桓公能用管仲之功而忘射钩之怨，文公能听寺人之言而弃斩祛之罪，这是齐桓、晋文的气度，"能容二子者也"。可是，如果后世都来仿效，那就是自寻灭亡的死路。因为"后世之君，明不及二公；后世之臣，贤不及二子"，臣子作奸犯科，往往假借管仲、寺人之事为自己开脱；而国君才智又远不及齐桓、晋文，容易被臣子的花言巧语所欺瞒，最终必然酿成亡国之祸。燕国的公孙操刺杀燕惠王、宋国的子罕劫杀宋桓侯，以及田氏代齐、三家分晋……历史的不断重复，都是因为臣子似忠实奸、而国君似明实愚的缘故。

看来，有些事终究是不能学、也学不来的。

桓公射隐

人有设桓公隐者曰[1]："一难[2]，二难，三难，何也？"桓公不能对，以告管仲。管仲对曰："一难也，近优而远士[3]。二难也，去其国而数之海[4]。三难也，君老而晚置太子。"桓公曰："善。"不择日而庙礼太子。

注释 [1] 设隐：提出谜语。隐，隐语。[2] 一难（nàn）：治理国家的第一种祸患。下文二难、三难为第二种、第三种祸患。[3] 近优而远士：亲近俳优而疏远贤才。优，唱歌演戏供人取乐的俳优。[4] 去其国而数之海：离开国都多次到海上游玩。去，离开。国，国都。数，屡次，多次。之，到。

译文 有人给齐桓公设隐语说："一难，二难，三难，是什么呢？"桓公回答不出，便把它告诉管仲。管仲回答说："第一个祸患，亲近身边的优人而疏远贤士。第二个祸患，离开自己的国家而多次前往海上游玩。第三个祸患，君主年老却很迟才设立太子。"桓公说："很好。"不挑选日子就在宗庙举行了设立太子的仪式。

"一难，二难，三难"

齐桓公和管仲的故事是韩子特别喜欢讲的，"桓公射隐"就是其中之一。"隐"是先秦时期的一种特殊的文艺形式，类似于后来的谜语，"射隐"就猜谜语。有人以隐语的方式给齐桓公讲道理。

讲道理是一件难度很大的事情，如果不讲求说话的方式方法，而只是喋喋不休地长篇大论，即使把道理讲得清楚明白，但也很难打动别人，有时甚至还会因此招致怨恨。普通人之间如此，大臣向国君进言，更要小心谨慎，否则激怒了国君，谏言非但不会被采纳，还有可能招致杀身之祸。《韩非子·说难》就说："夫龙之为虫也，柔可狎而骑也；然其喉下有逆鳞径尺，若人有婴之者，则必杀人。人主亦有逆鳞，说者能无婴人主之逆鳞，则几矣。"如何才能不去触犯人主的逆鳞，的确是个大问题。

故事中向齐桓公进言的人则十分取巧，他的隐语引起了齐桓公的兴趣。"一难，二难，三难"，简单的谜面却暗含着丰富的意蕴，既令人好奇，又言有所指，充满了吸引力。这大概是一个有难度的隐语，桓公猜不出来。于是管仲趁热打铁，适时指出了当时齐桓公的三个问题，即"近优而远士""去其国而数之海"以及"君老而晚置太子"。故事的结局很好，桓公知错即改，"不择日而庙礼太子"，迅速确立了太子。当时的齐国能称霸诸侯，根本上是靠齐桓公和管仲的励精图治，也就是韩子所说的"以一人之力禁一国"。所以管仲时时提醒齐桓公，目的就是为了巩固来之不易的霸业，因为如果国君本人稍有松懈，那么马上就会面临国乱势衰的危险。

不过，在韩子看来，这样的做法并不可取。因为偌大的齐国，即使齐桓公日日坐镇朝堂，勤于国政，又怎么可能兼顾所有事务呢？所以韩子说："以一人之力禁一国者，少能胜之。"管仲认为早立太子可以安定人心，稳固政局。可是，历史上楚成王已经封商臣为太子，但又宠爱小儿子公子职，想废长立幼，结果导致太子商臣叛乱，杀父自立。无独有偶，周威公立公子宰为太子，但又宠爱公子根，所以周威公死后，公子宰与公子根争夺君位，最终导致周分裂为东周、西周两个小国。这样看来，问题的关键不在于确立太子时间的早还是晚，而在于如何确保太子地位的明确和稳固。

韩子的解释是："物之所谓难者，必借人成势而勿使侵害己，可谓一难也。贵妾不使二后，二难也。爱孽不使危正适，专听一臣而不敢偶君，此则可谓三难也。"管仲将"难"解释为祸乱，韩子则解释为困难。国君治国的难处就是明确区分君臣、后妾、嫡庶地位的尊卑贵贱，只有确立明确的法律制度，并且严格执行赏罚，才能杜绝以下犯上的情况，只有这样，国君之位才能从根本上得到稳固。

法莫如显，术不欲见

管子曰："言于室，满于室；言于堂，满于堂：是谓天下王[1]。"

或曰：管仲之所谓言室满室、言堂满堂者，非特谓游戏饮食之言也[2]，必谓大物也[3]。人主之大物，非法则术也。法者，编著之图籍[4]，设之于官府[5]，而布之于百姓者也[6]。术者，藏之于胸中，以偶众端而潜御群臣者也[7]。故法莫如显，而术不欲见[8]。是以明主言法，则境内卑贱莫不闻知也，不独满于堂；用术，则亲爱近习莫之得闻也，不得满室。而管子犹曰"言于室满室，言于堂满堂"，非法术之言也。

注释 [1] 管子曰：该句话见于《管子·牧民》，原文作："言室满室，言堂满堂，是谓天下王。"室，日常起居之地。堂，君主处理政事的场所。[2] 特：仅，只。[3] 物：事理，治理国家的大道。[4] 编著之图籍：记载在书簿上。编，编次。著，记述。图籍，书簿。[5] 设：设置。[6] 布：公布，公示。[7] 偶众端而潜御群臣：表面应付臣下做的许许多多的事，暗地里控制群臣。偶，遇合，应付。众端，众多事情。潜御：暗地里控制。[8] 见：同"现"。

译文 管子说："在一室之内说话，声音充盈于室；在大堂之上说话，声音充塞于大堂。这才可以被称作领导天下的王。"

有人说：管仲说的"在室内说话，让满室的人都听见；在堂内说话，让满堂的人都听见"，这不是游戏饮食的话，而是治理国家的大道。君主治理国家的大道，不是法就是术。所谓法，就是要记载于书簿，设置在官府推行，公布给百姓遵守的东西；所谓术，君主要怀于胸中，用来应付各种各样的事情，暗地里驾驭群臣。因此，法最好是公开显现的，而术最好是潜藏于胸中，不为外人所见的。英明的君主讲法，全国的百姓都可以听到，不止于一室之内；运用术治，即便是左右亲信之人，也不会让他们知道，更不会让全室的人听到。管子却说："在室内说话，全室的人都会听到；在大堂讲话，全堂的人都要听见。"这是不懂法术的话呀！

密"术"与公"法"

韩子继承并发扬了先秦法家学说，把商鞅的"法"、申不害的"术"和慎到的"势"融为一体，认为申、商二人只重视"术"与"法"的主张"皆未尽善也。"本段选文中，韩子从批评管仲的名言出发，认为"法"应昭告天下，而"术"则应秘而不宣。

法即法律、法令，它们被写在书籍之上，置于官府之内，用以教化民众，自然是传播得越广泛越能发挥其约束作用，这样才能做到他所主张的"以法为教""以法教心"。所以他说："法明则内无变乱之患"，官员知法，民众明法、守法，国家就会太平。因此，他认为对于"法"而言，按照管仲的说法只让室内、公堂之上的人听到法，是远远不够的，应该让全天下的人都知道。"法"，应保持其公开性，韩子主张严刑峻法，法是制约臣子与民众的"公器"，必须要保持其公开性，必须做到"言满天下"，来保证其应有的效力。而"术"作为君主管理臣下与民众的韬略、手段，则应越隐蔽越好，越神秘越好。基于"人性恶"的根本大前提，韩子认为君臣之间只存在赤裸裸的利益关系，不仅仅是朝堂上的臣子，就连与君主关系亲近的"后妃夫人、适（嫡）子为太子者，或有欲其君之蚤死者"。这足以说明韩子站在君主的立场之上，认为君臣二者处于利益的对立面。与此同时，君主掌握"刑赏"二柄，就足以说明君臣关系也具有一定的共同性。韩子认为君主要熟练的掌握御下之术，是实现利益最大化的重要手段之一。而对于"术"，韩子则认为应对其"秘而不宣"。韩子认为"人主之患在于信人，信人，则制于人"。君主的大患在于过于相信别人，相信他人就会受制于人，更不必提及驾驭臣子了。韩子认为君主要不受制于人，就要让臣子看不清，摸不透，猜不着，才能实行"众端参观”“一听责下”“疑诏诡使”“挟知而问”“倒言反事”等等御下之术。因此，君主实行统治谋略的“术”，是秘不示人的利器，就连身边的宠臣亲信也不能泄露，更不必说让室内的人和堂上的人都知道。他主张为上者需掩盖自己的真实想法，以便考察为下者是否各司其职、是否忠诚，他赞扬践行“欲发天下之大事，未尝不独寝”的韩昭侯，也表彰他通过假装失去指甲来考验群臣是否忠诚；他也借他人之口，将私下派人寻得“曲杖”的周君赞为神明……在这些故事中，下级似乎始终处于被上级所支配甚至愚弄的尴尬境地，但是韩子却认为这才是明主理应掌握的“御下之术”。“术”的神秘性，可以使得君主避免下属摸透为上者的心思，也能避免为下者“投其所好”，损毁“法”的效力，从而维持君主在君臣关系中的主动与支配地位；“法”的公开性，为民众与臣子的立身行事提供了根本的“刑赏”标准，而严刑峻法使得化身为“法”的君主与国家意志得以严格执行。

神秘的“术”与公开的“法”，二者的功用与性质本就不同，不能以“满室”“满堂”一概而论。然而，这里却似乎存在着一个悖论，即韩子怎能、怎会、怎该深谙君主那秘不示人的“帝王之术”呢？如此，那么韩子在与韩王君臣关系之中，他就显得十分尴尬，因为他实在是“知道得太多了”，上书韩王的肺腑之言，未尝不会刺痛君主的疑心，掀翻君主的“逆鳞”，这或是他不受韩王待见的原因之一吧。

《难四》

侏儒梦灶

卫灵公之时[1]，弥子瑕有宠[2]，专于卫国[3]。侏儒有见公者曰：“臣之梦浅矣[4]。”公曰：“奚梦？”“梦见灶者，为见公也。”公怒曰：“吾闻见人主者梦见日，奚为见寡人而梦见灶乎？”侏儒曰：“夫日兼照天下，一物不能当也[5]。人君兼照一国，一人不能壅也[6]。故将见人主而梦日也。夫灶，一人炀焉[7]，则后人无从见矣。或者一人炀君邪？则臣虽梦灶，不亦可乎？”公曰：“善。”遂去雍鉏[8]，退弥子瑕，而用司空狗[9]。

注释：[1] 卫灵公：春秋时期卫国的国君。[2] 弥子瑕：又称“卫子瑕”，卫灵公的宠臣。[3] 专：专权，专断。[4] 浅：通“践”，应验。[5] 当：通“挡”，遮蔽。[6] 壅：堵塞，阻挡。[7] 一人炀（yáng）焉：炀，烘烤、烤火。《内储说上》：“今或者一人有炀君者乎？”陈奇猷《集释》：“此讥弥子瑕专壅蔽君之明乎？”[8] 雍鉏（jū）：也作雍渠，春秋时期卫国的宦官。据《史记·孔子世家》：“卫灵公与南子同车，雍渠参乘，使孔子为次乘。孔子耻之，遂去卫。”[9] 司空狗：日本学者松皋圆《定本韩非子纂闻》以此人为史狗，即史朝的儿子。

译文：卫灵公在位的时候，弥子瑕十分受宠，在卫国专权。有位侏儒拜见卫灵公说：“我做的梦应验了。”卫灵公说：“什么梦？”“我梦见了灶，说明要拜见君主。”卫灵公生气地说：“我听说拜见君主的人都是梦见太阳，为什么将要拜见我却梦见了灶呢？”侏儒说：“太阳的光芒普照天下，没有哪一个物体能够挡住太阳的普照。君主则普照全国，任何一个人都不能阻塞蒙蔽圣上的视听。所以将要见到君主的人要梦到太阳。而灶，一个人在灶门前烤火，后面的人就没办法看见火了。是不是有一个人像在灶门前烤火一样蒙蔽了您呢？那么微臣即使梦见了灶，不也是可以的吗？”卫灵公说：“好。”于是罢去雍鉏，辞去弥子瑕，而任用司空狗。

侏儒的幽默

古代君主身边常有一批侍从、娱乐之臣，其中就有一些侏儒。他们虽然身材有缺陷，地位又低下，常被当作嘲笑取乐的对象；但头脑灵活、反应机敏、言语便利、诙谐幽默，其行为举止常常在令人捧腹之余，又引人深思。

这位讽谏卫灵公的侏儒正是如此。他以“梦灶”设喻，提醒君主有臣子恃宠而骄，在卫国专权横行，甚至掩盖了国君的威势，就像有人坐在灶门前堵住了炉火的光芒一样。他的“梦灶”相较于“梦日”，也的确是一个黑色幽默。

侏儒所说的宠臣正是弥子瑕。卫灵公与弥子瑕的故事《韩非子》中多次讲到过。《说难》记载：

> 昔者弥子瑕有宠于卫君。卫国之法：窃驾君车者罪刖。弥子瑕母病，人间往夜告弥子，弥子矫驾君车以出，君闻而贤之曰：“孝哉，为母之故，忘其刖罪。”异日，与君游于果园，食桃而甘，不尽，以其半啖君，君曰：“爱我哉，忘其口味以啖寡人。”

卫灵公看来是很重口味的。不过，“及弥子色衰爱弛，得罪于君，君曰：‘是固尝矫驾吾车，又尝啖我以余桃。’故弥子之行未变于初也，而以前之所以见贤而后获罪者，爱憎之变也。”——也不是真爱！

因为侏儒的讽谏，所以卫灵公黜退了雍鉏和弥子瑕，提拔了司空狗，去其所爱，用其所贤，结果看上去很完美。不过，韩子的用意却不在于此，他对此做了两次“反转式”的驳论。第一层反驳：“侏儒善假于梦以见主道矣，然灵公不知侏儒之言也。”侏儒说得很好，可是卫灵公却没有听懂。“今不加知而使贤者炀己，则必危矣”。君主如果不依靠智慧去辨别，而使所谓的贤者蒙蔽自己，那才是真正的危险。第二层反驳：因为一个人自认为的贤者，不一定是真正的贤者，所以，“非贤而贤用之，与爱而用之同”。譬如，晋灵侯以参无恤为贤，燕王哙以子之为贤。但事实上，这两个人都是不贤的。可见对于贤人的判定往往也是出于个人的喜好。所谓的贤人也好，宠臣也罢，国君如果仅以个人喜好为判断标准，而不加以参验核查，那么二者的本质是相同的，结果也依然是对君主自身的蒙蔽。这一点，大概是侏儒所不能认识到的——“则侏儒之未可见也！”

《难势》

慎子论势

慎子曰[1]：飞龙乘云[2]，腾蛇游雾[3]，云罢雾霁[4]，而龙蛇与蚓蚁同矣，则失其所乘也。贤人而诎于不肖者[5]，则权轻位卑也；不肖而能服于贤者，则权重位尊也。尧为匹夫，不能治三人；而桀为天子，能乱天下：吾以此知势位之足恃而贤智之不足慕也[6]。夫弩弱而矢高者，激于风也[7]；身不肖而令行者，得助于众也。尧教于隶属而民不听[8]，至于南面而王天下[9]，令则行，禁则止。由此观之，贤智未足以服众，而势位足以屈贤者也。

注释：[1] 慎子：名到，战国时赵国人，主张用势。《汉书·艺文志》著录《慎子》四十二篇，列于法家。[2] 飞龙乘云：龙乘云而上天，比喻英雄豪杰乘时而得势。古人以为，龙作为四灵之一，有神性，能在空中飞行。龙凭借云的作用在空中飞行，所以称为“乘云”。[3] 腾蛇游雾：腾蛇又名飞蛇，是一种形状似龙的蛇，在飞行时能够兴起云雾。[4] 云罢雾霁（jì）：云消雾散。霁，本指雨停，这里指云雾散尽。[5] 诎（qū）：屈服。[6] 以：凭借。[7] 激于风也：受到风的吹刮。激，吹刮。[8] 尧教于隶属而民不听：尧身属贱民时教化民众，民众是不会听的。隶属，指古代犯罪之人及其家属。属，相当于辈、类，表示复数。[9] 南面而王天下：（尧）成为君王统治天下。南面，古时君王的座位面向南，因此称君王为南面。

译文：慎到说：飞龙、腾蛇乘驾着云雾在空中飞行，然而一旦云消雾散，它们也就跟蚯蚓、蚂蚁一样了，这是因为它们失去了飞行所凭借的云雾。贤人屈服于德才不好的人，是因为贤人权力小、地位低；德才不好的人被贤人所制服，是由于贤人权力大、地位高。如果尧是一个普通的人，就连三个人也管理不了；桀当了天子，就能使得天下大乱：我由此认识到权力和地位是可以依靠的，而贤能才智是不值得羡慕的。弓的力量很小，而箭却能射得很高，那是因为风力推动的缘故；本身没有德才却能使得政令施行，那是因为得到了众人的帮助。当尧处在卑下地位时对人施教，人们并不听从，而等到他成为君王统治天下的时候，他命令做的，人们就马上执行，他禁止做的，人民就马上停止。由此看来，贤能才智并不能够制服众人，权势地位却足以使贤人屈服。

慎到的“法”与“势”

慎到是战国时期的赵国人，也是早期法家学派的代表人物，政治上主张“任势”，所谓“势”，就是权势、势位，尤其指君主的权力和地位。一般都认为，韩子“法、术、势”思想中的“势”论，就来源于慎子。

不仅如此，慎到关于法也有很多精彩的论述。譬如，《慎子·威德》篇说：“法虽不善，犹愈于无法，所以一人心也。”意思是，法律法令即使有不完善的地方，但总比没有法律法令强，因为它可以起到统一人心的作用。足见法令制度在统一、规范人们思想行为方面的重要性。又如，“法之功，莫大使私不行”，意思是，法律的功用，没有比杜绝私利之事更大的了。强调法律的最大功用就是保证公平、公正，不能徇私。“故蓍龟，所以立公识也；权衡，所以立公正也；书契，所以立公信也；度量，所以立公审也；法制礼籍，所以立公义也。凡立公，所以弃私也。”法制礼籍与蓍龟、权衡、书契、度量一样，都是用来昭示公平、公正的。这些意见，实在是值得我们学习的。看来，韩子在慎到那里传承下来的，不只是“势”论，更有“法”的思想。

慎到为什么要强调“任势”？因为在他看来，“贤智未足以服众，而势位足以屈贤者也”。依靠个人的贤能才智并不能够统御民众，而君主所依赖的权势地位却足以使贤人服从。同样，民众之所以听从君主的号令，其实只是对君主势位和权力的屈服，而与君主本人的贤德并无干系。再说透彻一点，不肖之人一旦获得了相当的权势，贤人就不得不接受他的管制；而贤人如果有朝一日反过来制约不肖之人，我们也要明白，这不是贤能战胜了不肖，也不是正义战胜了邪恶，只是因为贤人获得了更大的权势。究其本质，仍然是势治而非贤治。所以慎子说："尧为匹夫，不能治三人；而桀为天子，能乱天下。"没有权势，尧的圣贤就无法施展，而夏桀纵然暴虐无道，但其一言一行仍能影响天下，就是因为他坐拥至高无上的权势。

韩子也讲过类似的道理，他将孔子和鲁哀公进行对比，孔子是天下之大圣，而鲁哀公只是无能之君，可反讽的是，天下跟随圣人孔子的只有区区七十多人，而臣服于庸主鲁哀公的，却是整个国家的民众，其中也包括孔子自己。所以，关键不在于个人的品德，而在于君主的势位。韩子所说的"民者固服于势，势诚易以服人"，和慎子的观点也是一脉相承的。

《问辩》

法不两适

明主之国，令者，言最贵者也[1]；法者，事最适者也[2]。言无二贵，法不两适，故言行而不轨于法令者必禁[3]。若其无法令而可以接诈、应变、生利、揣事者[4]，上必采其言而责其实[5]。言当，则有大利；不当，则有重罪。是以愚者畏罪而不敢言，智者无以讼[6]。此所以无辩之故也。

注释 [1] 言最贵者也：君主的命令是最尊贵的言辞。君主所发的命令具有和法律同等的效力，不容再有与君令相反的法令，所以"言无二贵"。[2] 事最适者也：法律是一切事情最适应的准则。法是用文字写出来，公布于百姓，设置在官府推行的。不容许在法令之外还有和法相反的途径，必须按照法律规定严格办理，所以说，法不两适。适，适应，适当。[3] 轨：遵循，依照。[4] 若：承接连词，至于。接诈：应接虚伪奸诈。揣事：忖度事情的发展变化。[5] 采：采纳。责：验证。[6] 讼：争论，争辩。

译文：在明君的国家里，诏令是最尊贵的言辞，法律是适宜的行事准则。除诏令外，不能有第二种尊贵的言辞；除法律外，没有第二种适宜的行事准则，所以不符合法令的言行都必须禁止。如果他的言论没有法令的依据，就可以对付奸诈、应对变故、产生利益、揣摩事理，君主必定采纳他的言论同时责求他的实效。言论和实效两相符合，就给予重赏；言论和实效不符，就给予重罚。因此愚笨之人害怕被治罪而不敢轻易说话，智巧之人也没有办法来争辩。这就是没有辩说的缘故。

“中人”的智力

法令是韩子法治思想的核心所在。《韩非子》所说的“令”，指君主所颁布的诏令，而“法”指有成文的国法。诏令出于君主，法律出于官府，二者皆是君主意志的体现。《韩非子》一书中不止一处对法令进行界定和解释。《难三》中说：“法者，编著之图籍，设之于官府而布之于百姓者也。”《定法》中也说：“法者，宪令著于官府，刑罚必于民心，赏存乎慎法，而罚加乎奸令者也。”圣主明君制定法令来治理国家，法令成则公布于天下四方，使得一国之人必须全部遵守。“法令”地位之神圣坚不可摇，所以韩子特别强调“言无二贵，法不两适”。

“言无二贵，法不两适”也是有其传统的。《管子》将法令视为“天下之程式”和“万事之仪表”，足见其神圣。商鞅变法，也特别强调法令的不可轻慢：

> 鞅之初为秦施法，法不行，太子犯禁。鞅曰：“法之不行，自于贵戚。君必欲行法，先于太子。”太子不可黥，黥其傅师。于是法大用，秦人治。（《史记·秦本纪》）

太子即后来的秦惠文王嬴驷，嬴驷在商鞅变法时期触犯了法令，太子因其地位的特殊，不可刑戮，商鞅遂将其两位老师公子虔和公孙贾处以黥刑。这种处置方法让秦国民众清楚地看到了立法之坚决，从而将法令推向了神圣的地位。

韩子特别推崇“中人”“中主”的理论。所谓“中人”或者“中主”，是指品性才智均为中等水平的君主，他们的智力平常，能力普通，“上不及尧舜，下亦不为桀纣”。为什么强调“中人”呢？《用人》中说：“使中主守法术，拙匠守规矩尺寸，则万不失矣。”像尧这样的圣主明君，如果抛却法术而以一己私意去治国，是不能很好地治理国家的；但如若执守法术，即便是平庸的君主亦能达到国家大治。所以，君主一人的才能高低并不是国家治理的关键，关键在于法令的真正实行。从这层意义上说，法令才是一个国家的根本准则，法令一旦确立，一切私家之说，尤其是非议法令之学说，都必须严格禁止，所谓的“争辩”也就不会产生了。

《问田》

仁智之行

夫治天下之柄，齐民萌之度[1]，甚未易处也[2]。然所以废先王之教，而行贱臣之所取者，窃以为立法术，设度数，所以利民萌、便众庶之道也。故不惮乱主暗上之患祸，而必思以齐民萌之资利者，仁智之行也。

注释 [1] 齐民萌之度：统一民众的法度。齐，使整齐如一。萌，假借为“氓”，百姓。[2] 易处：容易把握。

译文 统治天下的权力和统一民众的法度是很不容易掌握的。但之所以要废除先王的制度，而实行我的法治主张，是由于我抱定了这样的主张，即制定法令、设立规则，是有利于广大民众的做法。我之所以不怕昏君乱主所带来的祸患，而坚持考虑用法度来统一民众的利益，是因为这是仁爱明智的行为。

韩子的利民观

前人多认为韩子是站在君主立场上的，所以其人格往往遭后人非议，连司马迁也说他是“其极惨礉少恩”。不过，这里的一段文字足可以看出韩子为民的一面。韩子认为“立法术，设度数”是“利民萌便众庶之道”，纵使自己有“死亡之害”也要坚持自己的利民主张，从这些话中，我们能感受到韩子置自身安危于不顾的赤诚之心。

《韩非子·问田》中记载了堂谿公与韩子的对话。堂谿公应该是一位老前辈。他认为韩子“立法设度”等一系列的改革举措是“危殆之行”，因此劝他“服礼辞让、修行退智”而行“全遂之道”，切勿走上吴起、商鞅身死车裂的悲剧道路。对此，作为法家的韩子，其态度和立场非常坚定，他说那些“惮乱主暗上之患祸，而避乎死亡之害，知明而不见民萌之资夫利身者”，都是“贪鄙之为也”。“臣不忍向贪鄙之为，不敢伤仁智之行。”我们能深深感受到韩子那种“虽千万人吾往矣”的精神，这也是先秦法家精神的一个典型写照。

韩子特别说到了“仁智之行”。韩子讲“仁”吗？讲。不过大多都是批判性的，因为他认为儒家的仁德对于治国而言多是“愚诬之说”，很少有正面的肯定。“仁智之行”就是“不惮乱主暗上之患祸，而必思以齐民萌之资利者”。韩子尽管多言严刑酷法以治民，然而在“法”的背后乃是“仁”的情怀。进一步说，“仁”与“法”乃是治国之一体两面。韩子是现实的，他把真实的人性之恶表现出来，“法治”就是针对人性之恶而设，但他最根本的目的则依然在民众，在天下的大治。从这个角度说，韩子也是有一颗仁心的。他所谓的“民智之不足用”，不是不重视民众，而是认为不可以“民智”来治国。这是路径的问题，不是立场的问题。他最终的目的还是希望能够“利民萌、便众庶”，这就是韩子的“仁心”，也是以往较少谈到的地方。

《定法》

帝王之具

术者，因任而授官[1]，循名而责实[2]，操杀生之柄，课群臣之能者也[3]。此人主之所执也。法者，宪令著于官府[4]，刑罚必于民心[5]，赏存乎慎法，而罚加乎奸令者也[6]。此臣之所师也。君无术则弊于上，臣无法则乱于下，此不可一无，皆帝王之具也[7]。

注释 [1] 因任而授官：按照大臣的才能授予他们官职。因，按照，依循。任，才能。[2] 循名而责实：按照大臣所任的官职，要求他们做到应尽的职责。循，依、顺。名，名分，这里指官职。[3] 课：考察，考核。[4] 宪令著于官府：官府公布法令。宪令，法令。著：显明，显现。[5] 刑罚必于民心：百姓内心确信有功必赏，有罪必罚。[6] 奸：通“干”，触犯。[7] 具：工具。这里指法令和权术是帝王实现统治的工具。

译文 所谓“术”，就是根据能力然后授予相符的官职，依照所在职位去责求实际的功效，掌握生杀大权，考核群臣的能力。这是君主应该执掌的。所谓“法”，就是官府公示法律诏令，刑罚观念深入民心，赏赐遵守法令的人，惩罚触犯法令的人。这是群臣应该学习效法的。君主没有术就会身处上位却被蒙蔽，群臣不遵守法律，就会在下面胡作非为，所以“术”和“法”二者缺一不可，都是帝王必须具备的东西。

吃饭与穿衣哪个更重要?

在韩子之前，法家学派以思想主张而论可分为“法”

“术”“势”三派。韩子对法家前贤的思想进行了综合的吸收和融汇，故而成为法家的集大成者。《定法》篇就是韩子专论“法”“术”思想的重要文章。

“术”是指国君驾驭群臣的方法，而“法”是指国君治理国家的制度，两者都是非常重要的。可是，就有人追问，“法”与“术”哪个更为重要：“申不害、公孙鞅，此二家之言孰急于国？”对此，韩子怎么回答呢？

商鞅重法，在治理秦国时，“设告相坐而责其实，连什伍而同其罪，赏厚而信，刑重而必”。在这样的政策下，民众不顾劳累，辛勤耕种；不怕危险，奋力杀敌。所以短时间内，秦国确实达到了富国强兵的目标，这是变法的强效。可是韩子却指出：“无术以知奸，则以其富强也资人而已矣。”他举了一个秦国的例子：“武王死，昭襄王即位，穰侯越韩、魏而东攻齐，五年而秦不益尺土之地，乃城其陶邑之封。”穰侯是秦昭襄王的舅舅，也是当时秦国的国相。凭借这种权势，穰侯多次私自扩大个人的封地。而此次越过韩、魏攻打齐国的结果，也是使自己获得了陶邑，而秦国耗费了大量的人力、物力、财力，却没有丝毫收益。这就是因为君主只重法而不用术，没有认清臣子的奸邪之行，从而受到了蒙蔽。所以，“徒法而无术”是不行的。

那么国君“徒术而无法”，可不可以？也不行。韩子说：“韩者，晋之别国也。晋之故法未息，而韩之新法又生；先君之令未收，而后君之令又下。”三家分晋之后，韩国既沿袭晋国旧法，又制定了新法。这样一来，新法与旧法之间、先君之令与后君之令之间就往往存在着各种各样的矛盾。法令无法明确和统一，所以就出现了“利在故法前令则道之，利在新法后令则道之，利在故新相反，前后相勃（悖），则申不害虽十使韩昭侯用术，而奸臣犹有所谲矣”。国家的法令互相矛盾，为了获取更大的利益，人们就会想尽办法投机钻营。如此，法治就会进一步遭到破坏，国家也会长时期陷入混乱无序的状态。

所以，在韩子看来，“术”与“法”不可比较，二者都是很重要的，就好像是吃饭和穿衣一样："人不食，十日则死；大寒之隆，不衣亦死。"要维持生命，衣食温饱缺一不可。同样的道理，"君无术则弊于上，臣无法则乱于下"，国君不可偏废其一。兼用法、术，国势才能昌盛，君位才能稳固，这就是韩子的答案。

《说疑》

以法禁奸

凡治之大者[1]，非谓其赏罚之当也[2]。赏无功之人，罚不辜之民[3]，非所谓明也[4]。赏有功，罚有罪，而不失其人，方在于人者也，非能生功止过者也。是故禁奸之法，太上禁其心[5]，其次禁其言，其次禁其事。今世皆曰"尊主安国者，必以仁义智能[6]"，而不知卑主危国者之必以仁义智能也。故有道之主，远仁义，去智能[7]，服之以法[8]。是以誉广而名威，民治而国安，知用民之法也。凡术也者，主之所以执也；法也者，官之所以师也。

注释 [1] 大：最重要的。[2] 当（dàng）：合理、适当。[3] 不辜：无罪。《吕氏春秋·听言》："诛不辜之民以求利。" [4] 明：明察。[5] 太上禁其心：最理想的状态是（利用法律的威力）使人不动犯奸邪之事的意念。心，意念。[6] 仁义智能：这里指传统的儒家的治国主张。[7] 去：抛弃。[8] 服之以法：使人民服从于法。

译文 最重要的治术，并不是君主赏罚要合理。赏没有功劳的人，罚没有犯罪的人，并不是所谓的君主明察秋毫。奖赏有功之人，惩罚有罪之人，这只是针对个人的赏罚，并不能制造功劳，消弭犯罪。所以说，防止犯罪最好的方式是利用法律的威力，防止百姓动作奸犯科的意念，其次是防止百姓的言论，再次是防止百姓有违法令的行为。现在大家都说

“要使君主地位尊贵，国家安定，要靠仁义智能的力量”，殊不知仁义礼智是造成君主卑下，国家动乱的原因。所以说，真正掌握治国之道的君主，远离仁义，舍弃智能，用法令来管理民众。因而名誉流传，威名赫赫，百姓得到治理，国家自然就安定了，这才是懂得治理百姓。术是君主手握的权柄，法令是官吏严格奉行的准则。

赏罚的原则与目的

韩子认为惩治有罪的人，奖励有功的人，不足以成为治理国家最重要的事，“罚不辜，赏无功”固然称不上是明智之举，但是治理国家仅仅追求赏罚得当，亦算不上明察。奖惩的目的在于禁止奸邪，鼓励人们去建功立业，如果仅仅以奖惩得当为目的，其实际功效十分有限。惩治不法之徒的目的不仅仅是为了使罪犯伏法，更是为了警示尚未萌生的恶行；奖励有功之人，也不是只为了让他们得到应有的奖赏，而是为了产生更多的功绩，这样实行奖惩之术才能达到“务于治”的目的。

韩子认为赏罚之法，常常又为“仁义”所牵制，那么“仁义智能”与“赏罚之道”之间有什么样的关系呢？韩子批评当世之人往往主张依靠“仁义智能”来使君主获得尊崇，国家获得安定。他认为，“仁义智能”恰恰也导致君卑臣贵，国家危乱。“仁义智能”又是如何影响到赏罚之道的呢？韩子说：“夫施与贫困者，此世之所谓仁义；哀怜百姓，不忍诛罚者，此世之所谓惠爱也。”贫苦穷困的人获得管理者出于仁义之名的施舍或赏赐，会养成不劳而获的习惯，于是“民不外务当敌斩首，内不急力田疾作”“为私善，立名誉，以取尊官厚俸”。民众对外不奋勇杀敌，对内不努力耕作，过于依靠他人私惠，就会为臣子提供取得虚名与尊官厚禄的便利，也必然会削弱奖赏的效力。然而追求世人所谓的“仁义”之名的管理者，不忍惩治违法乱纪之人，就会失去判断是非的标准，也就是韩子所说的“赦罚，则奸臣易为非”。是非颠倒就会破坏法律的威慑力与公信力，“智能”就会变成“奸邪”，君主的权威将会受到威胁，国家就会处于危乱之中。因此他主张君主“明赏设利以劝之，使民以功赏而不以仁义赐；严刑重罚以禁之，使民以罪诛而不以爱惠免”。韩子认为如果君主没有参验名实，而是实行出于追求“仁义”之名的赏罚，必然会导致失败。

韩子提出“有道之主，远仁义，去智能，服之以法”，认为贤明的君主要放弃空谈仁义道德，放逐智能之士，使民众服从法律，才能做到“誉广而名威，民治而国安”。韩子排斥仁义道德在其学术思想之中的功用，在他看来，人性本恶，他认为战国时期的人们提倡仁义道德只是出于各种利己之心的伪饰，即他所谓的“上古竞于道德，中世逐于智谋，当今争于气力”。战国时期的君主依靠“德治”终究无法达到尧舜时期般的治世，但在今天看来，完全摒弃道德在法治社会中的功能，的确过于偏激。道德对于人们的规范作用是潜移默化的，虽然不像法律一样具有强制性，但其作为指导和评价人们立身行事的功能也是不容忽视的。

《诡使》

治道有三

圣人之所以为治道者三[1]：一曰“利”[2]，二曰“威”[3]，三曰“名”[4]。夫利者，所以得民也；威者，所以行令也；名者，上下之所同道也[5]。非此三者，虽有不急矣。今利非无有也，而民不化上；威非不存也，而下不听从；官非无法也，而治不当名。三者非不存也，而世一治一乱者，何也？夫上之所贵与其所以为治相反也。

注释：[1] 治道：治术。君主治理臣民的法则。[2] 利：利禄。

[3] 威：威势，使人感到恐惧的力量。[4] 名：名实之名。[5] 上下之所同道也：君臣上下共同遵守的。

译文：（实行法治的）君主用来制定治国原则的方法有三种：一是利益，二是威势，三是名分。利禄，是用来获取民众的；威权，是用来推行法令的；名分，是君臣上下共同遵循的。除去这三条，即便有其他方法也不是急需的了。如今利禄不是没有，可是百姓却不被君主所感化；君主的威势不是不存在，可是臣民却不服从；官府不是没有法令，而用来治理时却名不符实。这三种方法不是不存在，然而社会还是一时安定、一时混乱，这是什么原因呢？因为君主所推崇的东西和他本应用来治理国家的原则互相违背。

悖反之举

《诡使》是讲韩子治国思想的。“诡”是违反、违背的意思，“诡使”就是悖反之举。韩子认为，明主治国最要紧的手段，无外乎“利”“威”“名”三种，也就是利益、威势、名分。然而三者兼备，国家仍旧得不到治理，其原因就在于君主之所推崇与法治原则完全相悖。这就是“诡使”：

> 今有贱名轻实者，世谓之“高”。设爵位，所以为贱贵基也；而简上不求见者，世谓之“贤”。威利，所以行令也；而无利轻威者，世谓之“重”。法令，所以为治也；而不从法令为私善者，世谓之“忠”。官爵，所以劝民也；而好名义不进仕者，世谓之“烈士”。刑罚，所以擅威也；而轻法不避刑戮死亡之罪者，世谓之“勇夫”。

轻视君主名位、贱视君主实权被认为是“高尚”；慢怠君主、不求显达被认为是“贤能”；无视利禄、轻视君主被称作是“持重”；不遵法令却为私人行善被认为是“忠诚”；慕好名义、不愿任官被看作“壮士”；轻视法律、不惧刑杀被当成“勇士”。这六种人都是怠慢君主、破坏法治的，结果却得到全社会的肯定。所以，“世之所以不治者，非下之罪，上失其道也。”问题不是出在下民，而是出在了上层，出在了君主的“失其道”。

相反，“惇悫（què）纯信，用心怯言，则谓之‘窭（jù）’。守法固，听令审，则谓之‘愚’。敬上畏罪，则谓之‘怯’。言时节，行中适，则谓之‘不肖’。无二心私学吏，听吏从教者，则谓之‘陋’”。

那些纯朴诚信、做事认真、说话谨慎的人却被叫作“窘迫寒酸”；坚定守法、听从法令的人却被叫作“愚钝无知”；恭敬君主、畏惧犯罪的人却被称作“胆小怕事”；言谈节制、行为中正的人却被称作“无能”；一心为君、绝弃私家学说，听从官吏教导、法令教育的人却被称作“目光短浅”。这五种人是合于法治、有益于国家的，却又被社会所贬斥。总之，君主的行为本身就自相矛盾，“常贵其所以乱，而贱其所以治，是故下之所欲，常与上之所以为治相诡也”。这也就是《五蠹》所说的“法之所非，君之所取；吏之所诛，上之所养也。法、趣、上、下，四相反也”。韩子反复说：“所养者非所用，所用者非所养。”“所利非所用，所用非所利。”一个国家趋于衰败的时候，便会出现价值观的混乱，善恶不分、是非不明，甚至以非为是、以是为非。这才是最大的问题。

道私者乱

道私者乱[1]，道法者治。上无其道，则智者有私词，贤者有私意。上有私惠，下有私欲，圣智成群[2]，造言作辞[3]，以非法措于上[4]。上不禁塞，又从而尊之，是教下不听上、不从法也。是以贤者显名而居，奸人赖赏而富。贤者显名而居，奸人赖赏而富，是以上不胜下也。

注释：[1] 道：遵行，实行。私：违背法治、违背国家利益的行为。

[2] 圣智：非凡的道德智慧，指声名显而不为君之人。[3] 造言：制造谣言。[4] 措：措置。

译文：遵循私道，国家就会混乱，遵循法治，国家就能安定。君主没有掌握治术，那聪明的人就会有违反法治的言论，贤能的人有违法谋私的意图。君主对臣下有法度外的恩惠，他们就会有谋取非法私利的欲望，那些圣人、智者成群结伙，制造谣言、杜撰说辞，用非法的手段措置君主。君主不但没有加以禁止，还跟随尊敬他们，这是教臣下不服从君主的命令、不服从法令。因此，那些所谓的贤人名声显赫，身处高位，奸邪的人依赖赏赐变得富裕，所以君主不能制服他们了。

去私行法

《诡使》核心要求在于，君主应依照法治原则采取措施，以根治社会上是非颠倒的现象。明代门无子《韩子迂评》对此篇主题与情感的评价很是特别：

> 诡者，相反也。谓世主本心欲治，而所为常相反也，层层覆说，皆愤激之词。总谓当世尊虚名、贱法令，破士之怀二心私学，议上之法令者，一气说到底。文字奇怪，不厌重复，愈说愈有味。
>
> 人情感于拂意之事，则愤懑之词不一而足。言之重，词之复，盖号呼穷极，以求纾其不平之气，而不暇诠次耳。如韩子《诡使》篇，不过曰"贤者显名而居，奸人赖赏而富"，两言足矣。乃至数千言，而又多重复不次，不如是，不足以发其愤懑耳。

在他看来，《诡使》两句话便可说尽，即"贤者显名而居，奸人赖赏而富"，这是由于君主所为与应有治理措施相反，导致社会出现的异常现象，此种事态在《韩非子》所举事例中十分常见。奸人之事容易理解，历史上有不少花言巧语、壅蔽君主，从而以权谋私的奸臣，那为何贤者出名也不被韩子接受呢？《外储说右上》中写到一位贤者狂矞，虽然他名声在外，引来人们的尊敬，但不听君主之命，不食君之俸禄。就中央集权而言，贤者其名不受君主制约，其富并非君主赏赐，不仅无法对朝廷产生积极的实质作用，还有可能传播私学致使动乱，是全然无益的隐患。

《诡使》主题如此明确，而韩子仍花费数千言反复强调“圣人治道之法”，即“利”“威”“名”，与其一贯推行的重赏罚、重实事相合，又强烈指责抨击怀着“二心私学”的人，鄙弃贤者、奸人之流。本应是说理劝谏性质的文章，却显出“愤懑”“不平”一类的特质，这或许与韩子的自身经历有所关联。战国时期，韩子的宗国韩国实力衰弱，他为保全国家向韩王上书建言，都没有被采纳。就如同《和氏》中屡次献玉的卞和，失去双腿也要冒死说出事实，韩子在混乱的形势中仍高声呼喊法术之道。可惜的是，故事里的卞和最终如愿使众人知晓璞玉之实，韩子的提案却石沉大海，这又怎能不使人气结，只能反复申说，以求纾解内心的愤懑不平。也正是重复多次的文字，令文章蕴含的情感更加强烈，足使人知其真心。

“所以治者，法也；所以乱者，私也。法立，则莫为私矣”，韩子认为，正是个人私心、私利的存在，才会引发动乱，而去私最有效的手段是实行法治。君主想治世，应任用法治之士，而非尊崇所谓的“贤人”，这与儒家所提倡的“选贤举能”有着根本的区别。

《六反》

六反之世

畏死远难[1]，降北之民也[2]，而世尊之曰“贵生之士”[3]。学道立方[4]，离法之民也[5]，而世尊之曰“文学之士”[6]。游居厚养[7]，牟食之民也[8]，而世尊之曰“有能之士”。语曲牟知[9]，伪诈之民也，而世尊之曰“辩智之士”。行剑攻杀[10]，暴憿之民也[11]，而世尊之曰“磏勇之士”[12]。活贼匿奸[13]，当死之民也，而世尊之曰“任誉之士”[14]。此六民者，世之所誉也[15]。赴险殉诚[16]，死节之民[17]，而世少之曰“失计之民”也[18]。寡闻从令[19]，全法之民也[20]，而世少之曰“朴陋之民”也[21]。力作而食，生利之民也，而世少之曰“寡能之民”也。嘉厚纯粹[22]，整谷之民也[23]，而世少之曰“愚戆之民”也[24]。重命畏事[25]，尊上之民也，而世少之曰“怯慑之民”也[26]。挫贼遏奸[27]，明上之民也[28]，而世少之曰“谄谗之民”也。此六民者，世之所毁也[29]。奸伪无益之民六，而世誉之如彼；耕战有益之民六，而世毁之如此。此之谓“六反”。

注释： [1] 畏死远难：畏惧死亡，逃避危难。[2] 降（xiáng）北：投降败逃。[3] 贵生：珍惜生命。[4] 学道立方：学习道理，宣讲方术。[5] 离：触犯。[6] 文学之士：有学问的人。[7] 游居厚养：四处游说换取丰厚的供养。[8] 牟（móu）食之民：指靠游说混饭吃的人。牟，贪取。[9] 语曲牟知：说话委婉而狡诈，以玩弄智巧为务。牟，通“务”。知，通“智”，智巧。[10] 行：用。[11] 憿（jiǎo）：通“侥”，侥幸。[12] 磏（lián）：磨刀石，形容锋利有棱角。[13] 活贼匿奸：救助盗贼，包庇坏人。[14] 任誉：担负美名。[15] 誉：赞誉。[16] 殉（xùn）诚：为忠诚献身。殉，牺牲，献身。[17] 死节：为气节而死。[18] 少：贬低。失计：有失于谋算。[19] 寡闻从令：见闻很少，听从法令。[20] 全：顺从。[21] 朴陋：浅薄愚昧。[22] 嘉厚纯粹：善良忠厚，单纯朴实。[23] 整谷（gǔ）：正派善良的人。整，正。谷，善。[24] 愚戆（zhuàng）：愚蠢呆板。[25] 重命畏事：重视命令，谨慎办事。[26] 怯慑（shè）：胆小怕事。[27] 挫：打击。遏：遏止。[28] 明：提醒。[29] 毁：诋毁。

译文： 畏惧死亡，逃避危难，本来是投降败逃的人，然而社会舆论却称赞他们是珍惜生命的人。学习道理，宣讲方术，本来是触犯法律的人，然而社会舆论却尊称他们是学问之士。四处游说换取丰厚的供养，本来是社会的寄生虫，然而社会舆论却尊称他们是有本事的人。说话委婉而狡诈，以智巧为务，本来是虚伪奸诈的人，然而社会舆论却称赞他们能说会道、机智聪明。舞刀弄剑，好斗嗜杀，本来是凶恶并铤而走险的人，然而社会舆论却称赞他们勇敢而有锋芒。救助盗贼，包庇坏人，本来是该受死刑的人，然而社会舆论却使他们身负美名。这六种人，是世俗所赞誉的。奔赴危难，献身忠诚，本来是为气节而死的人，然而社会舆论却贬斥他们有失于谋算。见闻很少，听从法令，本来是顺从法治的人，然而社会舆论却贬斥他们浅薄愚昧。努力耕作，自食其力，本来是为国家创造财富的人，然而社会舆论却贬斥他们没有本事。善良忠厚，单纯朴实，本来是正直善良的人，然而社会舆论却贬斥他们愚蠢呆板。重视命令，谨慎办事，本来是尊重国君的人，然而社会舆论却贬斥他们胆小怕事。打击恶人，遏止奸贼，本来是提醒君主明察秋毫的人，然而社会舆论却贬斥他们是阿谀奉承之徒。这六种人，是世俗所诋毁的。奸邪虚伪毫无益处的人有六种，而世俗竟然像那样赞誉他们；耕种参战有益于国家的人有六种，而世俗竟然像这样诋毁他们。这就是所说的“六反”。

乱国之象

韩国是战国七雄中实力最为弱小的一个诸侯国，处四战之地，强敌环伺。与强秦连横，则直面赵、魏、齐、楚；参与合纵，秦国东出又首当其冲。秦始皇十七年（公元前230年），“内史腾攻韩，得韩王安，尽纳其地，以其地为郡，命曰颍川”，韩国成为山东六国中第一个被秦所灭的国家。所以，韩子所说的“六反”，恐怕就是针对韩国的衰败而言的——韩国的灭亡固然是出于外患，而内部的混乱才是根本的原因，外患不过是压死骆驼的最后一根稻草罢了。

韩子所谓的“六反”，是指当时社会上六种耕战有益之民与六种奸伪无益之民的对立，这原本也是一个时代无法避免的现象。然而，问题是：那些奸邪虚伪毫无益处的六种人，世俗竟然那样赞誉他们；耕种参战有益于国家的六种人，世俗竟然如此诋毁他们。而这样的国家还希望富强安定，那岂不是痴人说梦？所以韩子真正忧虑的，是社会整体扭曲的价值评判和违背常理的舆论倾向——真正为国家公利献身的人，得不到世人的肯定和尊重，而无益于国计民生的人却备受推崇和追捧，就如同他在《五蠹》中所说，“所利非所用，所用非所利”！整个国家如果都弥漫在这样一种风气与观念中，那还谈什么富足强盛呢？所以韩国的灭亡也就是一种必然了。

大凡一个国家的没落，总是从常识的丧失与价值的崩溃开始的，以非为是、以是为非，以丑为美、以美为丑，乃至于以耻为荣、以荣为耻——“无耻之耻，斯无耻矣”！世道人心真正坍塌了，认识也彻底混乱了。譬如东汉后期，国运衰落、社会混乱，一片季世之象。汉代学者王符对此也有与韩子相似的看法，他在《潜夫论》中说当时的现实是“富者乘其材力，贵者阻其势要，以钱多为贤，以刚强为上”“富贵则人争附之，此势之常趣也；贫贱则人争去之，此理之固然也”，“世人之论也，靡不贵廉让而贱财利焉，及其行也，多释廉甘利”……凡此种种，皆显示出社会的寡廉鲜耻、心口不一与势利虚伪，几乎就是韩子所说“六反”的翻版。这真是一流大思想家的深刻。

计算之心

古者有谚曰：“为政犹沐也[1]，虽有弃发，必为之。”爱弃发之费而忘长发之利[2]，不知权者也[3]。夫弹痤者痛[4]，饮药者苦，为苦惫之故不弹痤饮药，则身不活，病不已矣[5]。今上下之接[6]，无子父之泽[7]，而欲以行义禁下[8]，则交必有郄矣[9]。且父母之于子也，产男则相贺，产女则杀之。此俱出父母之怀衽[10]，然男子受贺，女子杀之者，虑其后便[11]，计之长利也。故父母之于子也，犹用计算之心以相待也，而况无父子之泽乎？

注释 [1] 沐：洗头发。[2] 爱：爱惜。费：损耗。长：生长。[3] 权：权衡，衡量。[4] 弹痤（cuó）：一种治疗痈（yōng）疮的方法，用石针刺破痈疮。[5] 已：痊愈。[6] 接：交接，交往。[7] 泽：恩泽。[8] 行义禁下：以施行仁义控制臣子。禁，控制。[9] 郄（xì）：通“隙”，隔阂，裂痕。[10] 怀衽（rèn）：怀抱。衽，指上衣前交领的部分。中国古代，汉族服装衣襟向右，以“右衽”为华夏风习。[11] 便：好处，利益。

译文 古谚说：“执政就像洗头一样，虽然有掉落的头发，但也一定要洗头。”如果只是爱惜头发的损耗而忘记了头发的再生，就是不懂得权衡利弊了。用石针刺破痈疮固然是疼痛的，喝药固然是苦涩的，但因为苦涩疼痛就不刺痈吃药，就难以活命，疾病也就不会痊愈了。如今君臣交往，没有父子之间的恩泽，却想要以施行仁义控制臣子，那么君臣交往就一定会出现裂痕。况且父母对于子女，产下男孩就互相庆贺，产下女孩就将其杀死的原因，就在于考虑到以后的利益。因此父母对于子女，尚且要衡量利弊相待，何况没有父子的恩泽呢？

趋利避害

中国传统社会的人伦关系主要有五种，即君臣、父子、兄弟、夫妇、朋友，其中君臣类于父子，朋友类于兄弟，体现出了十分鲜明的家族观念。孔子曾说：“《书》云：‘孝乎惟孝，友于兄弟，施于有政。’是亦为政，奚其为为政？”他的意思是，《尚书》上说：要爱父母、爱兄弟，并把这风气影响到国君和卿大夫这些当权者。能做到这一点就是从政了，难道只有做官才算是从政吗？后来孟子也说：“老吾老以及人之老，幼吾幼以及人之幼，天下可运于掌。”能把亲情推己及人、推而广之，以持家之道治国，自然就会相亲相睦，安然祥和，所以治理天下也就可以运之掌上。这不就是后来儒家“修身、齐家、治国、平天下”的传统吗？

不过，与儒家温情的主张不同，韩子却给我们一个截然不同的世界。“夫弹痤者痛，饮药者苦，为苦惫之故不弹痤饮药，则身不活，病不已矣。”这就是“良药苦口利于病”。《外储说左上》进而说：“夫良药苦于口，而智者劝而饮之，知其入而已己疾也。忠言拂于耳，而明主听之，知其可以致功也。”这就是“忠言逆耳利于行”，逻辑没问题。韩子反复讲这个道理，然而，他的逻辑并不止于此，而是进一步深入到亲情的不可依赖：“夫父母之于子也，产男则相贺，产女则杀之。”即使血亲之间，仍不免盘算利弊，完全是功利化的考虑，所谓“计之长利也”——亲情在利益面前彻底败下阵来，根本不堪一击。韩子将这个逻辑继续演绎下去：“故父母之于子也，犹用计算之心以相待也，而况无父子之泽乎！”从而推知，所谓的君臣之义，只是纯粹的利益关系，唯一可以确定的就是“计算之心”，就是趋利避害。这样的人性自然令人失望甚至极不舒服，但却切中要害，让人无法回避，也不可否认。一句话，韩子彻底撕开了人情、人性中温情脉脉的面纱，犀利地揭示出了人性中自私自利的一面。

对人性趋利避害的认识成为韩子法、术、势思想的逻辑起点。《韩非子》中大量的集权理论与权谋之术，都是源于对人性特点的把握。当然，人性是很复杂的，既有光明，也有黑暗。如果说，韩子更多看到的是人性之暗，那么，在如何摆脱黑暗上，他却没有说明。

《八说》

私誉乱国

为故人行私谓之“不弃”[1]，以公财分施谓之“仁人”[2]，轻禄重身谓之“君子”，枉法曲亲谓之“有行”[3]，弃官宠交谓之“有侠”[4]，离世遁上谓之“高傲”[5]，交争逆令谓之“刚材”[6]，行惠取众谓之“得民”。不弃者，吏有奸也；仁人者，公财损也；君子者，民难使也；有行者，法制毁也；有侠者，官职旷也[7]；高傲者，民不事也；刚材者，令不行也；得民者，君上孤也。此八者，匹夫之私誉，人主之大败也。反此八者，匹夫之私毁[8]，人主之公利也。人主不察社稷之利害，而用匹夫之私誉，索国之无危乱，不可得矣。

注释 [1] 故人：故旧，老朋友。不弃：不抛弃。[2] 分施：施舍，分散。[3] 曲：歪曲，偏袒。有行：品行好。[4] 宠交：看重私交。宠，尊，重视。[5] 遁（dùn）：逃避。[6] 交争：互相争斗。逆：违抗。[7] 旷：空缺，荒废。[8] 匹夫：普通人。

译文 为老朋友徇私被称为“不抛弃故旧”，将公共财产分散给别人被称为“仁义之人”，轻视俸禄看重自身被称为“君子”，破坏法律偏袒亲友被称为“品行好”，抛弃官职看重私交被称为“行侠仗义”，逃避现实远离国君被称为“清高傲世”，相互争斗违抗命令被称为“为人刚直”，施行恩惠笼络百姓被称为“得民心”。不抛弃故旧，官吏就会行奸；做君子，民众就难以被役使；品行好，法制就会遭到损毁；行侠仗义，官职就会空缺而荒废；清高傲世，民众就不会侍奉国君；为人刚直，法令就不能畅行；得民心，国君就会被孤立。这八种名声，是普通人的私誉，君主的祸患。与这八种相反的，就是普通人的恶名，君主的公利。君主不体察国家的利害，只是任用普通人的私誉，想求得国家没有危险动乱，是不可能的。

公私之辨

韩子认为人性的特点是趋利避害，然而君臣、上下、公私之间的利害却各不相同，很多情况下甚至是截然相反的，君之所利，正是臣之所害；公之所善，恰是私之所恶。君臣之间常常是一种此消彼长的态势，君权势盛，则臣子顺服；臣子势盛，则君位不固。一个王朝的衰败，原因不过奸臣当道和国君昏庸两种，而这两种现象的出现，实际上就是君臣势位倒置的体现。

“古者苍颉之作书也，自环者谓之私，背私谓之公，公私之相背也，乃苍颉固以知之矣。”古文字中，“厶（私）”字的写法就是一个向内的环，“公”字则是对“厶”字的相背，这是韩子对于公、私含义最基本的解释。在他的话语体系中，国君为公，臣民为私，君臣势位的倒置本质上就是公利与私利的颠倒。韩子所主之法，就是为了禁绝臣民之私利，维护国君之公利。

当然，国君也要追寻国家的公利，而非一己之私利。汉代大思想家王符说：“夫国君之所以致治者，公也。公法行则轨乱绝。”（《潜夫论·潜叹》），实行法制的目的在于断绝奸邪祸乱，维护天下人的公利。相比韩子，王符的目光不再仅局限于国君之利，而是更广泛地关照到了天下民众的公利，这更是一种进步。

先秦时期的“公私之辨”也有另一种声音。有一位名叫杨朱的思想家，他是明确反对因公废私的：“古之人损一毫利天下不与也，悉天下奉一身不取也。人人不损一毫，人人不利天下，天下治矣。”这就是杨朱的“一毛不拔”。这在当时是很偏激的，所以受到了很严厉的批评，孟子说杨朱的“为我”是自私自利，与主张“兼爱”的墨子一样，都是“无君无父”之人。其实，杨朱的意思是“贵生”，就是以生命为贵、珍爱自身。如果每个人都不损己以利天下，也都不损天下以利己，那天下自然就回归太平、臻于大治了。

明主之法

书约而弟子辩[1]，法省而民讼简[2]，是以圣人之书必著论[3]，明主之法必详事。尽思虑，揣得失，智者之所难也；无思无虑，挈前言而责后功[4]，愚者之所易也。明主虑愚者之所易，以责智者之所难，故智虑力劳不用而国治也。

注释 [1] 约：简略。辩：争辩。[2] 简：轻慢。[3] 著论：观点鲜明。[4] 挈（qiè）：拿着。责：要求。

译文 著书太简略弟子就会发生争辩，法令太简略民众就会争论不休而轻慢法律，所以圣人著书一定要观点鲜明，明君的法令一定要对裁断的事情详细规定。用尽心思、揣摩得失，这是聪明人也难以办到的事；不费心思、用已定的法令考核结果，愚笨的人也能轻易办到。明君采用愚笨的人也能轻易掌握的方法，来考核聪明人都感到困难的事情，所以不用费心操劳而国家就可以治理好。

简单与复杂

什么是简单，什么是复杂，这是一个辩证的看法；何者为易，何者为难，也是一个相对的认识。至于简单好还是复杂好、选择易还是选择难，更是见仁见智的事，在日常生活中也都不是问题。有人喜欢简单，有人喜欢复杂；专家多能把简单的问题复杂化，说得云遮雾罩、神乎其神，好显示出水平来；大学者也能把复杂的问题简单化，九九归一、以简驭繁，同样能显示出水平来。当然，那些动机不纯、别有用心、甚至存心将水搅浑者除外。

回到国家治理的问题上。简单与复杂，到底应该选择哪一种方式呢？易与难，哪一种更为有效？这个就更不好说了。传统的治理天下，多是讲“为君难，为臣不易”，君臣都很辛苦，君主尤其劳神费力；可是老子却主张“治大国若烹小鲜”——就像炖小鱼那样，既可以避免不断翻炒的劳累，又能够保证鱼肉完整不破碎。以此治国，自然是“我无为而民自化，我好静而民自正，我无事而民自富，我无欲而民自朴”。所以，国君自己只要清静无为，天下自会相安无事，这就是“大道至简”。

韩子怎么看呢？“书约而弟子辩，法省而民讼简”，他显然不赞成法令过于简略，而是希望“圣人之书必著论，明主之法必详事”；同时，他也希望君主能用“愚者之所易”的简单办法，而不必殚精竭虑地用个人的“智虑”来治国。因为在韩子看来，不能寄希望于每一位国君的德行才智都能比肩尧、舜、禹、汤；当然，每一位国君也不会都像桀、纣、幽、厉那样暴虐昏庸。他非常清醒地认识到：“尧、舜、桀、纣千世而一出，是比肩随踵而生也，世之治者不绝于中。”所谓的“中”，就是“上不及尧、舜，而下亦不为桀、纣”。大部分国君人主都是“中人”，这就是现实。所以要实现国家的长治久安，就是建立完善的法治体系，缩小庸主与明君的优劣之差，从而不依赖于个人的德行才智。这样，一切国事便都有据可依、有法可循，强主用之，可以开疆拓土，庸主守之，亦能安国自保。所以说，法律条文越详密，则法治体系越完备，国君以此治国，自然是难事化易、繁事化简了。

《八经》

凡治天下，必因人情

凡治天下，必因人情[1]。人情者，有好恶，故赏罚可用；赏罚可用，则禁令可立而治道具矣[2]。君执柄以处势，故令行禁止。柄者，杀生之制也[3]；势者，胜众之资也[4]。

注释 [1] 因：因循。[2] 具：完备。[3] 制：权力。[4] 胜：占据优势。资，条件。

译文 凡是治理天下，一定要依顺人之常情。人之常情，有喜好厌恶之分，因此奖赏惩罚就可以施行；奖赏惩罚能够有效施行，相关的禁令法条就能由此而建立，那么治国的方法也就完备了。君主手握权柄处于威势，因而禁令法条得以执行通畅。所谓权柄，就是君主决断生杀的职分；所谓威势，是国君制服众人的凭借。

韩子的猛药

如何治理天下？怎样运转一套完整的国家机器？其逻辑起点是什么？韩子说了八个字："凡治天下，必因人情。"人情就是人性。在他看来，治理天下只需依顺人之本性、也就是人之常情即可。

何为人之常情？韩子在《奸劫弑臣》中说："安利者就之，危害者去之，此人之情也。"简单讲，人之常情就是趋利避害。国家立法依人情而利导，立法有赏有罚，人情自然趋赏而避罚。顺此引导，则令行禁止，上下条贯通畅，国家自然得治。以人之常情为起点，再以赏罚二柄引导之，这是韩子以法治国的逻辑。

韩子进而解释说，"置废无度，则权渎；赏罚下共，则威分"，君主将生杀赏罚大权集中一手，目的不是滥杀无辜、随心所欲，而是通过强化并集中君权与威势，使得威势常立、法教严明，这样臣民自然不敢对国事有所议论和违背——这实在是韩子的一剂猛药。他又说，欲要民贤，与其劝善，不如赏善。奖赏赞誉尽量优厚，使民贪图以为荣；惩罚贬斥尽量严厉，使民畏惧而以为耻。以赏善惩恶来引导人的行为习惯，并由此推行法治，自然可得通畅。

其实不惟韩子，先秦诸子的治国理念，也都不外乎"凡治天下，必因人情"，只不过是他们对人情、人性的理解不同罢了。

孔子说："为政以德，譬如北辰，居其所而众星拱之。"夫子说话温良恭谨，四平八稳。这是将人情建立在仁德的基础上。统治者首先自身要有德，如此上德下效，就如同风行草上。可是，治国的大德，却不是人人能做得到的。

孟子则是性善的主张。他说："人皆有不忍人之心，先王有不忍人之心，斯有不忍人之政矣。以不忍人之心，行不忍人之政，治天下可运之掌上。”何为“不忍人之心”？看到小孩子将要掉到井里了，情急之下，人都会心生惊骇恻隐之情。这就是“不忍人之心”。以此治天下，简单得就如同在手掌之上玩一样。

老子说得更简单：“治大国若烹小鲜。”治理一个国家，就像烹制小鱼一样。真是要言不烦！有人解释：“烹鱼烦则碎，治民烦则散。”简单说，就是不要打扰人民，老百姓自己知道怎么把日子过好。能把治国说得如此清醒，恐怕也只有老子了。

至于庄子，则完全超脱于世俗的是非对错，视天下如敝屣，弃之不惜。他一脸不屑：你们大言炎炎，我不说，我也不做，天下治与不治，有什么区别？所以他最逍遥了。

《五蠹》

守株待兔

宋人有耕田者，田中有株[1]，兔走触株，折颈而死[2]，因释其耒而守株[3]，冀复得兔[4]，兔不可复得，而身为宋国笑。今欲以先王之政，治当世之民，皆守株之类也。

注释：[1] 株：露在地面上的树根。[2] 折颈：断了脖子。[3] 耒（lěi）：手推的犁，耕地的工具。[4] 冀：希望。

译文：宋国有一位农夫，他的田里有棵树根，有只兔子跑的时候撞到了树根上，颈部折断而死，于是农夫就扔下农具，每天守在树根旁，期望能再次得到撞上的兔子，兔子当然不可能再得到了，但是农夫却被宋国人耻笑。现在想要用古代帝王的政策治理当代的民众，都是守株待兔之类的笑话了。

为什么不能守株待兔?

《韩非子》的寓言中，也有一些有关动物的故事，读来意味深长，“守株待兔”就是这样。“株”是树根露在地面的部分，有些人解释成树干或者树桩，是不正确的。因为是树根，所以不会太明显；因为露在地面，所以兔子才会撞上去。“兔走触株，折颈而死”，完全是一个偶然；农夫却因此“释其耒而守株，冀复得兔”，却彻底是一个极具讽刺意味的笑话！“兔不可复得，而身为宋国笑！”——其实，可笑的不只是那个农夫，我们又何尝不是如此呢?

当然，韩子很冷峻，他不只是说笑话，而是要讲一个事关历史发展的大问题。这就是《五蠹》篇中特别强调的“圣人不期修古，不法常可，论世之事，因为之备”。他说，上古之世，人民稀少而禽兽众多，有巢氏“构木为巢以避群害”，燧人氏“钻燧取火以化腥臊”，解决了人们的生存问题，所以被拥戴为王。中古之世，洪水肆虐，鲧、禹治水，天下太平。近古之世，桀、纣荒淫暴乱，商汤、周武征伐无道、取而代之。他们都是历史上的圣人，那些做法在当时也都是非常英明的。可是，现在情况已经完全变化：“今有构木钻燧于夏后氏之世者，必为鲧、禹笑矣；有决渎于殷、周之世者，必为汤、武笑矣。然则今有美尧、舜、汤、武、禹之道于当今之世者，必为新圣笑矣。是以圣人不期修古，不法常可，论世之事，因为之备。”所以，不能再回到以前的老路上，也不能再用那些老办法了。“今欲以先王之政，治当世之民，皆守株之类也。”这就是韩子所要说的意思。

为什么不能“守株待兔”？就是因为条件变了，时代变了，所以策略与措施也就变了。“论世之事，因为之备”，这实在是朴素的真理，也只有这样的真理才是亘古不变的。《诗经·大雅·文王》说:“周虽旧邦，其命维新。”虽是旧的邦国，但他的使命却在于不断革新，这就是“旧邦新命”，就是与时俱进。

韩子进一步讲："世异则事异，事异则备变。""变"的根本原因，就是因为历史总是在不断地前进。"上古竞于道德，中世逐于智慧，当今争于气力"，所以圣人自然是"不期修古，不法常可"。时代在变，社会在变，人心在变，一切都在变！历史的车轮滚滚向前，在浩浩荡荡的时代大势面前，谁都不能因循守旧、抱残守缺、故步自封，谁都不能开历史的倒车、甚至企图回到过去，否则就只能像守株待兔的宋人一样成为笑话。

《五蠹》是《韩非子》的名篇之一；"守株待兔"更是《五蠹》中的标志性寓言，最为后世所熟知——甚至在整个先秦寓言中，它也是大家最耳熟能详的一个。"今欲以先王之政，治当世之民，皆守株之类也。"——仅就这一点，我们也不得不佩服他！

儒以文乱法，侠以武犯禁

儒以文乱法，侠以武犯禁[1]，而人主兼礼之，此所以乱也。夫离法者罪[2]，而诸先生以文学取[3]；犯禁者诛，而群侠以私剑养[4]。故法之所非，君之所取；吏之所诛，上之所养也。法、趣[5]、上、下，四相反也，而无所定，虽有十黄帝不能治也。故行仁义者非所誉，誉之则害功；文学者非所用，用之则乱法。

注释 [1] 侠：游侠。[2] 离：通"罹"（lí），触犯。[3] 诸先生：儒生。[4] 私剑：充当刺客。养，豢养。[5] 趣：通"取"，即上文"君之所取"。

译文 儒家学者用文献典籍来扰乱法治，游侠用武力违反禁令，但是国君对儒生和游侠都以礼相待，这就是国家混乱的原因。触犯法律理应治罪，但儒生却因为精通典籍而被官府任用；触犯禁令理应诛罚，但游侠却因为敢于刺杀而被私家豢养。所以法律所反对的，却是国君所任用的；官吏所惩罚的，却是国君所豢养的。法治反对的和国君采取的、官吏惩罚的和国君豢养的，四者相互矛盾，又没有固定的标准，即使有十个黄帝在世，也不能把国家治理好。所以践行仁义的人不应该被赞扬，赞扬他们就会妨碍事功；精通典籍的儒生不应该被任用，任用他们就会扰乱法治。

韩子的局限

《韩非子·显学》篇说："世之显学，儒、墨也。"儒家和墨家在当时影响很大，俨然是天下的显学，而其主张又与韩子的法治思想背离，所以被他严厉批判。这里所说的"儒以文乱法，侠以武犯禁"，就是针对儒、墨两家所说的。墨家的问题暂且不说——游侠就是其流弊之一；就学派及思想的影响力而言，儒家学派可以称得上是显学中的显学。孔子去世之后，孔门弟子不断分化，"儒分为八"，在学派内部衍生出了各种流派。韩子的批判就是针对孔子及其后学展开的。

为什么说"儒以文乱法"呢？韩子说"行仁义者非所誉，誉之则害功；文学者非所用，用之则乱法"。他举了个很典型的例子：楚国有个叫直躬的人，他的父亲偷了羊，他就去给官员举报了。结果楚国的令尹说："杀之！"认为直躬尽管耿直忠心于君主，但对父亲而言却是大逆不道的。这就是，"君之直臣，父之暴子也"。同样，鲁国有人跟从君主作战，三战三败而逃。孔子问他原因，回答说："吾有老父，身死莫之养也。"孔子认为这是孝道，所以推举提拔了他。这就是"父之孝子，君之背臣也"。所以说，令尹诛杀了直躬，楚国的奸邪之事就没有人举报了；孔子奖赏了逃兵，鲁国的民众就容易投降逃跑了。这就是上下之间利益的根本差别。"法之所非，君之所取；吏之所诛，上之所养。法、趣、上、下，四相反也，而无所定，虽有十黄帝不能治也。"法治错乱到这样的程度，难怪韩子感叹即便是有十个像黄帝那样的圣人也不能将其治理好。

韩子所说的"文学"，不是我们现在理解的文学，而是指诗书礼乐等儒家的文献，“文学者”也就是指那些研习儒家典籍的人。韩子对其表示出很大的反感，一再说他们是乱法无用，将其与那些长于纵横辞辩的“言谈者”、游侠一类的“带剑者”、逃避兵役的“患御者”，以及从事工商之事的“商工之民”，一起指斥为“五蠹”，并且说：“人主不除此五蠹之民，不养耿介之士，则海内虽有破亡之国，削灭之朝，亦勿怪矣。”这些都集中体现了韩子反对乱俗、强调法治、注重耕战、主张富国的核心思想，在当时无疑有着积极的、进步的意义，今天也是值得重视的。

不过，韩子由此而反对一切的“文学之人”与“言谈之士”，甚至说：“故明主之国，无书简之文，以法为教；无先王之语，以吏为师；无私剑之捍，以斩首为勇。”提出废除礼仪教化、禁绝文献典籍，完全回到“以法为教、以吏为师”以及鼓励攻战、崇尚勇力的状态，这显然就走到另一个极端了，也为后来专制、极权的“反智”思想，提供了理论依据。这不能不说是他的大局限。

明主之国

故明主之国，无书简之文，以法为教；无先王之语，以吏为师；无私剑之捍[1]，以斩首为勇。是境内之民，其言谈者必轨于法[2]，动作者归之于功，为勇者尽之于军。是故无事则国富，有事则兵强，此之谓王资。既畜王资而承敌国之衅[3]，超五帝侔三王者[4]，必此法也。

注释：[1] 捍：通“悍”，凶悍。[2] 轨：符合。[3] 承：乘机。衅：缝隙，弱点。[4] 侔（móu）：相等，齐平。

译文：所以明君的国家，摒弃古代典籍，以法令为教材；禁绝先王的言论，以官吏为教师；禁止游侠刺客的凶悍行为，把上阵杀敌视为勇敢。所以国内的民众中，擅于言谈的人说话要符合法律，从事劳动的人要回到农业生产中去，英勇善战的人要去军中尽力。所以太平时期国家就富裕，战争时期国家就强大，这叫作称王的资本。已经蓄积了称王的资本，再利用敌国的弱点，超过五帝、比肩三王，一定得采用这样的办法。

韩子的“王道”

“王道”和“霸道”是先秦时期两种基本的治国思想，前者主张用仁政来治理国家，后者则主张用武力来称霸天下。两者相互对立，却也每每并列对举。

关于王道的阐述，最有名的当属孟子。“养生丧死无憾，王道之始也”，首先让民众的衣食住行得到保障，生老病死没有遗憾，这既是孟子王道思想的起点，也是目标所在。如何达到这个目标呢？孟子主张从保障生产生活和推行孝悌之义两方面入手。生产生活能够有序进行，民众的温饱问题就能解决；孝悌之义得以推行，社会就能安稳太平。

可是在韩子那里，这样的“王道”是不现实的。他曾经举例：徐偃王实行仁政，一开始的确取得了非常好的效果，“割地而朝者三十有六国”，可好景不长，徐国发展的势头引起了楚文王的忧虑，最终楚文王“举兵伐徐，遂灭之”。徐偃王不仅未能称王，反倒因此而亡国，所以韩子认识到：“仁义用于古，不用于今也。”这就是现实！

韩子也有他的“王道”。他认为，称王天下必须先要蓄积“王资”。什么是王资？“无事则国富，有事则兵强”，这就是称王天下的资本。韩子处于“争于气力”的时代，财力、军力是衡量国家强弱的唯一标准，也是国君称王天下所必需的核心武器。为了更有效地调动国内一切可以利用的人力物力，他甚至极端地提出：“明主之国，无书简之文，以法为教；无先王之语，以吏为师；无私剑之捍，以斩首为勇。”在这样的政策下，国家实际上就是一个崇尚战功的大军营，而每一个国民被法令控制，几乎就是一台台战争机器。这固然是加强统治的有效措施，可同时也带来极大的弊端。我们前面也说到，韩子主张的“以法为教，以吏为师”，实质上就是“废书去教”，这是一种“反智”的倾向。“反智”与老、庄所主张的“绝智”“弃智”等不同。老、庄“绝智”“弃智”是对人的机巧、机心的反对，希望回到无智无识的淳朴状态；而“反智”则是对民智的蔑视与对抗，它从本质上是倒退的。韩子的这种思想不仅和儒家以仁政统一天下的理想截然不合，而且也给后来专制主义与极权统治中的“愚民”“弱民”提供了理论依据。

韩子对他的“王道”理想是非常自信的，他说：“既畜王资而承敌国之舋（xìn，通“衅”），超五帝侔三王者，必此法也。”积蓄称王的资本，再利用敌国的弱点，就可以比肩古代的明主圣君、甚至是超过五帝三王。但是，这样的理想在历史上并没有能够实现。个中的原因，委实值得思考。

五蠹之害

是故乱国之俗：其学者，则称先王之道以籍仁义[1]，盛容服而饰辩说[2]，以疑当世之法[3]，而贰人主之心[4]。其言谈者，为设诈称[5]，借于外力，以成其私，而遗社稷之利。其带剑者，聚徒属，立节操，以显其名，而犯五官之禁。其患御者，积于私门，尽货赂，而用重人之谒[6]，退汗马之劳。其商工之民，修治苦窳之器[7]，聚弗靡之财[8]，蓄积待时，而侔农夫之利[9]。此五者，邦之蠹也。人主不除此五蠹之民，不养耿介之士，则海内虽有破亡之国[10]，削灭之朝，亦勿怪矣。

注释：[1] 籍：依托。[2] 容服：仪表和服饰。[3] 疑：扰乱。[4] 贰：动摇。[5] 为：通“伪”，虚假。[6] 重人：权臣。谒：托情。[7] 苦窳（yǔ）：粗糙劣质。[8] 弗靡（mí）：奢侈。[9] 侔（móu）：谋取。[10] 虽：即使。

译文：所以祸乱国家的风气是：研习儒家典籍的人，称颂先王之道，凭借仁义道德进行说教，讲究仪表服饰又修饰言辞，用以扰乱当时的法治，动摇国君实行法治的决心。那些四处游说的纵横家编造谎言，招摇撞骗，借助别国势力以谋取个人私利，却把国家利益弃置一旁。那些游侠刺客，聚拢门徒部属，标榜气节，用来彰显声名，却触犯国法禁令。那些逃避兵役的人，依附在权贵豪族门下，用尽财货贿赂，借助权臣托情，逃避战争的劳苦。那些商人和手工业者，制造粗劣的器具，聚积奢侈的财货，囤积居奇，等待时机，从农民身上谋取利益。这五类人，是国家的蛀虫。国君如果不消灭这五种像蛀虫一样的人，不蓄养刚正不阿的人，那么天下即使出现破败灭亡的国家，地削国灭的朝廷，也就不足为怪了。

“五蠹”与“六虱”

《五蠹》是《韩非子》中的代表性篇目，也是韩子全面论证其法治思想的重要文章之一。圣人治国，“不期修古，不法常可”，“论世之事，因为之备”，这就是韩子的根本主张。要实现富国强兵的目的，首先就要确立法治。

不过韩子也十分清楚，法治思想在制度层面的确立只是第一步，而法治的长久实行，其实更在于对制度的维护和保障，在于消除那些法治的危害者和破坏者。危害者有哪些呢？韩子将其归为五种，称之为“五蠹”，“蠹”就是蛀虫，具体包括那些研习儒家典籍的“学者”、长于纵横辞辩的“言谈者”、游侠一类的“带剑者”、逃避兵役的“患御者”以及从事工商的“工商之民”，“此五者，邦之蠹也”。学者疑法、言谈者谋私、带剑者犯禁、患御者逃避徭役、工商之民舍本逐末，其思想、行为无一例外都与法治矛盾对立，治理国家如果放任此“五蠹”而不加清除，“则海内虽有破亡之国，削灭之朝，亦勿怪矣”。

其实早在《商君书》当中，就已经提到过这个问题了。《商君书·去强》篇将破坏法治的行为称为“虱”，“农、商、官三者，国之常官也。三官者生虱官者六：曰岁、曰食、曰美、曰好、曰志、曰行。”就是说，农民、商人、官吏这三种职业，如果缺少法度约束和管理，就会衍生出相应的虱害，农民游手好闲，不务正业，就会造成粮食歉收；商人贩卖好看稀奇的物品，就会破坏耕战政策；官吏营私舞弊，就会使国家公利尽失。这就是商鞅所批判的“六虱”。《商君书·靳令》亦以礼乐、诗书、修善孝弟、诚信贞廉、仁义、非兵羞战为“六虱”。

将《商君书》中的“六虱”与《韩非子》的“五蠹”联系起来看，商、韩的主张明确可见，那就是反对一切对于法治无益、甚至背法乱治的人和事。从“六虱”到“五蠹”，内在的精神一脉相承。

韩子之所以如此严厉地批判“五蠹之民”，是因为他们与有益国家的“耿介之士”是互不相容、完全对立的，所谓“不相容之事，不两立也”。在韩子看来，一个国家想要富国强兵，其理念和行为一定要统一，绝不可彼此矛盾。可现实却往往不是如此:“斩敌者受赏，而高慈惠之行；拔城者受爵禄，而信廉爱之说；坚甲厉兵以备难，而美荐绅之饰；富国以农，距敌恃卒，而贵文学之士；废敬上畏法之民，而养游侠私剑之属。举行如此，治强不可得也。”这就是韩子所批评的“国平养儒侠，难至用介士，所利非所用，所用非所利”，正是国家治理中的大忌。

《显学》

显　学

世之显学[1]，儒、墨也。儒之所至[2]，孔丘也[3]。墨之所至，墨翟也[4]。自孔子之死也，有子张之儒[5]，有子思之儒，有颜氏之儒，有孟氏之儒[6]，有漆雕氏之儒，有仲良氏之儒，有孙氏之儒[7]，有乐正氏之儒[8]。自墨子之死也，有相里氏之墨[9]，有相夫氏之墨，有邓陵氏之墨。故孔、墨之后，儒分为八，墨离为三，取舍相反不同[10]，而皆自谓真孔、墨，孔、墨不可复生，将谁使定世之学乎？

注释：[1] 显学：著名或者主要的学派。[2] 至：本意为到，这里是极端的意思。所至，即开端，这里指学派创始人，宗师。[3] 孔丘：字仲尼，春秋鲁人，儒家学派创始人。[4] 墨翟：战国时鲁人，提倡兼爱、非攻、节用等，墨家学派创始人。[5] 子张：孔子弟子。[6] 孟氏：指孟轲，战国时邹人，子思再传弟子。[7] 孙氏：指孙卿，即荀况，战国时赵人，韩子、李斯都曾学于他的门下。[8] 乐正氏：姓乐正，名子春。[9] 相里氏：指相里勤。[10] 取舍相反不同：指儒家自孔子之后，墨家自墨翟之后，后学的思想主张各有不同，甚至完全相反。

译文：当世最为显赫的学派，是儒家和墨家。儒家成就最高的，是孔丘。墨家成就最高的，是墨翟。自从孔子去世后，有子张派儒学，有子思派儒学，有颜氏派儒学，有孟氏儒学，有漆雕氏儒学，有仲良氏儒学，有孙氏儒学，有乐正氏儒学。自从墨子去世后，有相里氏墨学，有相夫氏墨学，有邓陵氏墨学。所以孔子、墨子之后，儒家分为八个学派，墨家分为三个学派，他们对孔墨学说的取舍相互矛盾，但都自称是孔墨的真传，孔子和墨子不可能起死回生，那么谁能判定世上这些学说的是非真假呢？

孔子的身影

按照《韩非子·显学》的说法，儒、墨两家是当世的“显学”——就是显赫之学，与其他学派的冷僻无闻不同，儒、墨的影响非常之大。不过，韩子对这“显学”却是批判的，特别是后来的继承者。他说，孔子身后，儒家一分为八；墨子之后，墨家一分为三。这些弟子各得孔、墨的一端之学，都自以为是孔、墨的真传而拼命相互指责，那么，到底谁才是真的呢？

韩子的意思是，“孔、墨不可复生，将谁使定世之学乎？”所以这些都是“无参验而必之”的“愚诬之学”，是不可信的。看来，韩子也很早就认识到，那些口口声声标榜自己正统地位的传人，其实都是假的。

不仅如此，就连孔、墨本身的学说，韩子也是怀疑的。他说："孔子、墨子俱道尧、舜，而取舍不同，皆自谓真尧、舜。尧、舜不复生，将谁使定儒、墨之诚乎？"孔、墨都讲求法先王，以尧、舜为理想的圣人，可是尧、舜也不能复生，那么又让谁来判断儒、墨思想的真假呢？在韩子看来，孔、墨之说也不过是徒增纷乱罢了。

《韩非子·外储说左上》有一个"郑人争年"的故事：

> 郑人有相与争年者，一人曰："吾与尧同年。"其一人曰："我与黄帝之兄同年。"讼此而不决，以后息者为胜耳。

一个说自己和尧帝同岁，另一个说自己和黄帝的兄长同岁，两人各不相让，争论不休，只好一直争下去，谁能坚持到最后就算谁胜。这就是韩子所批评的虚妄之说。

附带说一下历史上孔子的不同身影。先秦诸子中就有多种形象的孔子，有儒家的孔子，有道家的孔子；有庄子眼中的孔子，有韩子眼中的孔子。历史上更是有不同身影的孔子，有素王的孔子，有至圣的孔子；有老师孔子，也有教主孔子；有"孔老大"，也有"孔老二"；有真孔子，也有假孔子，还有穿着西装的孔子……那么，哪一种才是孔子真正的面貌呢？

有人说"去圣乃得真孔子"，也有人说"去圣未必真孔子"。长久以来，孔子一直被冠以神圣的光环；另一方面，孔子也不时被批判甚至被打倒，这就使得本来的孔子和后来的孔子之间产生了距离甚至偏差。今天，要真正了解孔子，这一点是不能不知道的。

愚诬之学

孔子、墨子俱道尧、舜，而取舍不同，皆自谓真尧、舜，尧、舜不复生，将谁使定儒、墨之诚乎[1]？殷、周七百余岁，虞、夏二千余岁，而不能定儒、墨之真；今乃欲审尧、舜之道于三千岁之前[2]，意者其不可必乎！无参验而必之者[3]，愚也[4]；弗能必而据之者，诬也[5]。故明据先王，必定尧、舜者，非愚则诬也。愚诬之学，杂反之行[6]，明主弗受也。

注释：[1] 诚：真。[2] 审：详究。[3] 参验：参合验证。必：确定，确信。[4] 愚：愚蠢。[5] 诬：欺诈。[6] 杂反之行：杂乱矛盾的行动。

译文：孔子和墨子都讲授尧舜的治国之道，然而取舍相互矛盾，都自称是尧舜的真传，尧舜不可能起死回生，那么谁能判定儒家和墨家谁是真实的呢？商末周初至今已经有七百多年，虞夏之际至今已有两千多年，尚且无法断定儒家推崇的周道和墨家推崇的夏道哪个更真实；现在想要弄清三千年前的尧舜之道，想来是难以明确的！没用事实验证就做出判断的，是愚蠢；将无法判断是非正误的事情作为依据，是欺诈。所以公开宣扬先王之道，盲目肯定尧舜之道的人，不是愚蠢就是欺诈。愚蠢欺诈的学说，杂乱矛盾的行为，英明之君是不会接受的。

“非愚则诬”

《韩非子》中所说的“非愚则诬”，套用今天的话说，不是蠢，就是坏——这些话我们在前面的品读中也说到了，不过还是有些意犹未尽。进一步说，蠢是智商问题，坏是人品问题。有些人是蠢，有些人是坏，还有些人是既蠢又坏。这些，韩子都知道，他才是洞穿人情世故的高手。

《外储说右下》中关于苏代与燕王哙的记载，就是一个很好的例证。他为齐国出使燕国，在燕王哙面前盛赞齐王。于是燕王哙问：“齐王何若是之贤也？则将必王乎？”齐王怎么就那么贤明呢？像他那样的人一定是要称王天下的吧？从燕王哙问的一连串“为什么”，就感觉他有些傻傻的。苏代却说：“救亡不暇，安得王哉？”——连救亡都来不及，还说什么称王天下呢？苏代这明显就是在给燕王哙挖坑。燕王果然很好奇，问什么原因，苏代回答：“其任所爱不均。”意思是齐王任用贤人不够。燕王又追问：“其亡何也？”苏代说：

> 昔者齐桓公爱管仲，置以为仲父，内事理焉，外事断焉，举国而归之，故一匡天下，九合诸侯。今齐任所爱不均，是以知其亡也。

苏代的这个坑挖得很成功，燕王哙也十分配合：我现在就是任用子之这样的贤人，只不过天下都不知道罢了。他的自我感觉特别良好——天下蠢货的自我感觉大多都良好：“于是明日张朝而听子之。”效仿齐桓、管仲之事，将大权交付子之。后来他觉得自己让贤让得不够彻底，干脆效仿尧、舜，将国家禅让给子之，君臣易位，燕国也终于大乱。燕王哙是真蠢，苏代是真坏，那个阴谋上位的子之也是。

再回到《显学》所批判的“愚诬之学”。韩子很冷静，他要批判的儒家和墨家两个当世的“显学”，认为他们是“愚诬之学，杂反之行”。问题还是出在了那些讲的人身上，他们口口声声的先王之法、尧舜之明，却脱离了实际的情况，因而必然是“非愚则诬”——还是那句话，不是蠢，就是坏。所以，英明的君主不会接纳那些愚蠢欺诈学说与杂乱矛盾的行为的。相反，明主只有“举实事，去无用”，彰明法度，厉行赏罚，才是真正的治国之道，这也是韩子一以贯之的主张。

巫祝祝人

今巫祝之祝人曰[1]：“使若千秋万岁。”千秋万岁之声括耳[2]，而一日之寿无征于人[3]，此人所以简巫祝也[4]。今世儒者之说人主，不言今之所以为治，而语已治之功；不审官法之事，不察奸邪之情，而皆道上古之传誉、先王之成功。儒者饰辞曰[5]："听吾言，则可以霸王。"此说者之巫祝，有度之主不受也。

注释 [1] 巫祝：古代称事鬼神者为巫，祭主赞词者为祝，后泛指掌管占卜祭祀活动的人。祝人：为人祈福。[2] 括：通"聒（guō）"，聒噪。[3] 征：应验。[4] 简：轻视。[5] 饰辞：夸大其辞。

译文 现在巫祝为人祈福时说："愿你万寿无疆。"万寿无疆的祝福在耳边喋喋不休，可是人们的寿命并没有因此而多增加一天，这就是人们轻视巫祝的原因。现在世上的儒者游说国君，不说如何才能治理国家，却总是谈论曾经治国的功绩；不审查官府法令的事务，不调查奸邪作恶的情况，却总是称道古代流传下来的美名和先王的功业。儒者夸大其辞地说："采取我的主张，就可以称霸称王。"这就是游说的巫祝，有法度的国君是不会接受的。

真话与假话

真话是真话，假话是假话，二者本来不可混同。不过有时候，假话却像是真话，真话反倒成了假话，"假作真时真亦假"，难以分辨。

韩子看得很清楚，他也在思考真话与假话的问题。巫祝祝人时所说的"使若千秋万岁"，不过是场面上的话，原本是当不得真的。巫祝之人常把这些听上去很好但没有实际用处的话挂在嘴边，"千秋万岁之声括耳，而一日之寿无征于人。""括"就是聒。万寿无疆的话就算是说上十遍百遍，千遍万遍，人的寿命也不会因此增加一天。起不到实际作用的话就是废话，"此人所以简巫祝也"。

金庸的小说中也有这样的人。《天龙八部》中"星宿老怪"，丁春秋，最喜欢听的就是他的徒子徒孙齐声高唱："星宿老仙，法力无边，攻无不克，战无不胜！”“星宿老仙，法力无边，仙福永享，寿与天齐！”他最爱别人的阿谀奉承，又最讨厌别人马屁拍到马蹄子上，因此他只要和人过招占上风，星宿派弟子就要大声拍马屁，但一见他落下风，就必须赶紧住嘴，以免遭殃。可惜，老怪还是老怪，并没有成仙，也不能改变终生被囚禁在少林寺中的结局。还有《倚天屠龙记》中明教教主东方不败，一干教众的口号也是震天响："日月神教，战无不胜，东方教主，文成武德，千秋万载，一统江湖。”后来等到前教主任我行重返黑木崖，口号马上又回到了以前的“日月神教，战无不胜，圣教之主，文成武德，千秋万载，一统江湖。”口号是好，可是这两位都没有能够千秋万载，一统江湖。这就是韩子所说的“千秋万岁之声括耳，而一日之寿无征于人”。

韩子对这些虚诬、颂圣之辞批评得很厉害，并且说："明主举实事，去无用，不道仁义者故，不听学者之言。”一切都要立足实际、实事求是，破除虚诬之谈、舍弃无用之辞，不空谈仁义道德，也不听信学者之言——一些专家的话，最好还是不要信得太实。

韩子很冷静，“夫言行者，以功用为之的彀者也”——“的彀”就是目标、目的。说到底，功用与实效是韩子衡量所有事物的一把标尺。

《忠孝》

纵横之弊

故世人多不言国法而言从横[1]。诸侯言从者曰："从成必霸。”而言横者曰："横成必王[2]。”山东之言从横未尝一日而止也[3]，然而功名不成，霸王不立者，虚言非所以成治也。王者独行谓之王[4]，是以三王不务离合而正[5]，五霸不待从横而察[6]，治内以裁外而已矣。

注释 [1] 从：通“纵”。纵横，合纵连横。《淮南子·览冥训》：“纵横间之，举兵而相角。”高诱注：“苏秦约纵，张仪连横。南与北合为纵，西与东合为横，故曰纵成则楚王，横成则秦帝也。”[2] 王（wàng）：称王。[3] 山东：战国、秦、汉时称崤山或华山以东地区，又称关东。亦指战国时秦以外的六国。[4] 独行：独断专行。[5] 三王：夏、商、周三代开国君王。一说夏禹、商汤、周文王；一说夏禹、商汤、文王、武王。离合：指合纵连横一类的策略。[6] 五霸：春秋时先后称霸的五个诸侯。指齐桓公、晋文公、楚庄王、吴王阖闾、越王勾践。一说指齐桓公、宋襄公、晋文公、秦穆公、楚庄王。待：依靠。

译文 所以现今众人大多不谈论国家法治，而谈论合纵连横。诸侯中主张合纵的人说：“合纵成功一定能称霸天下。”而主张连横的人说：“连横成功一定能称王天下。”崤山以东六国谈论合纵连横，没有一天停止过，然而他们没有成就功名，没有建立称王称霸的大业，只是空谈并不能治理好国家。君王要能专断才称得上是王，因此，三王没有致力于合纵连横之类的事而能匡正天下，五位霸主不依靠纵横之道而能明察天下，是用治理好国内的方式来裁决天下之事而已。

韩子的外交策略

春秋战国时期，诸侯割据，兼并战争连年不断。在风云变幻的乱世之中，各国除了战场上的正面军事对抗以外，朝堂之上的外交策略也极为重要。《孙子兵法》说：“上兵伐谋，其次伐交，其次伐兵，其下伐城。”在孙子看来，军事战争之中，国家战略与外交是首先要重视的，这样才能做到“不战而屈人之兵”，从而获取最大利益。正是这一征伐不断的历史时期，各国涌现了一大批游走于朝堂之上的政客谋士，他们朝秦暮楚，事无定主，胸怀谋略；他们深谙外交权变，凭借三寸不烂之舌左右着国际局势，甚至影响着历史发展的进程与方向，这就是九流十家之一的纵横家。

在本段选文中我们能够看到，韩子严厉批评合纵连横的外交策略，主张“治内以裁外”，认为国家自我实力在维持与他国形成良好的外交关系中是重中之重。

关于纵横学说，韩子明确指出，“从者，合众弱以攻一强也；而衡者，事一强以攻众弱也；皆非所以持国也”。主张合纵的主要代表是苏秦，主张连横的主要代表是张仪，但是韩子认为无论是合纵还是连横，都不能使国家长治久安。他认为君主之所以成为君主，主要在于他们能够政令出于一，而一旦与其他国家联合、结盟，那么君主就会受制于别国。韩子对纵横家“计者，事之本也”（《战国策·秦策二》）的学说，总体是持否定态度的，他在《存韩》篇中明确指出：“计者，所以定事也”，这就与纵横家只讲策略，不务“治内”外交策略形成天壤之别。

所谓“弱国无外交”，对于“摄乎大国之间”生存局面非常窘迫的韩国而言，听从纵横家们无法得以参验的浮言虚论，想要从合纵连横的外交策略之中获得长治久安，无异于天方夜谭。从这个角度来看，韩子排斥纵横之说，有一定的现实意义。韩子认为无论是合纵派所言的“合众弱以攻一强”，还是连横派主张的“事一强以攻众弱”，皆非存国之道，因为“救小未必能存，而伐大未必不有疏，有疏则为强国制矣”。他之所以反对纵横家的根本原因在于，他看到了纵横家们“为设诈称，借于外力，以成其私，而遗社稷之利”“无战之危而有贵之尊”，造成社会“是以百人事智而一人用力”等等弊端，纵横家务与智谋，而不甚重视于以法治强国，从根本培植国力的策略，这是纵横家招致韩子批评的根本原因。不过，韩子虽然强烈反对苏秦之流“安民之本，在于择交”（《战国策·赵策二》）的言论，韩子并未否定三王五霸的外交策略，例如齐桓公著名的“九会诸侯”就是一个有力例证。韩子也在《亡征》篇中指出：“简法禁而务谋虑，荒封内而恃交援者，可亡也。”“恃交援而简近邻，怙强大之救而侮所迫之国者，可亡也。”由此，我们也能看到，韩子并未彻头彻尾地放弃外交手腕，

“近邻”即邻国，是不可怠慢的，别国也是不可轻易侮辱的，不过在韩子看来，别国、交援，并非立国之本，不过起到了韩子所说的“治内”的辅助作用罢了。

要之，韩子的外交策略可以总结为“法治为主，外交为辅”“务于治而不务于计”“务于内而不简于外”。这也可谓是韩子在纵横家大行其道之时，所主张的具有法家特色的外交策略。

《人主》

大臣太贵

人主之所以身危国亡者，大臣太贵[1]，左右太威也[2]。所谓贵者，无法而擅行[3]，操国柄而便私者也[4]。所谓威者，擅权势而轻重者也[5]。此二者，不可不察也。

注释 [1] 大臣太贵：大臣的地位太过尊贵。贵，地位尊贵。[2] 左右太威：(君主的)亲信威势太重。威，威势，权势。[3] 无法而擅行：不遵守法度，独断专行。无法，无视法度，不遵守法令。[4] 便私：为谋求私利寻求便利。[5] 擅权势而轻重者：擅权弄势，不把君主放在眼里。重者，指君主。

译文 君主之所以会遇到身死国危的情况，是因为大臣过分显贵，近侍太有威势。所谓显贵之人，就是无视法令而独断专行，掌握国家权柄来谋取私利。所谓有威势的人，就是独揽权势而轻视君主重位的。对这两种人，不能不加以明察。

人主的“筋力”

“大臣太贵，左右太威”的问题是韩子一直关注的，认为会直接威胁到君主的安危，导致“身危国亡”。《爱臣》

当中就说："爱臣太亲，必危其身；人臣太贵，必易主位。"其中"爱臣太亲"是关于君主身边便嬖近臣的问题；而"人臣太贵"则完全就和这里的说法一致。归根结底，君主要解决的是如何驭臣的问题。《韩非子·人主》提出了一个非常形象的说法——"筋力"。

什么是人主的"筋力"？《人主》说："夫马之所以能任重引车致远道者，以筋力也。万乘之主、千乘之君所以制天下而征诸侯者，以其威势也。威势者，人主之筋力也。"马负重前行将车拉到远方，凭借的是筋骨力量，筋骨力量就是马的"筋力"；万乘之君要治理国家、统一天下，凭借的就是威势，所以，威势就是人主的"筋力"。

威势就是君主的权力与势位。我们此前讲到过慎子的"势治"理论："飞龙乘云，腾蛇游雾，云罢雾霁，而龙蛇与蚓蚁同矣，则失其所乘也。贤人而诎于不肖者，则权轻位卑也；不肖而能服于贤者，则权重位尊也。"飞龙和腾蛇凭借着云雾才能在空中飞行，如果云雾散去，龙蛇就和地上的蚯蚓、蚂蚁没有什么两样了，原因是失去了它们所凭借的"势"。贤德之人之所以臣服于不肖之人，就是因为"权轻位卑"；而不肖之人之所以号令贤德之人，也就是因为他们"权尊位重"——权位就是他们的"势"。所以，即便像尧那样的圣贤，如果只是一个普通人，连几个人都治理不了；而夏桀、商纣那样的昏庸残暴之君，如果有了天子之位，就可以祸乱天下。这就是"贤者未足以服众，而势位足以屈贤者也"的道理。

韩子特别强调"势重"。《喻老》说："势重者，人君之渊也。君人者，势重于人臣之间，失则不可复得也。"权势对于君主来说，犹如水对鱼一样重要，君主的权势一旦落入到臣下手中，就不可失而复得，结果也只能是身死国亡。《人主》中还有一个很生动的比喻："虎豹之所以能胜人执百兽者，以其爪牙也，当使虎豹失其爪牙，则人必制之矣。今势重者，人主之爪牙也，君人而失其爪牙，虎豹之类也。"宋桓公"失其爪牙于子罕"，子罕杀桓公而夺其位；

齐简公“失其爪牙于田常”，田成子杀简公而代其国。这些都是历史的教训。

结论很明确：君主只有牢牢掌握了权势，才能使“天下不得不为己视，天下不得不为己听”，也就可以“身在深宫之中而明照四海之内，而天下弗能蔽、弗能欺”了。

《饬令》

以刑去刑

重刑少赏[1]，上爱民[2]，民死赏；多赏轻刑，上不爱民，民不死赏。利出一空者[3]，其国无敌；利出二空者[4]，其兵半用；利出十空者，民不守。重刑明民，大制使人[5]，则上利。行刑，重其轻者，轻者不至，重者不来，此谓以刑去刑。罪重而刑轻，刑轻则事生，此谓以刑致刑，其国必削。

注释 [1] 重刑少赏：刑罚重，不轻易赏赐。重刑，百姓不敢犯罪，受刑的就会很少，这是爱护百姓的表现。所以，后面说“上爱民”。[2] 爱：爱惜，爱护。[3] 利出一空者：赏赐出于君主一人。利，指君主的赏赐。《二柄》:“人臣之情，非必能爱其君也，为重利之故也。”空，通“孔”。利出一孔，即赏赐出自君主一人。[4] 利出二空者：君主之外，权臣掌握赏赐的大权。[5] 大制：君主的命令。

译文 刑罚重，赏赐少，这是君主爱护百姓，百姓会拼死去立功求赏；赏赐多，刑罚轻，这是君主不爱护百姓，百姓就不会拼死去立功求赏。赏赐出于国君一人，这个国家就无敌；赏赐出于两个人，军队就只有一半听国君使用；赏赐出于十个人，百姓就不再守护自己的国君了。用严厉的刑罚使臣民了解法制，用重要的法律去指导人们行动，对国君很有利。施刑罚，对罪行轻微的用重刑，犯轻罪的就不会出现，重罪的人更不会出现，这就叫用刑罚去除刑罚。罪行严重如果用轻刑，犯法的事就容易发生，这叫做用刑罚招致刑罚，这样的国家必定被削弱。

小过不生，大罪不至

司马迁在《史记·老子韩非列传》当中评价韩子的思想是“其极惨礉少恩”，太史公为何发此议论？其原因与韩子“重刑少赏，以刑去刑”的思想恐怕是分不开的。

在韩子的思想当中，刑与罚是非常重要的方面。他认为，君主统治国家应当施用重刑，以此让民众完全遵循法令。重刑之下，法令的威严尽显；轻罪重罚，民众因畏罪而不敢犯小过，从而避免人们犯重罪，这就是殷法“刑弃灰”的道理。正因如此，韩子认为明主不可以太仁爱，《韩非子·内储说上》中成欢给齐王进言：“王太仁，太不忍人。”忍，就是残忍。“不忍人”就是君主太过仁慈，对人狠不下心来。“罪重而刑轻，刑轻则事生”，刑罚轻省致使法令的权威和君主的威严受到侵害，于是，犯罪行为接踵而至。《内储说上》中讲过一个故事：郑国的政治家子产临终前告诫继任者游吉，一定要“以严莅人”。结果游吉继任后，不愿严刑治国，导致郑国的青少年“相率为盗”。这正是刑罚轻省不足以治国的典型案例。

韩子之所以有这样的思想观念，最根本的是他对于人性与君臣关系本质的深刻认识。韩子继承了荀子“性恶论”的思想，他认为人性的特点是趋利避害，因此所有的人际关系都建立在相互利用的基础上，要想让臣民对国君心悦诚服而又毫无功利目的，这几乎是不可能的。君臣关系好比商业买卖关系，“臣尽死力以与君市，君重爵禄以与臣市”。家庭之中，父母对子女尚存“计算之心”“产男则相贺，产女则杀之”，更何况君臣之间呢？因而，君主应当抓住人的自私本性与贪赏畏罚的心理，重刑轻赏，以刑去刑。

韩子的重刑思想与商鞅是一脉相承的。《内储说上》记载：

> 公孙鞅之法也重轻罪。重罪者，人之所难犯也；而小过者，人之所易去也。使人去其所易，无离其所难，此治之道。夫小过不生，大罪不至，是人无罪而乱不生也。

“小过不生，大罪不至”，道理讲得很清楚，商君、韩子也看得很明白。《韩非子》中反复说“刑胜而民静，赏繁而奸生”，“用赏过者失民，用刑过者民不畏”，归结起来一句话，就是“重刑少赏，以刑去刑”，这才是商、韩之间一脉相传的“不二心法”。

《心度》

圣人治民

圣人之治民，度于本[1]，不从其欲，期于利民而已。故其与之刑，非所以恶民，爱之本也。刑胜而民静[2]，赏繁而奸生。故治民者，刑胜，治之首也；赏繁，乱之本也。夫民之性，喜其乱而不亲其法。故明主之治国也，明赏[3]，则民劝功[4]；严刑，则民亲法。劝功，则公事不犯；亲法，则奸无所萌[5]。故治民者，禁奸于未萌；而用兵者，服战于民心[6]。禁先其本者治，兵战其心者胜。圣人之治民也，先治者强，先战者胜。

注释： [1] 度（duó）：考虑。[2] 胜：超过，引申为严峻。[3] 明赏：赏赐明确得当。[4] 劝：勉励。[5] 萌：开始，产生。[6] 服：习惯，适应。

译文： 圣人治理民众，考虑的是根本利益，而不是顺从他们的欲望，只期望有利于民众而已。所以圣人对民众施与刑罚，并非是因为憎恶民众，而是爱护他们的根本。刑罚严厉，民众就能安宁，赏赐繁乱，奸邪就会滋生。所以治理民众时，刑罚严厉，是国家得以治理的开端；赏赐繁乱，是国家动乱的祸根。民众的本性，喜欢奖赏繁多而不喜欢刑法。因此英明的君主治理国家时，赏赐明确得当，那民众就会勉励立功；刑罚严厉，那民众就会服从法令。民众勉励立功，那国家政事就不会受到侵扰；服从法令，那奸邪就无从滋生。所以治理民众，要在奸邪还没有产生前就制止；用兵作战，要使民众的思想适应战争。能在奸邪发生之前就加以禁止的，国家可以得到治理，能使民众思想自觉作战的，就会取得战争胜利。圣人治理民众，抢先治理奸邪的，国家能够强大，事先让他们适应战争的，能够在战争中获胜。

刑赏的逻辑

“刑不上大夫”是儒家为士大夫阶层提供的凌驾于法律之上的免“刑”金牌，然而法家却欲以冷酷的刀锋切碎礼制与宗法血缘为统治阶级织就的保护伞，主张用严刑峻法治理国家，并且对孔、孟罕言利益的论调也不以为然。刑赏二柄是韩子宣扬的治国重要途径，他认为严酷的刑法虽然表面上看来“惨礉少恩”，但实际上却是“爱民之本”。以严苛的刑法约束民众，不是因为执政者厌弃自己的子民，而是因为这才是爱护人民的根本措施；适当地施行劝赏之道引导民众，那么民众就会出于与生俱来的趋利避害心理去建功立业。这是韩子主张明君紧握刑赏二柄的底层逻辑。

《淮南子·汜论训》也称：“百川异源而皆归于海，百家殊业而皆务于治。”先秦时期涌现出来的诸子百家，皆欲伸张自家学说使国家社会得到妥善的治理，而并非以宣扬其学术思想为根本。作为先秦诸子殿军的韩子，自然亦是如此。韩子称“圣人之治民，度于本，不从其欲，期于利民而已”，其目的究竟是为了使民众获得安宁。韩子也认为“劝功则公事不犯，亲法则奸无所萌。故治民者，禁奸于未萌；而用兵者，服战于民心”，以奖赏引导民众建立功勋，国家大事就能很好完成，民众服从法令，奸邪就不会萌生。治理民众之术和用兵作战之道是同样的道理——皆在于使民服于心，也就是韩子所言的“以法教心”。

韩子称：“刑胜而民静，赏繁而奸生，故治民者，刑胜治之首也，赏繁，乱之本也。”对于刑法的“利剑”与劝赏的“利诱”，韩子显然更为重视“刑法”。他认为刑法自然是愈严愈好，而赏劝过于频繁却是生乱的根本，严刑峻法是重中之重。由此而言，韩子确实有些刻薄，因为他认为“夫民之性，喜其乱而不亲其法”，完全把民众视为了统治阶级的对立面。但古往今来，“喜乱”之民，恐怕毕竟是少数。韩子持此论，主要根据恐怕还是基于他的性恶论。不过从“刑赏二柄”得以贯彻执行的成本上来看，以刑治民却要“便宜”得多。按照韩子的刑赏逻辑，作为被统治阶级而言，其贪求利益的心理似乎永远得不到满足，劝赏的价值对于不同的人而言也难以衡量。然而对于刑法可能带来的肉体毁灭与恐惧心理，似乎是古今同然的，这应是韩子“重刑轻赏”的原因所在。

总之，韩子所言的刑赏二柄，其实质是“重刑轻赏”，其立论根据在于民众“喜乱而不亲其法”，诚有一定的历史局限性，但是其“不别亲疏，不殊贵贱，一断于法”“法不阿贵”的主张，的确使公平、公正的法治精神得到了一定的弘扬。

《制分》

因情立法

夫凡国博君尊者[1]，未尝非法重而可以至乎令行禁止于天下者也[2]。是以君人者分爵制禄，则法必严以重之。夫国治则民安，事乱则邦危[3]。法重者得人情[4]，禁轻者失事实[5]。且夫死力者，民之所有者也，情莫不出其死力以致其所欲[6]。而好恶者[7]，上之所制也[8]，民者好利禄而恶刑罚，上掌好恶以御民力[9]，事实不宜失矣。然而禁轻事失者，刑赏失也。其治民不秉法为善也[10]，如是，则是无法也。

注释：[1] 博：广大，宽广。[2] 重：严厉。[3] 事乱：指法度不明，赏罚不严。[4] 得：符合。[5] 禁轻：与上句“法重”相对，指法度松弛。事实，指社会的实际状况。[6] 情：指民众内心的想法。致，获得。[7] 好：喜欢。恶，厌恶。[8] 制：控制。[9] 掌：掌握。御：操纵，使用。[10] 秉：操持。

译文：凡是国土广大、君主独尊的，未曾不是因为法制严厉而可以在天下达到令行禁止的。因此作为君主在划分爵位、制定俸禄时，就必须严格执行重法原则。国家太平，民众就安定；法度不明，国家就危险。法制严厉符合人之常情，法度松弛不符合社会实际。况且拼命出力，是民众固有的，他们的心里无非是想拼命出力去获得渴望的东西；而民众喜欢什么，厌恶什么，是由君主一手控制着的。民众喜欢的是利禄，厌恶的是刑罚。君主掌握民众好此恶彼的心理来使用民力，和实际情况不应该有差错。既然如此，那么法禁松弛，政事有失，正是由于刑赏不当。君主治理民众不能掌握法度除恶务善，这种情形一旦出现，也就等于没有法制了。

法令与人情

　　韩子认为严刑峻法是使国家得到治理、君主得到尊崇的重要保障，而立法的根据除了“因道全法”以外，另一个重要依据则是“因情立法”。民众“莫不出其死力以致其所欲”“好利禄而恶刑罚”，即人之常情莫不趋利避害、贪生恶死。韩子明确提出：“凡治天下，必因人情。人情者，有好恶，故赏罚可用；赏罚可用，则禁令可立而治道具矣。”因为君主处于权力顶端，以刑法和奖赏支配民众的喜恶，故而要以“人情好恶”作为法令制定的重要依据。

《内储说上》中记载着这样一则故事：按照商朝的法律规定，将灰倒到街上的人要处以刑罚。子贡认为这样的法令过于严苛，故而向孔子请教。孔子反而称赞：“这是知道治理人民的办法！”孔子认为人们将灰丢弃在街道上，灰尘必然随风飞扬扑向人面，导致人们愤怒，愤怒就会导致争斗，引起家族相残。韩子笔下的孔子也认为较之于弃灰而受重罚，不往街上倒灰是容易做到的，度之于人之常情，此论确有一定道理。子贡认为殷法过严，是认为民众的犯法成本过高，而孔子称赞“殷法”，则是因为“殷法”极易被民众遵守。韩子认为严刑为民众所恶，守法又极为容易，而守法对于民众自身而言有百利而无一害，因此民众自然会“亲法”。由此可见法律的制定必须要因循人之常情，只有符合人之常情，人们才会较为容易地遵守法律。如果创制的法律有违人之常情，人们难以遵守，那么法律的实施就会遭到极大的阻力。

作为法家之集大成者的韩子，尽管主张实行严刑峻法，但并非是要密织法网，不会设置一些让民众动辄得咎的法令条款，而是提高民众违法犯罪的成本，加强法令的执行力度，从而达到“禁奸于未萌”，进而实现国家大治。至于执法，韩子还提到：如果不能使法令在民众治理中得到很好的落实，那么就等同于没有法律。孔子也说：“刑罚不中，则民无措手足。”那么“刑罚既中”之后，就需要执行韩子所提到的“秉法为善”，要求君主引导民众“去恶从善”，要以既定的法令为标准。

韩子的刑赏思想基于他对人性趋利避害的认识。至于那些立身行事违反“人之常情”的“方外之人”，如“不臣天子，不友诸侯”“无上之名，无君之禄”的狂矞、华士，刑赏与御下之术对他们而言，就失去了控制与引导的功能，这是韩子法治思想的先天不足，而韩子给出的方案竟是对他们进行暴力毁灭，韩子也因此饱受非议。

《史记·老子韩非列传》

韩非传

韩非者，韩之诸公子也[1]。喜刑名法术之学，而其归本于黄老[2]。非为人口吃，不能道说，而善著书。与李斯俱事荀卿，斯自以为不如非。非见韩之削弱，数以书谏韩王[3]，韩王不能用。于是韩非疾治国不务修明其法制[4]，执势以御其臣下[5]，富国强兵而以求人任贤，反举浮淫之蠹而加之于功实之上[6]。以为儒者用文乱法，而侠者以武犯禁。宽则宠名誉之人[7]，急则用介胄之士[8]。今者所养非所用，所用非所养。悲廉直不容于邪枉之臣，观往者得失之变，故作《孤愤》《五蠹》《内外储》《说林》《说难》十余万言。

注释：[1] 诸公子：除太子之外的君主的其他儿子。[2] 归本于黄老：（韩非）学说的宗旨归于黄老之学。归，归宿，根本宗旨。[3] 韩王：即韩王安，前238-前230在位。[4] 疾：痛恨。[5] 势：客观形势，指君主的权威、影响力。[6] 浮淫之蠹：指其学说不能发挥实际作用的儒生、纵横家和游侠之士。[7] 宽：平时无战事，国家平安时刻。名誉之人：沽名钓誉，重视名利之人。[8] 急：国家危急时刻。介胄之士：带甲为国死战之士。介胄，甲胄，铠甲和头盔。

译文：韩非，是韩国的贵族子弟。他喜好刑名、法术的学问，而他学说的理论基础却根源于黄老之学。韩非有口吃的缺陷，不善于讲话，却擅长于著书立说。他和李斯都是荀卿的学生，李斯自认为学识比不上韩非。韩非看到韩国逐渐衰弱下去，屡次上书规劝韩王，但韩王没有采纳他的意见。这时候，韩非痛恨君主治国不致力于修明法制，不能凭借权势驾驭群臣，不能寻求任用贤能之士来富国强兵，反而任用浮华无用的蠹虫，让他们的地位高过那些重视功利实效的人。韩非认为儒者用诗书礼乐来扰乱国家法度，而游侠凭借私人武力违犯国家禁令。国家太平时，君主就宠信那些徒有虚名假誉的人；形势危急时，就使用那些披甲戴盔的武士。现在国家供养的人并不是所要用的，而所要用的人又不是所供养的。他悲叹廉洁正直之士不被邪曲奸枉之臣所容，考察了古往今来的得失变化，所以写了《孤愤》《五蠹》《内外储》《说林》《说难》等十余万字的著作。

韩子的精神世界

韩子是先秦诸子的殿军性人物，也是我国历史上最为重要的思想家之一。他对于中国历史与文化的作用非常之大，其意义甚至不在儒家之下，因而也实实在在地影响了中国二千多年的历史，尤其是传统的政治思想与政治实践。所以，韩子与孔、孟、老、庄等哲人一样，都是我国“轴心时代”所产生的伟大的精神导师。

然而，如何评价韩子、如何认识韩子的精神世界，却一直是一个颇为纠结、也充满争议的问题。肯定者将其尊奉为“当世之圣人”，而否定者则又批判其“罪固不容于死”——这显然都不是应有的态度。

历史地看，韩子在先秦诸子中个性非常鲜明，思想也极为独特。其思想之冷峻深刻、犀利乃至偏执，既不同于孔子仁爱、德治之学的雍容宽厚与孟子性善、王道之学的乐观从容，也不同于老、庄顺应自然、无为而治的虚静恬淡，与其他诸子也有着显然的分界。特别是他对于极权与专制的推重，对于法、术、势及权谋之术的强调，以及他关于人性之冷酷无情、自私自利的理解，二千多年来既为统治者所讳言，并屡遭批判，所谓“其极惨礉少恩”（《史记·老子韩非列传》）；却又被暗中奉行、实际上成为专制统治的重要手段。汉宣帝曾说“汉家自有制度，本以霸、王道杂之”（《汉书·元帝纪》），大体就是这个意思。这当中自然也有着“污名化”乃至于“恶名化”韩子的缘故——历史上因为对于“暴秦”的专制集权极度不满而迁怒于韩子，从而使其备受诟病。但是也毋庸讳言，韩子思想的一些方面也暗合了后来统治的需要，一如韩子自己所说的“阴用其言显弃其身”。另一方面，即便在批判声中，依然有许多对于韩子的认同与肯定，将其尊为“当世之圣人”（《孔丛子》引），他的言论也因而是“圣人之论”“圣人之术”（《史记·李斯列传》）——这又是就其实际功用而言了。

由此，我们特别关注韩子的精神世界。毫无疑问，韩子是孤独的，他的心理色调与思想个性，他的冷峻急切乃至“惨礉少恩”，以及他反复慨叹的“法术之士”的“孤愤”等，从根本上说乃是对“人”的悲哀的认识！他所揭示的人的冷酷、自私、诡诈、权谋等，实在属于人性的扭曲，而又何尝不是人性本身呢？他的文字是犀利峭拔的，所谓“论事入髓、为文刺心”。而就在那高超的文字背后，在那痛彻的震撼之后，我们更多感到的却是一种悲哀，对人性异化、人性扭曲的悲哀！韩子的意义也就体现在对人性的曲折反映之中，“他将我们带到了情感的领域”，从而使我们“同情那被表达的情感”（柏格森语）。

所以，韩子不仅是一位伟大的思想家，他更是一把思想的利剑！他斩破了一切道德教化中的伪善，也撕开了一切伦理纲常中的掩饰，“三代以下一家之言，绝有气力光焰”（《校刻韩非子序》）。他将人情中温情脉脉的面纱撕去，“上下数千年，古今事变，奸臣世主隐微伏匿，下至委闾穷巷妇女婴儿人情曲折，不啻隔垣而洞五脏”（《韩子迂评序》），他把真相摆在了我们的面前——只有真相才是最有力量的！

本书注释主要引用书目简称：

王先慎《韩非子集解》，简称“王先慎《集解》”。

陈启天《韩非子校释》，简称“陈启天《校释》”。

梁启雄《韩子浅解》，简称“梁启雄《浅解》”。

周勋初等《韩非子校注》，简称“周勋初《校注》”。

陈奇猷《韩非子新校注》，简称“陈奇猷《新校注》”。

张觉《韩非子全译》，简称“张觉《全译》”。

后 记

从根本上说，诸子之书是属于思想史的作品，所谓“以立意为宗，不以能文为本”（萧统《文选序》）。刘勰说：“诸子者，入道见志之书。”（《文心雕龙·诸子》）所论是很恰切的。不过，因为诸子在深刻阐述思想、论说道理的同时，又表现出了浓厚的文学性，因而在文学史、尤其是散文史上有着重要的地位。以文学的眼光看，先秦诸子“九流十家”所体现的，正是对诸子散文的风格、体制、流派等文学性的认识——儒、墨、道、法等不同学术派别的文章显然有着各自鲜明的个性特征，因此，诸子十家其实也就是对不同风格、不同流派的文章所作的归类与总结。《韩非子》就是法家文学的代表之作。

历代关于《韩非子》的思想价值与文学特色的认识，一个很重要的途径就是选录与选评。这个工作开始得很早，南朝梁庾仲容《子钞》，唐代魏征等《群书治要》、马总《意林》等，都选录了《韩非子》的相关内容。明、清时期关于《韩非子》的选本与评本大量出现，明代门无子《韩子迂评》、归有光《诸子汇函》、陈深《诸子品节》、孙鑛《韩非子批点》，以及陆可教、李廷机《诸子玄言评苑》、焦竑《诸子折衷汇锦》、张榜《韩非子纂》、钟惺《诸子嫏嬛》、陈仁锡《诸子奇赏》，清代沈保靖《韩非子录要》、吴汝纶《韩非子点勘》、李宝洤《诸子文粹》等，都是重要的本子。中华书局1915年出版的《韩非子精华》一书，节选《韩非子》22篇，辑录前人评论，沿袭了此前的传统。唐敬杲《韩非子选注》（上海商务印书馆，1930年）则是现代选注本的开端。此后，关于《韩非子》的选本与现代评论就很多了，特别是20世纪60至70年代，各种选本大量出现，不过大多质量平平，仅有王焕镳《韩非子选》（中华书局，1965年）等是难得的上乘之作。20世纪90年代以来，沈玉成《韩非子选译》、高华平等《韩非子译注》、张觉《中华传统文化百部经典.韩非子》等都很值得关注。

本书就是在这一传统下写成的。

2020年春，疫情初起，天下禁足。仓皇无聊之中，甘肃省纪委宣传部的杨恒先生约请我给省纪检监察网“啄木鸟”栏目的“清风典历”，撰写“《韩非子》品读”，每日一则，为期三月。这成为我在疫情期间一项非常庄重而且急迫的事。每天早上睁开眼睛，我想到的第一件事就是：又欠“清风典历”的一篇稿子！这种紧迫感对我来说是个很好的促进，也让我对《韩非子》的文本有更多的现代理解。连续三个月下来，就有了近一百篇的解读文字，也就形成了本书的基本规模。感谢杨恒兄——没有他的督促，也就不会有本书。

本书也是我们的团队成果。参与初稿的学生有：刘阳杰、马群懿、李瑾、贾婉雪、李琪、陈林、华启焜。我们师生在疫情封城期间，共读《韩非子》，同作忧时文！相互讨论交流，充实而难忘！在确定交由上海辞书出版社后，又补充了部分条目，主要由李琪、雷琪、刘馨琳三人承担。其时在2022年9、10月间，我们依然是“朝做核酸，夜读《韩子》”。一本小书，竟然见证了整个疫情！每念及此，不仅感慨系之矣！

为便于阅读，本书所录《韩非子》原文，依据《韩非子》校注组编写、周勋初先生修订的《韩非子校注》（修订本），个别文字据他本校改。

感谢上海辞书出版社的刘小明先生！这是我们之间第二次愉快地合作。正是他的热情鼓励与积极筹划，本书才得以纳入“古典新读”丛书，顺利出版。

马世年

识于阿阳故地

2023年8月8日，立秋

图书在版编目(CIP)数据

韩非子新读 / 马世年编著. —上海：上海辞书出版社，2023
ISBN 978-7-5326-6113-8

Ⅰ.①韩… Ⅱ.①马… Ⅲ.①《韩非子》—研究 Ⅳ.①B226.55

中国国家版本馆 CIP 数据核字(2023)第 161737 号

HANFEIZI XINDU

韩非子新读

马世年 编著

责任编辑 刘小明
装帧设计 姜 明
责任印制 楼微雯

出版发行 上海世纪出版集团
上海辞书出版社®(www.cishu.com.cn)
地　　址 上海市闵行区号景路 159 弄 B 座(邮政编码：201101)
印　　刷 苏州市越洋印刷有限公司
开　　本 889 毫米×1092 毫米 1/32
印　　张 8.625
字　　数 217 000
版　　次 2023 年 12 月第 1 版 2023 年 12 月第 1 次印刷
书　　号 ISBN 978-7-5326-6113-8/B·345
定　　价 68.00 元